HAYMONverlag

Gerhard Loibelsberger

Killer-Tschick

SOKO-Donau-Krimi · SOKO-Wien-Krimi

Der vorliegende Kriminalroman basiert auf der TV-Serie SOKO Donau/SOKO Wien, eine Produktion von SATEL Film und ALMARO Film in Koproduktion mit ORF und ZDF und mit Förderung des Fernsehfonds Austria, Filmfonds Wien, Land Oberösterreich, Cinestyria, Land Niederösterreich und der Stadt Graz.

Auflage:
4   3   2
2019 2018 2017 2016

© 2016
HAYMON verlag
Innsbruck-Wien
www.haymonverlag.at

Alle Rechte vorbehalten. Kein Teil des Werkes darf in irgendeiner Form (Druck, Fotokopie, Mikrofilm oder in einem anderen Verfahren) ohne schriftliche Genehmigung des Verlages reproduziert oder unter Verwendung elektronischer Systeme verarbeitet, vervielfältigt oder verbreitet werden.

ISBN 978-3-7099-7251-9

Umschlag- und Buchgestaltung nach Entwürfen von
hœretzeder grafische gestaltung, Scheffau/Tirol
Umschlaggestaltung: Eisele Grafik · Design, München, unter Verwendung folgender Fotos: Andreas Hofer Photography (Lilian Klebow) sowie bigstock.com/ Digitalpress (Hintergrund)
Satz: Da-TeX Gerd Blumenstein, Leipzig
Autorenfoto: Andreas Hofer Photography

Gedruckt auf umweltfreundlichem,
chlor- und säurefrei gebleichtem Papier.

Dieses Buch widme ich meiner Frau Lisa.

Bei Clementine Skorpil, Günter Kelz, Gerhard Körmer und Martin Mucha bedanke ich mich für sachdienliche Hinweise.

Pro Jahr werden 13 Milliarden Zigaretten verkauft, dazu kommen noch rund drei Milliarden Stück, die illegal verkauft und nicht versteuert werden.[*]

Salzburger Nachrichten
Dezember 2014

---

[*] Die Zahlen beziehen sich auf Österreich.

Prolog

Schwarzgraue Wellen klatschten an das mit massiven Felsblöcken gesicherte Donauufer. Angetrieben von einem polaren Nordwind, der auch Schnee mit sich führte. Keine zarten weißen Flocken, sondern Graupelschauer, der auf der Gesichtshaut kratzte wie eine rostige Rasierklinge. An diesem eisigen Februarabend ging niemand außer Haus, der nicht unbedingt musste. Oder sich einbildete, hinaus zu müssen. Der nicht ein unstillbares Verlangen nach Gemeinschaft, Menschen und Wärme hatte.

Die Alte machte einen Buckel unter ihrem verschlissenen Wintermantel und dem nicht minder alten Wolltuch, das sie sich um Kopf und Hals geschlungen hatte. Auf ihren krummen Beinen trippelte sie zittrig die Hauswände entlang. Von ihrer winzigen, unbeheizten Gemeindebauwohnung hin zu ihrem Stammlokal. Der böige Sturm machte ihr zu schaffen, fast hätte sie ein besonders heftiger Windstoß umgerissen, wenn sie sich nicht im letzten Moment an der Stange des Autobushaltezeichens festhalten hätte können. Keuchend stand sie da. Der Autobus kam und gab ihr Deckung vor dem Wind. Mit kleinen, unsicheren Schritten ging sie hinter ihm über die Straße. Der gegenüberliegende Gehsteig nahte. Keine Windböe. Und weiter, weiter! Plötzlich aufgeblendete Scheinwerfer, bösartiges Hupen, kreischende Bremsen, ein Reifen streifte ihre rechte Ferse. Der Fahrer schrie beim halb geöffneten Fenster hinaus: „Bist deppat, Oide?"

Hinauf auf den Gehsteig – geschafft! Ein Halteverbotsschild gab ihr Halt. Gerade rechtzeitig, denn eine besonders heftige Windböe riss ihr zur Hälfte das Wolltuch vom Kopf. Mit einer Hand klammerte sie sich an die Stange des Schildes, mit der anderen zog sie das Wolltuch wieder über. Nachdem sie verschnauft hatte, ging sie zielstrebig auf den beleuchteten Eingang ihres Stammbeisls[1] zu, hinter dessen Tür sie verschwand.

In dem winzigen Beisl hingen dichte Rauchschwaden. Es war sehr warm und roch nach Bier, feuchten Mänteln, Achselschweiß und Gulaschsuppe. Sie drängte sich zwischen zwei fetten Männern bis zur Theke durch. Der Wirt begrüßte sie mit einem: „Na, wie hammas?[2]"

Sie ging auf die Frage nach ihrem Befinden nicht ein. Stattdessen stellte sie eine Gegenfrage: „Hast an Spe[3]?"

„Für di immer, Antschi-Tant."

Er griff unter die Theke, zog ein Packerl Marlboro hervor und schüttelte eine Zigarette heraus, wobei das silberne Kettenarmband, das er am Handgelenk trug, rhythmisch hin und her hüpfte. ‚Antschi-Tant' Hawlicek griff gierig danach und beugte sich vor, damit ihr der Wirt Feuer geben konnte. Sie sog ihre faltigen Wangen ein, als sie einen tiefen Lungenzug nahm, hüstelte und seufzte dann zufrieden. Der massige Kerl rechts neben ihr rutschte vom Barhocker und sagte: „Komm Antschi, bitte setzen ...“

Sie blickte ihn kurz an, blies ihm Rauch ins Gesicht und keifte: „Schiwkow! Saufkopf! Dafür zahl ich dir aber ka Trankl[4] ...“

„Geh Antschi! Ich heute flüssig. Da schau, Kohle!"

Bojko Schiwkows klassisch geschnittenes Gesicht strahlte, als er einen dicken Packen Euro-Scheine aus der Hosentasche zog und ihr unter die Nase hielt. Der Wirt, der der Alten inzwischen einen doppelten Rum hinge-

---

[1] Stammkneipe
[2] Wie geht's?
[3] Zigarette
[4] Getränk

stellt hatte, nickte brummend: „Mach dir kane Sorgen, der Schiwkow hat heut a Marie[5]."

Die Alte nippte an ihrem Glas, starrte Schiwkow an und schnarrte: „Schickst deine Alte am Strich?"

Rundum Gelächter. Schiwkow lachte ebenfalls und nickte: „Idee ist gut. Aber ich habe keine Alte. Das ist ehrlich verdientes Geld."

Ein dürrer Kerl mit faltigem Gesicht, der neben Schiwkow stand, höhnte: „Das is aber a Scherz jetzt."

Wieder lachte die ganze Runde. Schiwkow war beleidigt. Er hielt dem Dürren das Geldpäckchen unter die Nase und insistierte: „Das ist ehrlich verdientes Geld. Habe ich mit Zigaretten verdient. Billige Zigaretten aus Ungarn. Hab ich gekauft und weiterverkauft. Auch dem Rudi."

Er zeigte auf den Wirt, der nickte: „Ja, mir hat er auch an Schwung verkauft. Marlboro. Guter Stoff, die Piefkes würden sagen: allererste Sahne."

Gelächter.

„Und Antschi-Tant? Wie schmecken s' dir?"

„Eh guat. Gib ma zwa Packerln. Wie viel willst dafür."

„Zwei Euro das Packl."

„Des kann i mir gerade noch leisten ..."

Nach Mitternacht, der Sturm hatte sich gelegt, wankte die Alte zurück über die Engerthstraße in ihre kalte Wohnung. Schiwkow hatte zwei weitere Lokalrunden spendiert und so hatte sie nicht nur ein ganzes Packerl von den eben erst erstandenen Marlboros geraucht, sondern auch einige Promille im Blut. Sie schloss die Wohnungstür, von der überall der Lack abblätterte, hinter sich ab und verriegelte sie. Dann drehte sie das Licht auf und schlurfte durch die Küche ins Zimmer. Sie setzte sich auf das ungemachte

---

[5] Geld

Bett, kramte in ihrer schäbigen Handtasche und machte mit zitternden Fingern das zweite Packerl Marlboro auf. Sie zündete sich eine an und inhalierte tief. Mehrmals. Plötzlich fühlte sie sich eigenartig. Krämpfe schüttelten ihren Oberkörper, sie fiel zu Boden, wo sie noch einige Zeit lang von Spasmen gebeutelt hin und her rollte und merkwürdige Geräusche von sich gab. Dann war Ruhe.

Zwei Wochen später

Penny Lanz hörte das nervtötende Piepsen des Weckers und stöhnte. Ihre Hand suchte den Störenfried, fand ihn und schaltete ihn aus. Dann versank sie wieder in Tiefschlaf.

Eineinhalb Stunden später kitzelten Sonnenstrahlen ihr Gesicht. Langsam wachte sie auf. O Gott! Ihr Schädel dröhnte. Nicht schon wieder Föhn! Mühsam richtete sie sich auf, ihre Füße schlüpften in die Hauspantoffeln. Sie stolperte ins Badezimmer. Das aufflackernde Neonlicht schmerzte in den Augen. Im Spiegelschrank suchte sie die Tabletten. Eine Tube und eine Medikamentenschachtel fielen zu Boden, bevor sie endlich die Glasverpackung mit den Kopfschmerztabletten fand. Unfokussiert wie sie war, schüttete sie viel zu viele Pillen auf ihre Handfläche. Egal! Die rechte Hand tastete nach dem Zahnputzbecher. Zum Glück war noch etwas Wasser von gestern Abend drinnen. Damit spülte sie drei Tabletten runter. Die restlichen deponierte sie am Waschbeckenrand, bevor sie zurück ins Schlafzimmer taumelte und sich ins Bett fallen ließ. Ich muss in der Dienststelle anrufen ... ich muss in der Dienststelle anrufen ... hämmerte es in ihrem Kopf. Eine Viertelstunde döste sie vor sich hin, dann begannen die Tabletten zu wirken. Wankend stand Penelope Lanz auf, tapste ins Vorzimmer zur ihrer Handtasche, kramte, fand endlich das Handy und wählte die Dienststelle.

„Dirnberger."

„Chef, ich bin's. Penny. Mir geht's net gut."

„Um Gottes willen, was is denn?"

„Föhn ..."

„Ah ja! Ich versteh ..."

„Ich hab Tabletten eing'worfen und komm jetzt dann. Tut mir leid ..."

„Passen S' aber beim Autofahren auf. Ich möchte nicht, dass Ihnen was g'schieht."

„Ich pass schon auf. Danke ..."

Eineinhalb Stunden später parkte Penny Lanz ihren Mini vor der Dienststelle der Sonderkommission am Wiener Donaukanal. Die Kopfschmerzen hatten sich zurückgezogen, sie drückten jetzt nur noch ein bisschen im Hinterkopf. Als sie ausstieg, fegte eine so heftige Böe des Föhnsturms über den Donaukanal, dass sie fast umgerissen worden wäre. Mit wehender blonder Mähne und flatternder Lederjacke flüchtete sie sich in die Wache.

„Morgen …"

Keine Menschenseele antwortete. Sie stellte ihre Handtasche auf den Schreibtisch und begab sich in Dirnbergers Büro. Als der Oberst sie sah, fragte er besorgt: „Sie sind schon da? Ich hab erst zu Mittag mit Ihnen gerechnet."

„Es geht schon …"

„Sind Sie wirklich okay?"

„Ja …"

„Gut. Dann schau'n Sie bitte in die Engerthstraße 99–109. Das ist ein riesiger Gemeindebau. Dort hat man auf der Dreier Stiege a weibliche Leiche gefunden. Noch is unklar, ob's a natürliche Todesursache gibt oder net. Ich hab den Wohlfahrt und die Frau Dr. Beck hingeschickt. Es wär mir sehr recht, wenn S' die beiden Kollegen vor Ort unterstützen könnten."

„Wo sind der Helmuth und der Carl?"

„Unten im Prater beim Wiener Hafen. Da is eine verstümmelte Leich g'funden worden. Wahrscheinlich a Chinese. Ich hab die beiden plus Wohlfahrt und Beck in der Früh dort owe[6] g'schickt. Jetzt müssten aber Wohlfahrt und Beck schon in der Engerthstraße sein …"

„Ist gut! Bin schon unterwegs …"

*

---

[6] hinunter

„Des war a Kettenraucher ...“

„Der Chinese?“

„Nein. Der, der ihn hamdraht hat.“

„Hamdraht?“

„Gekillt hat. Hearst, Carl! Das hast doch schon hundert Mal g'hört!“

„Daheim ist für mich kuschelig, angenehm, friedlich. Sich heimdrehen und dann tot sein – nee. Da sperrt sich mein Unterbewusstsein.“

„Wir Wiener sind halt dem Himmel sehr nah ...“

Die Gerichtsmedizinerin Dr. Beck warf trocken ein: „Am Oberkörper von dem Asiaten sind etliche Zigaretten ausgedämpft worden.“

„Sag ich ja! Der, der das g'macht hat, war a Kettenraucher ...“, insistierte Helmuth Nowak.

„Gefoltert. Armes Schwein. Hab so was zuletzt am Balkan gesehen.“

„Der Balkan beginnt am Rennweg. Das hat schon der Metternich[7] g'sagt“, brummte Nowak. Carl Ribarski stand auf, schüttelte unwillig den Kopf und versuchte, die unangenehmen Erinnerungen an seinen Balkaneinsatz zu verjagen. Dr. Beck, die Gerichtsmedizinerin, stand ebenfalls auf und schnaufte: „Wahrscheinlich hat er noch andere Folterspuren ... Ich schau mir das heute am Nachmittag genau an. Aber jetzt muss ich gehen. Der Oberst hat mich angerufen. Es gibt noch eine Leiche. In der Engerthstraße.“

„Franziska, du kannst mit mir mitfahren! Ich muss ja auch in die Engerthstraße.“ Franz Wohlfahrt, der Kriminaltechniker, packte hektisch seine Sachen zusammen. „Hier hab i eh alles erledigt. Die Reifenspuren vorne am Zufahrtsweg und dann die Schleifspuren der Leiche hier-

---

[7] Österreichischer Staatsmann und Minister (erste Hälfte des 19. Jahrhunderts)

her. Sonst hab i nix g'funden. Leider hat der Täter kein Taschentüchl und auch keinen Ausweis verloren."

Damit eilte er zu seinem Wagen, einem alten Volvo Kombi. Nowak starrte die Leiche an und brummte: „Wenn net zufällig ein Jogger hier Pipi g'macht hätte, wär die Leich in dem Buschwerk da vielleicht erst in ein paar Wochen entdeckt worden ..."

„Und dann hätten wir auch keine Reifenspuren oder sonst etwas gehabt. Ich liebe Jogger. Was täten wir ohne sie?"

„Das kann ich dir schon sagen: Wir würden in der Dienststelle sitzen und gemütlich Kaffee trinken."

„Glaub ich nicht. Da wären wir jetzt schon bei der anderen Leiche in der Engerlingstraße."

„Engerthstraße, Carl. Engerthstraße!"

„Das ist doch dasselbe, Mensch. Komm, lass uns nachsehen, ob der China Boy im benachbarten Hafen jemandem abgeht."

*

Es stank. In der Stiege 3, des Janecek Hofs, in der Engerthstraße 99–109, stank es. In jedem Stockwerk anders. Im Erdgeschoss nach Lammeintopf und mächtig viel Kreuzkümmel, im ersten Stock nach Kohl und im zweiten dann nach Verwesung. Augenblicklich begannen sich Pennys Kopfschmerzen mit eindrücklichem Hämmern zurückzumelden. Die Gruppeninspektorin musste kurz innehalten, sie schloss die Augen, strauchelte und wurde von kräftigen Armen aufgefangen.

„Hoppala! Aufpassen, gnä' Frau!" Und nach einer kurzen Pause: „Sie sollten da net weitergehen. Da fäult's[8]

---

[8] stinken

fürchterlich. Da liegt a verweste Leich drinnen. Kommen S' in zwei Stunden wieder, dann is das alles weggeräumt."

Penny schlug die Augen auf und schaute in das breite Gesicht einer Polizistin, deren weißblond gefärbtes Haar kurz geschnitten war und keck unter der Uniformmütze hervorblitzte. Penny bemühte sich, alleine auf ihren wackligen Beinen zu stehen und registrierte, dass die kräftigen Arme der Weißblonden gehörten.

„Geht's wieder?"

Penny nickte, kramte ihren Dienstausweis aus der Lederjacke und stammelte: „Gruppeninspektorin Lanz, Sonderkommission. Mein Chef hat g'meint, ich soll mir das da anschauen."

Die weißblonde Polizistin ließ Penny vorsichtig los und reichte ihr ein frisches Stofftaschentuch.

„Da! Nehmen S' das. Die Alte da drinnen fäult, das is ka Bemmerl[9]."

Dankbar nahm Penny das Taschentuch der Kollegin, presste es vor Nase und Mund und betrat die Wohnung. Ihre erste Erkenntnis: Die Bewohnerin war ein Messi. Mannshohe Stapel Zeitungen sowie Unmengen von leeren Zigarettenpackungen ließen keinen anderen Schluss zu. Letztere befanden sich in unzähligen Plastiksackerln[10], Obst- und Gemüsekartons. Penny kämpfte sich durch die vollkommen zugemüllte Küche in das einzige Zimmer vor und erschrak. Auf dem Boden lagen zusammengekrümmt die Reste einer alten Frau. Das Gesicht ziemlich verwest, der Bauch aufgebläht von Fäulnisgasen, daher der Gestank. Penny hörte Schritte hinter sich, Franz Wohlfahrts Stimme erklang.

„Ja, was hamma denn da Schönes?"

---

[9] keine Kleinigkeit
[10] Plastiktüten

Penny zuckte zusammen. Der Kriminaltechniker legte ihr beruhigend die Hand auf die Schulter und fuhr fort: „Hast du's g'sehn? Ja? Na, dann kannst ja gehen. Das hier ist mein Job. Du kriegst die Fotos und alles, was wir am Tatort finden, sauber zusammengestellt und aufgelistet."

„Hallo Penny! Franz hat Recht. Quäl dich nicht. Das hier ist unser Job."

Lanz drehte sich um und grinste die Gerichtsmedizinerin gequält an: „Danke, Franziska. Das ist lieb. Von euch beiden ... Danke Franz."

„Is schon gut! Und jetzt geh bitte. Draußen is heute ein wirklich schöner Tag!"

*

„Ein schöner Tag ...", Penny schüttelte den brummenden Kopf. Nein, ein schöner Tag war, wenn man keine Leiche aus Gammelfleisch zu inspizieren hatte. Penny blieb vor dem riesigen Gemeindebau stehen und sah unschlüssig die Engerthstraße hinauf und hinunter. Die Vögel zwitscherten, die Alleebäume zeigten die ersten Knospen, und Penny Lanz spürte plötzlich ein nagendes Hungergefühl. Normalerweise wurde so ein Hungeranfall während der Dienstzeit mit einer Leberkäs-Semmel[11] ruhiggestellt. Doch heute grauste ihr davor. Alleine, sich den Geruch von Leberkäse vorstellen zu müssen, verursachte ihr schon Gänsehaut. An diesen Föhntagen war eben nichts wie sonst. Und weil nichts wie sonst war, beschloss Penny die Engerthstraße zu überqueren und in das Beisl vis-à-vis zu gehen. Jetzt ein herzhaftes Gulasch und ein kleines Bier! Das würde helfen. Da es zwanzig Minuten vor zwölf war, bekam sie in der kleinen Gaststube gera-

---

[11] Erötchen mit einer Scheibe Fleischkäse

de noch einen Sitzplatz an einem Tisch, an dem bereits ein bulliger Kerl hockte. Die resolute Kellnerin setzte die Gruppeninspektorin kurzerhand dorthin. Diese grüßte leise: „Mahlzeit!"

Über das nicht unhübsche Gesicht des Mannes huschte ein kurzes Lächeln, dann quatschte er konzentriert weiter in sein Handy. Irgendeine slawische Sprache, Penny konnte sie nicht identifizieren. Das Telefonat dauerte so lange, bis ihrem Tischnachbarn ein über die Tellerränder hängendes Schnitzel serviert wurde. Der Mann beendete abrupt das Gespräch, murmelte „Mahlzeit!" in Richtung Penny und begann wie ein Wilder das Schnitzel zu zerteilen und zu verschlingen. Penny bewunderte seinen animalischen Appetit, denn sie selbst musste heute die Sache langsamer angehen. Obwohl sie hungrig war, durfte sie das Gulasch, das übrigens schön durchzogene Fleischstücke enthielt und einen sämigen dunklen Saft hatte, auf dem ein ganz zarter Fettspiegel glänzte, nicht zu hastig essen. Sie kannte ihren Magen. Der war im Moment noch von dem föhnbedingten Brechanfall sowie von den Medikamenten, die sie seit heute Morgen eingeworfen hatte, beleidigt. Mit Bedacht kaute sie das Fleisch und tunkte dazu immer wieder ein Stück des recht knusprigen Semmerls in den Gulaschsaft. Dazwischen trank sie kleine Schlucke Bier. Als sie fertig gegessen hatte, sagte ihr Vis-à-vis plötzlich: „Beste Gulasch von ganze Bezirk."

Penny nickte und sah sich suchend um.

„Du brauchen Zahnstocher, ned wahr? Bojko dir welche bringen ..."

Der muskulöse Mann sprang auf, ging zur Schank und schnappte sich dort ein schmales Glasgefäß, in dem die Zahnstocher einzeln verpackt steckten.

„Bin Stammgast hier, ich darf des."

Beim Ausputzen der Fleischfasern aus ihren Zähnen kam Penny eine Idee.

„Wenn S' Stammgast da in dem Beisl sind, kennen Sie vielleicht die Anna Hawlicek?"

„Die Antschi-Tant? Na freilich! Hab sie schon Zeit nicht gesehen."

„War sie früher öfters da?"

„Na, jeden Tag. Is da g'sessen und hat gepofelt.[12]"

Der Mann zündete sich genussvoll eine Zigarette an.

„Wollen S' a ane?"

„Ich rauch nicht. Außerdem ist rauchen doch in Gaststätten verboten."

„Net da. Da is nur verboten, was stört den Wirt. Und Wirt raucht selber."

„Aha ..."

„Bist du Militante? Wirst du machen Anzeige?"

Diese Frage, die ihr Gegenüber ziemlich laut gestellt hatte, ließ die Gespräche an den Nebentischen verstummen. Penny registrierte, wie sie von allen Seiten feindselig angestarrt wurde.

„Nein, ganz sicher net. Wer rauchen will, soll rauchen. Das ist mir wurscht."

Rundum wurde genickt und die unterbrochenen Gespräche lebten wieder auf.

„Hab dich noch nie g'sehn hier ..."

„Bin auch das erste Mal da. Hab was zum Essen braucht. Hab in der Früh Schädelweh g'habt und nichts gefrühstückt."

„Dir nix gut heute? Dann du brauchen Schnaps. Geh, Frau Hella, bringen S' zwei Fernet."

Danke, aber ich trinke im Dienst nichts. Diese Standardfloskel konnte sich die Gruppeninspektorin gerade noch verkneifen. Und dann wurde auch schon der Fernet

---

[12] geraucht

serviert. Der Mann hob sein Glas und prostete ihr zu: „Servus! Ich bin Bojko und du?"

„Penny, Penny Lanz ..."

„Na dann owe damit!"

Penny schloss die Augen und kippte mit Todesverachtung den Kräuterschnaps hinunter. Er brannte höllisch. Sie schüttelte sich, Schiwkow lachte.

„Musst du trinken öfter. Dann geht besser. Willst noch einen? Lad dich ein."

Penny winkte ab.

„Penny, wieso bist hier in Beisl?"

„Na, wegen der Hawlicek."

„Wegen der Antschi-Tant? Bist verwandt mit ihr?"

Penny nickte.

„Na, die hab ich gut schon zwei Wochen nix gesehen. Frau Hella, wann war die Antschi-Tant letztes Mal da?"

Die Kellnerin trat nachdenklich einige Schritte näher an den Tisch, wo die beiden saßen. Sie kratzte sich in ihren graumelierten Locken mit dem gelben Kugelschreiber, auf dem die Nummer eines Taxifunks stand, und murmelte: „Na ja, da wirst schon Recht haben, Bojko. An dem einen Abend, an dem so a grauslicher Sturm gangen is, war sie das letzte Mal da."

„Können Sie mir genau sagen, wann das war?"

„Warten S', ich schau einmal auf meinem Kalender nach. Weil an dem Tag war i beim Friseur und hab mi nachher fürchterlich geärgert. Weil bei dem Sturm war mei Frisur sofort wieder im Oasch."

*

„Herrschaften, wir haben zwei Mordfälle."

Mit dieser Feststellung eröffnete Oberst Otto Dirnberger die Dienstbesprechung am nächsten Morgen.

„Zwei? Wieso zwei? Zählt der Chineser doppelt?"

„Helmuth, hör bitte auf mit den blöden Scherzen. Die Lage ist durchaus ernst. Wir haben den ... den Chineser ... und wir haben die Alte."

„Was für 'ne Alte?", grunzte Ribarski und kratzte sich die unrasierte Visage.

Nun schaltete sich der Kriminaltechniker Franz Wohlfahrt ein: „Na die, die Penny und ich gestern schon leicht kompostiert in der Engerthstraße g'funden haben."

„Was? Ist die nicht einfach so g'storben?"

„Kollegin Lanz, das wäre schön. Das ist aber nicht so", replizierte Dirnberger. „Nach dem Telefonat, das ich vor zehn Minuten mit Frau Dr. Beck geführt hab, müssen wir davon ausgehen, dass sie vergiftet worden ist."

„Vergiftet?"

„Arsen und Rattengift."

Nowak grinste: „Na Mahlzeit!"

„Das ist net lustig, Helmuth."

„Find i schon. Diesen Giftcocktail musst erst einmal zusammenmixen."

Franz Wohlfahrt widersprach lakonisch: „Da brauchst net viel mixen. So ein Giftcocktail ist mehr oder weniger stark konzentriert in fast allen Schmuggelzigaretten drinnen. Vor allem, wenn der Tabak aus China kommt. China ist ja das größte Tabakanbauland der Welt. Und die Umweltstandards dort sind zum Vergessen. Was ich gestern in der Wohnung von der Alten g'sehn hab, hat die die Tschick[13] ja förmlich g'fressen. Die war a totaler Nikotin Junkie."

„Genau das hat mir Frau Dr. Beck am Telefon auch gesagt. Nur: dass die letzten Tschick, die die Alte geraucht hat, eine besonders hohe, sprich tödliche Konzentration von dem Zeug hatten. Das waren echte Killer-Tschick."

---

[13] Zigaretten

„Da sollten wir mal nachhaken. Wenn das Zeug auf dem Markt ist, müsste es ja 'ne Handvoll Tote geben."

„Carl hat Recht", schaltete sich Penny ein. „Ich werde das gleich einmal checken."

„Konzentrieren Sie sich auf plötzliche Todesfälle. Zeitraum? Na, sagen wir die letzten zwei Wochen. Vor allem alte, von Krankheiten geschwächte Menschen. Die haben laut Dr. Beck kaum eine Chance, wenn's diese Killer-Tschick rauchen."

„Killer-Tschick!", Helmuth Nowak lachte laut auf. „Das klingt für mich wie Killer-Tomaten. Das war so ein Trash-Film vor etlichen Jahren. Apropos Film: Da fällt mir unser toter Jacky Chan das verblichene Schlitzaug, ein ..."

„Alter Rassist ...", grinste Ribarski und gab Helmuth Nowak einen freundschaftlichen Rempler.

„Aber vielleicht sollten wir mal der Chinesen-Szene auf den Zahn fühlen. Wegen dem Toten und wegen der Killer-Tschick."

„Von denen bekommt ihr doch nix raus. Da stoßt ihr auf eine Mauer des Schweigens."

„Vielleicht sollten Carl und ich noch einmal hinunter in den Prater und zum Hafen schauen. Außerdem könnten wir das Gespräch mit Mr. Dong suchen."

„Mit dem Paten der Chinesen-Szene?"

„Warum nicht? Der hat doch tausend Fäden in der Hand. Vielleicht kann der uns auch bei den Killer-Tschick weiterhelfen."

„Ist in Ordnung, Herrschaften. Die Kollegin Lanz klemmt sich hinter den Computer und recherchiert, ob's weitere plötzliche Todesfälle unter alten, starken Rauchern gibt. Der Kollege Wohlfahrt nimmt sich noch einmal die Zigaretten vor. Vielleicht kann er irgendwas über die Herkunft der Killer-Tschick herausfinden. Hellmuth, du und der Kollege Ribarski, ihr schaut euch noch einmal unten im Prater um und redet mit Mr. Dong. Das war's, gemmas an!"

Ribarski nickte und Nowak murmelte beim Hinausgehen amüsiert: „Killer-Tschick ... i pack's net."

*

Mr. Dong hatte Sorgen. Missmutig verließ er das schmucke Zweifamilienhaus in Wien Mauer, in dem er vor einigen Jahren mitsamt seiner Familie eingezogen war. Tja, ein Zweifamilienhaus für Europäer reichte gerade einmal aus für eine chinesische Großfamilie, wie die Dongs eine war. Dong Lu selbst hatte vier Kinder, eine Ehefrau, einen Bruder, zwei Schwestern sowie drei Cousins und eine Cousine. Weiters wohnte in seinem Haus eine Großmutter, die so alt war, dass keiner genau wusste – am wenigsten sie selbst –, wann sie geboren worden war. Das zweistöckige Gebäude war also bis unters Dach angefüllt mit quirligem chinesischem Leben, doch das bereitete ihm keine Sorgen. Das war normal. Nicht gewohnt war er, dass er bereits nach dem Frühstück die Hitze im Magen spürte. Sein Milz-Yang war beleidigt. Verursacht durch eine äußerst unerquickliche Affäre, bei der er höllisch aufpassen musste, dass sie ihm nicht aus den Händen glitt und er die Kontrolle verlor. Kontrolle. Das war ein zentrales Wort in Mr. Dongs Denken. In der Dong'schen Großfamilie kontrollierte jeder jeden und er, Mr. Dong, alle zusammen. Seine Schwestern kontrollierten die Kinder. Die Kinder kontrollierten die Cousine, die Cousine die Cousins, die Cousins seinen Bruder. Sein Bruder kontrollierte das Haus im Allgemeinen und die Großmutter im Besonderen. Diese wiederum kontrollierte alle zusammen und steckte ihr unappetitliches Riechorgan, aus dem büschelweise schwarze Haare sprossen, dauernd in Dinge, die sie nichts angingen. Auch bei Mr. Dong. Doch das bereitete ihm keine Sorgen. Das war Familie. Sorgen bereitete ihm dieser verdammte Halbstarke. Jimmy Lee, sein Adoptivsohn. Verfluchter Hochstapler. Kam sich wie der kleine Bruder von Bruce Lee vor. Nur weil er hin und wieder einmal Kung Fu trainierte. Damit konnte er die verdammten Langnasen beeindrucken. Ihn, Mr. Dong, keinesfalls. Denn er hatte in seiner Jugend ernsthaft Kung Fu trainiert und seit damals jeden Morgen seine Qi Gong-Übungen gemacht. Mit säuerlicher Miene erinnerte er sich, wie er einst Jimmy Lee in die Schranken weisen musste, als dieser die Grundregeln der kindlichen Pietät verletzt hatte. Der Junge hatte versucht, ihn als Tiger anzuspringen. Lu Dong aber machte den Kranich und wehrte ihn mit kühlem Kopf ab. Ein blitzschneller Beinstoß in den Unterleib brachte Jimmy Lee schließlich zu Fall. Dann war Lu Dong ihm auf die Kehle gestiegen, bis er blau im Gesicht geworden war. Seit damals hatte sich der Bengel gefügt. Und jetzt war er tot. Ein Umstand, der Mr. Dong Sorgen machte, als er im Fonds seines schwarzen 600er Mercedes saß und von seinem Chauffeur durch den dichten Wiener Morgenverkehr ins Büro gefahren wurde.

*

Nacht. Es regnete Schusterbuben. Das wäre nicht weiter schlimm gewesen, wenn sich nicht unter die Regentropfen auch jede Menge Eisgraupeln gemischt hätten. Im peitschenden Wind stachen sie wie Nadeln. Genauer gesagt wie die Nadeln unzähliger Nähmaschinen, die die wenigen Menschen, die bei diesem Wetter durch die Straßen eilten, mit unzähligen Stichen perforieren oder vielleicht sogar ein Muster in deren Haut stechen wollten.

Schiwkow schüttelte sich wie ein nass gewordener Hund, als er sich im Schutz des Hausflurs befand. Endlich daheim! Müde und vom genossenen Alkohol leicht tapsig stapfte er die Stiegen zu seiner Wohnung hinauf. Er steckte den Schlüssel in das altmodische Türschloss und stutzte. Hatte er heute die Wohnungstür beim Weggehen nur ins Schloss fallen lassen? Er bemühte sich, sich zu erinnern. Sich am Kopf kratzend blieb er im Türspalt stehen. Plötzlich roch er kalten Zigarettenrauch vermischt mit Schweiß. Adrenalin schoss ein. Schiwkow war hellwach. Ein Tritt gegen die Tür. Rolle vorwärts hinein in die Wohnung. Ein Schatten schlägt auf ihn. Er rollt zur Seite, der Baseballschläger kracht auf den Küchenboden. Schiwkow packt den Schläger. Reißt an. Der andere lässt los. Ein zweiter Schatten springt Schiwkow in den Magen. Der stöhnt auf, rollt zur Seite, trifft mit dem Schläger ein Schienbein. Schmerzensgebrüll. Schiwkow packt einen Sessel und schleudert ihn einem Angreifer entgegen. Dann ist er wieder auf den Beinen. Den Baseballschläger in der Hand dreht er sich wie ein wildgewordener Derwisch im Kreis. Krachen, Schreien, Splittern. Ein am Boden kriechender Schatten. Der Baseballschläger donnert auf dessen Rücken. Dumpfer Aufprall. Schmerzgeheul. Wie von Sinnen schlägt Schiwkow zu. Glas und Porzellan splittern, Menschenknochen brechen, ein Holzstuhl wird gefällt und zerbricht. Ein Schatten schleppt den zweiten aus der Wohnung hinaus. Schiwkow hinterher. Tritte gegen die beiden. Die Treppe hinunter. Und immer wieder: Bam! Bam! Bam! Der Baseballschläger.

„Wos is denn da los? Seid's ihr alle deppert g'worden?"

Der dicke Unterrainer, der im zweiten Stock des Hauses wohnte, stand in weißer Feinrippunterhose und weißem Feinrippleiberl in der aufgerissenen Wohnungstür, durch die sich ein Lichtstrom in das dunkle Stiegenhaus ergoss. Schiwkow erstarrte. Die beiden Schatten verflüchtigten sich.

„Wenn's net sofort a Ruah gebt's, ruf i die He[14]!"

Schiwkow stand keuchend vor Unterrainer. Ungeordnete Kleidung, wirres Haar, Baseballschläger in der Hand.

---

[14] Polizei

„Nix Polizei. Alles gut. Alles okay."

„Wos is okay? Nix is okay."

Unterrainers Schädel wurde knallrot und er schrie sich in Rage: „Du Tschusch[15], du bulgarischer! Du glaubst wohl, du kannst dir hier alles erlauben, was? Aber net bei mir! Und da kannst zehn Baseballschläger ham, scheiß i ma nix. Weil wir sind da in Österreich, verstehst. In Österreich! Und da ham sich so dahergelaufene Gfraster[16] wie du zu benehmen. Benehmen!!!"

Schiwkow machte einen Katzenbuckel und murmelte: „Schon gut, Chef. Alles gut. Wirklich. Kein Problem."

Mittlerweile waren mehrere Haustüren geöffnet worden, und eine junge Nachbarin kommentierte die Schreierei spöttisch: „Schau Karli, schnell. Der Unterrainer in der Unterwäsch!"

Und die alte Nemeth keifte: „Halbnackert is er. Der soll sich genieren. Halbnackert umadumzuschreien."

Unterrainers Kopf nahm eine normale Farbe an, seine Hände flatterten plötzlich schamhaft vor seinem Gemächt, dessen Konturen sich durch die weiße Unterhose abzeichneten, er stammelte: „Dass jetzt a Ruah is ... A Ruah!" Und schon war er in seiner Wohnung verschwunden, nicht ohne die Wohnungstür mit einem mächtigen Kracher hinter sich ins Schloss zu werfen. Die junge Nachbarin und ihr Freund Karli sahen ihm belustigt nach. Karli kommentierte zynisch: „Hast den braunen Streifen in seiner Untergatte[17] g'sehn? Der hat sich beim Brüllen voll ang'schissen."

*

---

[15] abfällige Bezeichnung für Menschen vom Balkan
[16] Gauner, Halunke
[17] Unterhose

Wie ein begossener Pudel schlich Schiwkow zurück in seine Wohnung. Oder genauer gesagt in das, was einmal seine Wohnung gewesen war. Zugegeben: Sie war nie ein Schmuckkästchen gewesen, sondern eher das Gegenteil. Aber der Anblick, der sich ihm jetzt bot, war einfach schrecklich. Der Küchenboden voller Splitter, einer der beiden Stühle zertrümmert, das schmutzige Geschirr, das überall herumgestanden war, in tausend Scherben. Dazu Blutspritzer am Boden und an den Wänden. Pfui Teufel! Nicht viel netter sah der nachfolgende Raum aus. Hier, wo sich einst sein kombiniertes Wohn- und Schlafzimmer befunden hatte, regierte das Chaos. Das Bett komplett aufgerissen, die Pölster und Matratzen aufgeschnitten, deren trauriges Innenleben aus Federn, Schaumgummi und Sprungfedern quer über den Boden verteilt. Der einzige Kasten in dem Raum stand sperrangelweit offen, alle Fächer waren herausgerissen, die Kleidungsstücke, die er sorgsam auf Kleiderhaken gehängt hatte, lagen nun überall verstreut am Boden. Was ihn besonders schmerzte, war die Tatsache, dass sein einziger dunkler Anzug, dessen Jackett innen ein Armani-Logo schmückte, ebenfalls am Boden lag. Zerknüllt und mit unappetitlichen braunen Flecken übersät. Mit ihm hatte sich einer der beiden Einbrecher, der offensichtlich in einen Hundehaufen gestiegen war, die Schuhe abgewischt. Ja, es stank im Zimmer. Nach Hundescheiße. Schiwkow riss das Fenster auf. Gierig pumpte er die frische Nachtluft in seine Lunge. Vor ihm lag der schmale Innenhof, steile, unverputzte Ziegelmauern, ein trister Baum, jahreszeitlich bedingt völlig kahl. Es gab noch zahlreiche weitere Fenster, die in den Innenhof hinausgingen, doch die meisten waren dunkel. Nur hinter einigen wenigen sah er Licht, das von Jalousien oder dicken Vorhängen stark gedämpft nach außen drang. Schiwkow fühlte sich plötzlich sehr allein. Verraten. Verfolgt. Ein Fremder in einem

ihm nach wie vor fremden Land. Sollte er heimgehen?
Nach Bulgarien? Bis heute Nacht hatte er sich eingebil-
det, dass er hier daheim war. Hier in dem alten Zinshaus,
das noch Gemeinschafts-WCs am Gang hatte und in dem
ein kunterbuntes Völkchen wohnte. Wie zum Beispiel der
dicke Herr Unterrainer, gesundheitsbedingt in Frühpen-
sion, dem er immer im Frühjahr die Reifen seines Fahr-
rads aufgepumpt hatte. Ein Fahrrad, mit dem Unterrainer
tagtäglich auf die Donauinsel zu seinem Badeplatz fuhr.
Oder die alte Nemeth, der er, wenn sie krank war und
nicht außer Haus gehen konnte, regelmäßig die Einkäu-
fe erledigte. Oder die beiden Studenten. Karli und Caro-
la. Dem schmalbrüstigen Studenten Karli hatte er beim
Einziehen einen Kasten sowie den Rahmen des Doppel-
betts in den zweiten Stock hinaufgeschleppt. Das hätte
der Karli, der Schwachmatiker, alleine nie geschafft. Und
jetzt? Keiner hatte ihm geholfen. Im Gegenteil. Schiwkow
steckte sich eine Zigarette an. Er inhalierte tief. Mehrmals. Bis ihm ein ganz klein wenig schwindelig wurde.
Dann kam ihm eine böse Idee. Gleich morgen Früh würde
er Unterrainer einen Denkzettel verpassen. Denn Rache
ist Blutwurst. Eine Wiener Redewendung, die er von Unterrainer aufgeschnappt hatte. Früher, als sie noch miteinander geredet hatten.

*

Die Nacht war lang gewesen. Mädelsabend, wie Franziska Beck zu sagen pflegte. Und den die beiden alleinstehenden Frauen immer mit ziemlich viel Alkohol fei-
erten. Die Gerichtsmedizinerin war Penny vom ersten
Augenblick an sympathisch gewesen und so sind sie sehr
schnell per Du geworden. Gestern Abend war Franziska
Beck mit zwei fetten Rindersteaks plötzlich vor Pennys
Tür gestanden.

„,'nen Rotwein haste ja immer daheim ...", waren ihre Begrüßungsworte und Penny lachte. Ja, so war sie, die Frau Doktor Beck. Unberechenbar, spontan und voller Ideen. Penny, die auf der Couch gelegen und gelesen hatte, war dort eingeschlafen. Verschlafen ließ sie Franziska Beck in die Wohnung. Die zog brav ihre Schuhe aus und watschelte dann in die Küche. Dort machte sie sich zu schaffen – so als ob es ihre wäre. Penny grinste noch immer über Franziskas Gehweise. Sobald die mollige Gerichtsmedizinerin ihre Schuhe ausgezogen hatte und bloßfüßig unterwegs war, erinnerte ihr Gang an den einer Ente. Indem sie Franziskas Watschelgang nachahmte, tänzelte sie zur Stereoanlage, wo sie eine Guns N' Roses-CD einlegte. Die Liveversion von ‚Knockin' on Heaven's Door'.

„Franziska! Speziell für dich! Ein Song über deine Kundschaft ..."

Beck kam mit zwei Rotweingläsern aus der Küche, reichte eines Penny, lauschte kurz und grummelte dann: „Na, da hab ich doch so meine Zweifel. Meine Kundschaft klopft nicht an die Himmelstür. Die, die ich untersuche, läuten meist an der Höllenpforte. ‚Hells Bells' von AC/DC wäre eher angebracht."

„Kannst du haben. Soll ich's auflegen?"

„Nee. Nicht jetzt. Vielleicht nach dem Essen, damit man unsere Verdauungsgeräusche nicht so hört ..."

Penny musste schmunzeln. Zum Lachen fehlte ihr im Moment die Luft. Ja, sie war nach der Völlerei gestern Abend heute Morgen im Prater unterwegs. Joggend. Vom Praterstern vor zum Lusthaus. Sie war schon ziemlich weit: bei der Ostbahnbrücke, die über den grünen Prater und die Hauptallee führte. Plötzlich riss sie das wilde Gebimmel eines Fahrrades aus ihren Gedanken.

*

Schiwkow schlief schlecht. Kein Wunder, in dem Müllhaufen! Außerdem sickerte der leicht süßliche Gestank von Hundescheiße permanent in seinen Schlaf ein, so dass ihn Alpträume von riesigen kackenden Hunden und an seinen Schuhen klebenden Hundeexkrementen quälten. Nach etwas mehr als vier Stunden Schlaf wachte er auf, torkelte zur Wasserleitung, fand ein Glas, das nicht zerbrochen war, und trank gierig. Dadurch einigermaßen Klarheit im Kopf gewinnend schauerte ihn. Bloßfüßig war er in seinem Dusel in die Küche getaumelt. Nur mit allergrößtem Glück war er nicht in eine der zahlreichen Scherben getreten. Vorsichtig tänzelte er nun zurück ins Schlafzimmer, zog sich Socken und Schuhe an, schnappte sich einen Besen und begann die Scherben, mit denen der Küchenboden übersät war, zusammenzukehren. Als dies geschehen war, kam er auf der Gangtoilette seinem Harndrang nach und betrat dann relativ wach und einigermaßen bei Sinnen seine Wohnung. Beim Anblick des Haufens Scherben in der Mitte der Küche kam ihm eine Idee. Die großen Glasscherben und Keramiktrümmer warf er in den Abfalleimer. Die kleinteiligen Scherben kehrte er feinsäuberlich auf eine Schaufel und ging auf leisen Sohlen ein Stockwerk tiefer. Vorsichtig hob er das Haushaltsschauferl hinauf zum Briefschlitz des Postkastens, auf dem in geschwungener Schreibschrift *R. Unterrainer* stand, und leerte langsam und behutsam, sodass auch nicht der kleinste Splitter verlorenging, die Scherben in den Postkasten. Als er zurück ins dritte Stockwerk stieg, stellte er sich vor, wie Unterrainer durch den Schlitz hineingriff und sich die Finger verletzte. Oder: wie sich beim Aufsperren des Postkastens eine Flut von Splittern über Unterrainer ergießen würde. In seiner Wohnung wusch sich Bojko Gesicht, Schädel und Oberkörper mit kaltem Wasser, zog sich ein frisches T-Shirt und einen frisch gewaschenen Pullover darüber an, prüfte, ob seine Lederjacke noch nass war, und schlüpfte hinein. Sie fühlte sich etwas feucht und steif an, aber das würde sich geben. Dann schnappte er sich seinen hydraulischen Bolzenschneider, den er in eine eigens angefertigte seitliche Haltevorrichtung steckte. Die hatte ihm ein türkischer Schuster im Alliiertenviertel aus Leder genäht, so dass er das Gerät ähnlich wie einen schweren Revolver seitlich unter dem Arm tragen konnte. Leise, um ja kein unnötiges Geräusch in der sonntäglichen Morgenruhe zu verursachen, stieg Schiwkow die vier Stockwerke in den Keller des Hauses hinab. Dort knipste er den Lichtschalter an und ging vor zum Kellerabteil Unterrainers, das mit einem Vorhängeschloss abgesperrt war. Mit bösem Grinsen griff Bojko zu seinem hydraulischen Bolzenschneider und startete ihn. Es gab ein kurzes, knackendes Geräusch und der Metallbügel des Vorhängeschlosses war zweigeteilt. Bojko steckte das geknackte Schloss in die Jackentasche, öffnete die Kellertür, und vor ihm an der Wand hing das picobello geputzte Unterrainer'sche Waffenrad. Ein Modell aus den 1940er Jahren, von Steyr angefertigt und unter Sammlern sehr begehrt. Er hob das Rad herunter und führte es zum Ausgang. Unterrainers Kellertür ließ er sperrangelweit offen stehen. Vielleicht fladerten[18] ihm andere Hausbewohner noch ein paar Sachen. Strafe muss sein.

Die Straßen waren nass und die ersten Sonnenstrahlen, die hinter dichten Wolken hervorlugten, spiegelten sich gleißend. Schiwkow fuhr entspannt durch die menschen- und autoleere Stadt. Sonntagmorgen war nichts los. Hin und wieder ein Hund samt Besitzer beim Gassigehen, ein paar einsame Jogger, sonst nichts. Er radelte die Engerthstraße vor bis zur Reichsbrücke und wechselte dort

---

[18] stahlen

auf den Radweg, der das Donauufer entlang führte. Der Wind wehte dramatische Wolkenformationen über den Himmel, die sich in dem grau dahinfließenden Strom spiegelten. Nach einer halben Stunde erreichte er den Wiener Hafen und hatte Glück: Ein bulgarisches Frachtschiff hatte angelegt. Ohne zu zögern ging Schiwkow mit dem Rad an Deck. Ein Mann erschien, Bojko begrüßte ihn auf Bulgarisch und verwickelte ihn in ein Gespräch. Wenig später saß er bei dem Schiffer in der Kajüte. Dessen Frau kochte starken türkischen Kaffee und tischte den Männern Weißbrot, Schafskäse, Oliven und Joghurt auf. Diesen sympathischen Landsleuten würde er das Steyr Waffenrad nicht verkaufen können. Die würden sich nur für ein modernes City- oder Mountainbike interessieren. Für ein gepflegtes Vintage-Rad hatten die kein Auge. Nach dem Frühstück holte er aus seiner Lederjacke Zigaretten heraus und bot dem Schiffer eine an. Der griff dankend zu und legte lachend sein eigenes Päckchen Marlboro neben das von Schiwkow. Die beiden Männer rauchten genussvoll, und Schiwkow fragte ganz nebenher, ob sein Gastgeber größere Mengen davon habe. Dieser verneinte grinsend. Danach schwiegen und rauchten sie. Um vielleicht doch mit dem Schiffer ins Geschäft zu kommen, deckte Schiwkow seine Karten auf: „Vor drei Wochen habe ich 30 Stangen Marlboro gekauft. Von einem Freund … Jimmy Lee …"

„Jimmy Lee?", der Schiffer schüttelte den Kopf. Als er seine Zigarette ausdrückte, murmelte er: „Meyer & Wagner Spedition, Portier. Wenn du Zigaretten kaufen willst …"

*

Penny hielt verärgert im Laufen inne. Ein verrückter Radfahrer war ihr direkt vor die Füße gefahren.

„Penny! Penny Lanz, ned wahr?"

„Sind Sie verrückt geworden?"

„Kennst mi nimmer? Bojko. Der gebracht hat dir Zahnstocher und Schnaps. In Beisl unlängst."

„Ah ja. Und warum haben Sie mich jetzt beim Laufen behindert?"

„Na, weil Bojko sich gefreut hat. Fahr da allein in Hauptallee, plötzlich seh ich Bekannte. Ich klingel. Nix. Dann bin ich gefahren zuwe."

„Sie wären mir fast über die Zehen gefahren."

„Nix Zehen fahren. Bojko bremsen rechtzeitig."

„Kann ich jetzt weiterlaufen?"

„Aber gerne. Bojko dich begleiten."

Später in der Gastwirtschaft ‚Jägerhaus' betrachtete Penny den Bulgaren das erste Mal ausführlich. Fescher Kerl. Eigentlich. Super Figur. Schmale Hüften, breiter Brustkorb, Riesen-Putschettis[19]. Verwirrt nahm Penny einen Schluck von ihrem Caffè Latte. Das musste wohl der Restalkohol sein, der solche Gelüste in ihr weckte. Sie erinnerte sich, wie sie gestern Abend gemeinsam mit Franziska Beck nach der zweiten Flasche Rotwein und mehreren Tequilas völlig ausgezuckt zu ‚Hells Bells', ‚Highway to Hell', ‚TNT' und anderen AC/DC Songs getanzt hatte. Dabei war ihr ein Kerl richtig abgegangen. Ein Mann mit Stanitzelfigur [20]und harten, mächtigen Putschettis. Einer wie der, der ihr gerade gegenübersaß.

„O Gott ..."

„Ist dir nicht gut? Bojko dir bestellen Schnaps. Schnaps immer gut."

„Kein Schnaps jetzt."

„Wirklich nicht?"

---

[19] Oberarmmuskeln
[20] Figur wie eine Eistüte (oben breit und unten schmal)

Penny schüttelte den Kopf, lehnte sich zurück und schloss die Augen. Wann hatte sie eigentlich das letzte Mal Sex gehabt?

„O Gott …"

Nach der Kaffeepause joggte sie zurück zum Praterstern. Begleitet wurde sie von Bojko Schiwkow. Wie ein folgsames Hündchen radelte er neben ihr her. Sie konzentrierte sich aufs Laufen, auf jeden Muskel in ihrem Körper. Ganz Körper sein. Sich verausgaben. Schwitzen. Endorphine. Guuut.

Schiwkow radelte schweigend. Mit Wohlgefallen betrachtete er Pennys durchtrainierten Körper. Ja, Penny war anders als die dummen Mädels, die einen Quickie mit ihm, dem allmächtigen Türsteher durchzogen, um in den Club oder das Clubbing reingelassen zu werden. Das waren alles nur Fickmatratzen. Penny aber, Penny war etwas Besonderes. Bojko radelte und beobachtete. Dabei geschah etwas, was ihm noch nie passiert war. Ihn überkam beim Radeln eine mächtige Erregung. Das ist jetzt ein Radständer, dachte Bojko und lächelte verschämt zu Penny hinüber. Die bemerkte jedoch nichts, da sie gänzlich im Laufen versunken war.

Später bei Pennys Mini angelangt, den sie am Beginn der Sportklubstraße geparkt hatte, nahm er ihr das weiße Frotteehandtuch mit der größten Selbstverständlichkeit aus den Händen und begann, mit sanften Bewegungen ihren verschwitzten Nacken, ihre klatschnassen Schultern und ihre nackten Oberarme abzutrocknen. Sie war so verblüfft, dass sie kein Wort sagte. Still und steif stand sie da und ließ sich von ihm vorsichtig abfrottieren. Die Augen geschlossen, die Muskeln angespannt. Sie genoss jede einzelne seiner behutsamen Berührungen.

*

Beflügelt trat Bojko in die Pedale. Von der Sportklubstraße führte ihn sein Weg in die Prater Hauptallee, die er
hinunter in Richtung Lusthaus radelte. War das nicht die
falsche Richtung? Ganz und gar nicht. Denn der vergnügt
vor sich hin radelnde Bulgare wollte heute noch ein kleines Geschäft machen. Die Idee war ihm gekommen, als
er Fennys Nacken und Oberarme trocken massiert hatte.
Danach hatte er ihr – ganz Gentleman – in die Lederjacke
geholfen. Dabei war ihr Dienstausweis zu Boden gefallen.
Zögernd hatte er ihn aufgehoben und ihn ihr in die Hand
gedrückt. Ja, diese Bullin, dieser She-Cop beflügelte ihn.
Ihm war ein bisschen schwindelig und er trat in die Pedale, als ob er mit dem alten Steyr Waffenrad den Giro
d'Italia gewinnen wollte. Bei der Praterbrücke, über die
ununterbrochen Kraftfahrzeuge donnerten, bog er nach
links ab und fuhr unter der düsteren Autobahnbrücke
vor bis zum Otto-Futterknecht-Weg. Hier am Rande der
Stadtautobahn einerseits und den Praterauen andererseits befand sich die Kleingartensiedlung *Sonnenschein*.

Er radelte einen Seitenweg nach rechts zu den paar
Kleingartenhäusern, die sich außerhalb des eingezäunten und abgesperrten Areals befanden. Ein Appendix der
Kleingartensiedlung sozusagen. Als Appendix des Appendix stand ganz am Rand ein circa 50 Quadratmeter
großes Häuschen, das eindeutig älter als seine Nachbarn
war. Kein Fertighaus, sondern ein betagtes Häuschen mit
Charme, das mit viel Liebe hergerichtet und ausgebaut
worden war. Der, der hier wohnte, kniete gerade in seinem
penibel gepflegten Garten vor einem frisch umgestoche-
nen Blumenbeet und setzte Pflänzchen ein.

„Serwas Chris!"

Der Angesprochene sah nicht auf und gab auch keine
Antwort. Ungerührt fuhr er mit seiner Arbeit fort.

„Chris, serwas! Was is? Kannst mi net hören?"

Langsam drehte sich der Mann um und musterte den Ankömmling finster.

„Chris, wos schaust denn so bös? I bin's, Bojko!"

„Was willst?"

„Na nix. I wollt nur einmal vorbeischaun."

„Das hast ja jetzt g'macht. Also: tschüss mit ü."

„Du redest wie Piefke ..."

Blitzschnell war Chris bei Bojko am Zaun. Seine Augen blitzten vor Zorn, und er hielt das metallene Ausstechgerät Bojko vor die Nase.

„Wennst mi no einmal an Piefke nennst, steck i dir des in Oasch. Bis aufe zum Zapferl[21]."

„Chris! Um Gottes willen, beruhig dich! I bin nur kommen, um dir Gefallen zu machen."

„Einen Gefallen?"

„Schau, was i da hab! A Steyr Waffenrad aus Jahr 1941."

„Wo hast das g'stohlen?"

„Net da."

„Wo?"

„Bei mir daham. Im Zwanzigsten. In der Engerthstraße"

„40 Euro."

„Chris, hearst! I hob glaubt, du bist a Freund ..."

„60 Euro."

„240!"

„Schleich di!"

„200 ..."

„So viel hab i net daham."

„150."

„140!"

„Na, von mir aus! Weilst mei Freind bist."

„40 wären ein Freundschaftspreis ..."

---

[21] Gaumenzapfen

„Da! Schau! Waffenrad picobello. Um nur 140 Euro. Wenn des net Freindschaft is ...“

„I hab das Geld aber net daheim.“

„Geh pflanz[22] mi net, Chris!“

Der andere dachte kurz nach und warf dann das Ausstechwerkzeug wie ein Messer in den speckigen Boden des Beetes. Dort blieb es leicht zitternd stecken. Dann sperrte er die Gartentür auf und hinter sich wieder zu. Er trat auf das Waffenrad zu und inspizierte es gründlich.

„I hab die 140 net daheim.“

Nach einer kurzen Pause sagte er: „Pass auf, du setzt dich vorn ins Wirtshaus, *Zum Futterknecht* heißt es, und trinkst a Bier. I fahr inzwischen mit dem Radl zum Bankomat. Da seh i gleich, ob der Rahmen verzogen oder die Kette im Oasch is. Oder ob du mich sonst wie bescheißen willst.“

„Chris! Ich niemals Freind bescheißen!“

„Wer's glaubt, wird selig ...“

Bojko wartete ziemlich lang im Wirtshaus *Zum Futterknecht*. Ein großes und ein kleines Bier waren längst ausgetrunken, der Daumen- und der Zeigefingernagel abgekaut und Bojko mit den Nerven am Ende, als Chris endlich erschien. Grußlos setzte er sich zu ihm an den Tisch und bestellte einen doppelten Mokka. Den stürzte er mit wenigen Schlucken hinunter.

„Zahlen!“

„Alles zusammen?“

„Nur den Kaffee.“

„3,10.“

Chris zog ein Bündel Geldscheine aus der Hosentasche. Einen Zehner gab er dem Kellner, den Rest schob er Bojko kommentarlos über den Tisch. Der steckte das Geld ein.

---

[22] verarschen

40

Chris stand auf, nahm im Gehen das Wechselgeld vom Kellner, grüßte und verschwand. Bojko hatte schweißnasse Hände. Er stand nun ebenfalls auf und eilte aufs Klo. Dort zählte er fieberhaft die Geldscheine nach: 100, 10, 20, 30, 40. Passt! Erleichtert kehrte Bojko in die Gaststube zurück und rief: „Zahlen, bitte!"

Bojko gab ein großzügiges Trinkgeld und verließ das Gasthaus. Er ging durch den Gasthausgarten und sah zwei angekettete Fahrräder am Fahrradständer. Nach kurzem Zögern ging er um die Ecke und was sah er da? Ein schwarzes Citybike, das an den Zaun gekettet war. Bojko grinste. Ein Griff zum Bolzenschneider, einschalten, 400 Bar Druck, ansetzen und: Die Kette sprang entzwei. Bojko steckte den Bolzenschneider ein, stieg auf und radelte vergnügt nach Hause.

*

Ding dong.

Nichts. Keine Reaktion, kein Laut. Ribarski drückte neuerlich auf den Klingelknopf. Im Hausinneren ertönte wieder der Gong: Ding dong.

Wieder nichts. Nowak feixte: „Ding dong ding. Wo ist Dong, der King?"

Ding dong. Ding dong. Ding dong. Ding dong. Ding do...

Die Tür wurde geöffnet und ein altes, verhutzeltes Weiblein spähte misstrauisch durch den Spalt.

„Ja?"

„Carl Ribarski, Kripo Wien. Wir wollen mit Mr. Dong sprechen."

„Mistel Dong nix zuhause. Danke."

Nowak gelang es gerade noch, seinen Stiefel im Türspalt zu platzieren, bevor die Tür vor ihren Nasen wieder zugeknallt werden konnte. Die alte Chinesin schaute verblüfft und stammelte: „Mistel Dong nix zuhause."

„Das hamma schon g'hört. Erzähl uns was Neues, Oma. Also, wo ist er? Wo können wir mit ihm sprechen?"

„Nix zuhause."

„Sie werden doch wissen, wo er untertags ist!"

„Ich nix wissen. Ich Gloßmuttel von Mistel Dong."

„Und? Hat er nicht gesagt, wo er heute hingeht?"

„Hat gesagt in Hafen. Gloße Containel kommen. Sonst ich nix wissen."

„In den Hafen? Na, das is ja schon was", knurrte Nowak, drehte sich grußlos um und ging. Auch Ribarski drehte dem stattlichen Zweifamilienhaus, das sich abgeschieden und ruhig in einer der besseren Wohnlagen Mauers befand, den Rücken zu und folgte seinem Partner. Als sie den Seitenweg, der zu dem Haus führte, zurück zur Straße gingen, brummte er: „Große Container? Die unten im Wiener Hafen ankommen? Das sollten wir uns angucken. Vielleicht sollten wir auch die Kollegen von der Zollfahndung verständigen."

„Ich ruf den Otto an."

Sie stiegen in Nowaks Opel Kapitän, und Ribarski informierte Dirnberger über den Stand der Dinge. Der versprach ihnen, die Zollfahndung im Wiener Hafen anzurufen, um Dongs Container unter die Lupe zu nehmen.

Die Fahrt über die Südosttangente verlief schweigend. Sowohl Helmuth Nowak als auch Carl Ribarski hingen ihren Gedanken nach. Sie nahmen die Ausfahrt Handelskai und fuhren diesen dann zum Wiener Hafen hinunter. Direkt zum Containerterminal, wo gerade ein Donauschiff von einem Kran entladen wurde. Davor parkte ein schwarzer 600er Mercedes. Vor der Luxuskarosse stand Mr. Dong und diskutierte gestikulierend mit einem Mitarbeiter des Wiener Hafens. Die Neuankömmlinge würdigte er keines Blickes. Als Nowak hinter ihm stand, sagte er laut: „Ding Dong!"

Mr. Dong fuhr herum. Er sah Nowak böse an. Der grinste und wiederholte: „Ding Dong! Ding Dong!"

Nun grinsten auch Ribarski und der Mann vom Wiener Hafen. Mr. Dong wurde wütend:

„Verarschen Sie mich? Ich zeige Sie an – bei der Polizei!"

Ribarski zückte seinen Dienstausweis: „Die ist schon da."

Nowak konnte sich ein nochmaliges „Ding Dong!" nicht verkneifen. Mr. Dong schnaubte vor Wut: „Ich bin ein anständiger Steuerzahler! Ich lasse mich nicht verarschen."

„Wow ... Mr. Anständig", antwortete Nowak und wandte sich an den Mann vom Hafen, der gerade ein Kommando in sein Funkgeräte bellte: „Können Sie uns alle Container zeigen, die für ihn da abgeladen werden?"

„Ja, selbstverständlich. Die stehen alle da links drüben. Es sind in Summe acht Stück. Wir sind gerade mit dem Abladen fertig geworden. Stimmt was mit der Fracht nicht?"

„Na, das werden wir sehen ..."

„Mit der Fracht ist alles in Ordnung. Bei Mr. Dong ist immer alles in Ordnung."

Statt eine Antwort zu geben, rief Nowak neuerlich Dirnberger an: „Ja, serwas. Sag, wir sind jetzt bei den Containern im Hafen, aber die Kollegen vom Zoll sind noch nicht da ... Was? ... Ah so, die kommen mit einem Suchhund ... des dauert noch ein bisserl ... is in Ordnung. Wir warten da."

„Suchhund? Wir brauchen keinen Suchhund. Mit den Papieren ist alles in Ordnung. Das sind alles Lebensmittel für Restaurants. Alles mit gültiger Einfuhrerlaubnis."

Dong wedelte mit einem Haufen Papiere, doch Nowak und Ribarski ignorierten ihn. Geduldig gingen sie auf und ab, bis schließlich die Zollfahnder kamen. Ein älterer Kollege und eine junge, attraktive Hundeführerin. Da Dong sofort mit seinen Papieren herumfuchtelte und sich fürchterlich aufführte, nahm ihn der Beamte von der Operativen Zollaufsicht zur Seite und begann, die Papiere zu kontrollieren. Nowak und Ribarski informierten inzwischen die Hundeführerin über ihren Verdacht, dass Dong Zigaretten schmuggeln könnte. Die nickte, nahm ihrem Hund, einem schönen belgischen Schäfer, den Maulkorb ab, kraulte und streichelte ihn, sprach flüsternd auf ihn ein, und dann ging es los. Der Hund schnüffelte um die Container herum. Hin und her. Nowak und Ribarski schauten gespannt zu. Hin und her und hin, um die Container herum, zurück wieder hin und her, dann blieb er plötzlich stehen und begann zu bellen. Die Hundeführerin grinste: „Der Arco hat was entdeckt …"

*

Mit müdem Blick surfte Penny durch den Bestattungskalender Wiens und suchte verstorbene Altersgenossen der 1927 geborenen Anna Hawlicek. Sie konzentrierte sich auf Menschen, die in den 1920er Jahren geboren worden waren. Deren Namen und den Friedhof, auf dem sie bestattet wurden, trug sie auf einer Excel-Liste ein. Sie hatte sich die letzten zwei Wochen angesehen und nach gut zwei Stunden Arbeit eine Liste von 92 Personen beisammen. Gähnend stand sie auf, druckte die Liste aus, ging zu der kleinen Kaffeeküche und machte sich einen Kaffee. Sie schlürfte das heiße Getränk, sah beim Fenster hinaus auf die träge dahinfließende Donau und überlegte die nächsten Schritte. Bei den Wiener Bestattungsunternehmen würde sie nun die Angehörigen der Verstorbenen ermitteln. Diese galt es durchzutelefonieren und zu erfragen, ob der oder die Verstorbene stark geraucht habe. Wenn ja, welche Zigaretten. Wenn sich Parallelen zu der verstorbenen Anna Hawlicek ergaben, würde sie die Staatsanwaltschaft anrufen und für die betreffenden Verstorbenen Exhumierungen beantragen. Penny trank den Kaffee aus und begab sich wieder an ihren Arbeitsplatz. Als Erstes rief sie die Bestattung Wien an, das gemeindeeigene und größte Bestattungsunternehmen Wiens. Dort sprach sie mit einer netten Frau namens Unterhuber, der sie sodann die Excel-Liste mit den Verstorbenen mailte. Frau Unterhuber hatte ihr versprochen, noch heute die Liste um die Adressen und Telefonnummern der Verwandten der Verstorbenen zu ergänzen.

Plötzlich wurde die Eingangstür der Polizeiinspektion aufgerissen, und Penny schreckte aus ihren Gedanken hoch. Nowak und Ribarski schleppten einen laut schimpfenden, mit Handschellen gefesselten Chinesen in das Wachzimmer.

„Das könnt ihr nicht machen. Nicht mit Mister Dong. Ich bin ein Unternehmer. Da gibt es nur einen kleinen Fehler in der Zollerklärung. Ich bezahle viel an Steuer. Ich besitze eine Restaurantkette. Eine große! Ich bin Investor. Ich kenne den Sektionschef im Außenministerium. Ich werde eine Beschwerde einlegen. Österreich ist ein unternehmerfeindliches Land, das Unternehmer verhaftet. Schlimmer als in China. Österreich ist viel schlimmer als China. Ich werde Beschwerde einlegen! „

Oberst Dirnberger kam aus seinem Zimmer, sah den tobenden Chinesen, zog die Augenbrauen hoch und brummte: „Na, gibt er euch Saures? Dabei hamma gar net Halloween ...“

*

Von der stundenlangen Recherche-Arbeit ermüdet ging Penny an diesem Tag früher heim. Dirnberger, Carl und Helmuth verhörten noch immer den Chinesen. Der hatte nach einer weiteren halben Stunde des Tobens seine Verteidigungsstrategie geändert und nach einem Anwalt verlangt. Als Penny die Polizeiinspektion verließ, hielt ein

Taxi vor der Einfahrt, aus dem Gabriel Zweinetter, ein sehr prominenter Anwalt, ausstieg. Ohne sie zu grüßen, geschweige denn zu beachten, stürmte er mit wehendem Kamelhaarmantel und ledernem Aktenkoffer an ihr vorbei in die Polizeiinspektion.

„Na bumm!", murmelte Penny. „Jetzt hat der arrogante Chinese einen ebensolchen Anwalt zur Seite. Das kann ja lustig werden."

Sie startete ihren Mini und steuerte ihn gedankenverloren in Richtung Stadtzentrum. Ohne Ziel fuhr sie die Praterstraße zum Ring vor und diesen dann weiter in Richtung Oper. Ihr Magen knurrte und sie musste sich eingestehen, dass sie auf etwas Chinesisches Lust hatte. Penny lachte laut auf. Auf ihrem MP3-Player suchte sie Nazareth. Dann gab sie sich bei voller Lautstärke ‚Shanghai'd in Shanghai'. Bei der Kreuzung Linke Wienzeile und Getreidemarkt staute es sich wie üblich. Da sie weiter auf Hardrock und Fernost Lust hatte, suchte sie ‚Made in Japan' von Deep Purple und da den Track ‚Child in Time'. Begleitet von dieser großartigen Musik zuckelte sie die Linke Wienzeile vor bis zur Pilgrambrücke. Dort bog sie links ab und fuhr die Rechte Wienzeile wieder stadteinwärts. Und dann sah sie – Rock 'n' Roll! – einen freien Parkplatz. Mit quietschenden Reifen bremste sie sich ein, ihr Hintermann – ein sehr wichtiger Typ in einem 5er BMW – bremste ebenfalls quietschend und hupte böse. Widerwillig machte er schließlich Platz, damit sie rückwärts in die Lücke einparken konnte. „Drinnen ist er, gnä' Frau ...", murmelte sie und grinste. Angetrieben von ihrem hungrigen Magen, der wie ein Junkyard Dog knurrte, begab sie sich eiligen Schrittes zum wahrscheinlich authentischsten Chinesen in ganz Wien. Ein kleines, unscheinbares Lokal knapp vor der Kettenbrückengasse, das den merkwürdigen Namen *Aming Dim Sum Profi* trägt. Schlichte Fassade, nüchterne Inneneinrichtung, fast eine Imbissbude. Ganz ohne Goldkitsch, rote Lampions, goldene Drachen und Löwen. Obwohl es erst 17 Uhr war, war das Lokal schon ziemlich voll. Penny hatte Glück und ergatterte einen Fensterplatz an dem letzten leerstehenden Tisch. Zum Knabbern bestellte sie sich gekochte Erdnüsse mit frischem Koriander. Dann genoss sie es, ein kleines Bier zu schlürfen, die würzigen Nüsse zu kauen und draußen die Menschen vorbeihasten zu sehen. Feierabend! Ein wunderbares Gefühl. Penny kam in eine seltsam tranceartige Stimmung, zu der dann auch noch die brennheiße Nudelsuppe mit Meeresfrüchten beitrug. Danach aß Penny frittierte Tofuwürfel mit Gemüse in Bohnensoße und trank ein zweites Seiterl[23] Bier. Die angenehme Wärme und das Sättigungsgefühl, das sich vom Magen aus in Pennys Körper ausbreitete, ließen sie übermütig werden und einen Maotai Schnaps bestellen. Draußen war es mittlerweile dunkel, die Lichter der Autos rollten auf der stark befahrenen Wienzeile vorbei. Vorsichtig nahm sie einen kleinen Schluck von dem scharfen, glasklaren Getränk, das leicht faulig roch, jedoch nach dem Runterschlucken am Gaumen ein wunderbares Rosenaroma entfaltete. Ja, so war Glück. Dass solche Momente aber nie lange andauern, musste auch Penny zur Kenntnis nehmen, als sich drei Jungschnösel zu ihr an den Tisch setzten. T-Shirts und offenes Hemd, Anzüge, handgefertigte Schuhe. Sie kamen vom Job und redeten über den Job. Werbefuzzis? Marketingwichser? Penny rissen sie jedenfalls mit ihrer hitzigen Diskussion über Point of Sale-Strategien aus der beschaulichen Stimmung. Verwundert nahm sie zur Kenntnis, dass das Lokal mittlerweile rappelvoll war. Nachdem sie drei Mal „Zahlen!" gerufen hatte, zwei Mal leise und dann laut und aggressiv, kam die Chefin mit einem freundlichen Lächeln und kassierte. Penny stand auf,

---

[23] kleines Bier (0,3 l)

schlüpfte in ihre Lederjacke, die sie über die Sitzlehne gegeben hatte, rempelte sich an dem einen Jungschnösel, der es sich neben ihr bequem gemacht hatte, vorbei und trat dann dem vis-à-vis Sitzenden auf den Maßschuh seines unverschämt weit ausgestreckten Fußes. Ohne die drei eines weiteren Blickes zu würdigen und natürlich ohne Entschuldigung, stolzierte Penny aus dem lauten und nun auch sauerstoffarmen Lokal hinaus auf die Wienzeile. Sie atmete tief durch. Abendluft und Abgase. Eine Mischung, die der zart beschwipsten Penny ins Gehirn stieg.

„Heilige Scheiße!"

Fast wäre sie über ihre eigenen Beine gestolpert. Nein, so war's mit dem Autofahren Essig. Sie brauchte jetzt einen starken Kaffee. Ihr Weg führte sie vor zur Kettenbrückengasse und über diese hinaus auf den Naschmarkt. Zielstrebig steuerte sie das *Orient Occident* an. Hier hatten sie tatsächlich schon Tische und Sessel vor der Tür stehen. Unter Heizstrahlern saßen ein paar Nikotinsüchtige. Penny betrat das Lokal, eine dezente DJ-Musik umgab sie. Ein Seitentisch war frei, hier ließ sie sich nieder. Wieder begann sich diese magische, tranceartige Stimmung um sie herum aufzubauen. Penny starrte hinaus auf den nächtlichen Naschmarkt und beobachtete all die schicken Nachtschwärmer, Bettler, coolen Szenefiguren und jämmerlichen Elendsgestalten, die je nach mentalem Zustand vorbeischlichen oder vorbeistolzierten. Eine junge, sehr freundliche Kellnerin drang kurz in Pennys Privatuniversum ein, und sie bestellte sich einen doppelten Espresso. Caffè del Doge, die venezianische Wunderdroge aus Arabica-Bohnen. Das machte glücklich. Das weckte ihre Lebensgeister und brachte gleichzeitig die Schwingungen des entspannten Träumens zurück. Nachdem sie eine halbe Stunde vor sich hingeträumt hatte, zahlte Penny und schlenderte zu ihrem Auto zurück.

*

Penny erschrak. Da saß jemand vor ihrer Wohnungstür.

„Hallo Penny!"

„Helmuth, was tust du denn da?"

„Ich wollt mit dir reden ... und a Bier trinken."

Penny lächelte müde, sperrte die Wohnungstür auf und Nowak trat ein.

„Zieh dir bitte die Stiefel aus."

„Ja, eh klar ...", murmelte Nowak und entblößte seine weißen, verschwitzten Frotteesocken, die einige neckische Löcher zierten. Penny ging zum Kühlschrank, nahm zwei Bierflaschen heraus, seufzte und dachte sich: Heute ist es eh schon wurscht. Ein bisserl Alkohol mehr oder weniger ... Helmuth Nowak griff dankbar grinsend nach dem Bier, prostete Penny zu, nahm einen langen Schluck und rülpste laut. Verlegen lächelnd murmelte er: „... 'tschuldigung."

Penny hatte mittlerweile auf ihrem Lieblingsplatz vor der riesigen Glasfront des Wohnzimmers Platz genommen. Sie nahm einen kleinen Schluck Bier und genoss die grandiose Aussicht auf die nächtlich glitzernde Stadt.

„A wunderbare Aussicht hast du da. Die genieß ich jedes Mal aufs Neue."

„Ja ... mir geht's genauso."

„Wo warst du eigentlich? Du bist doch schon ziemlich früh heut aus der Hack'n[24] weggegangen."

„Essen ..."

„Allein?"

„Das geht dich überhaupt nix an!"

„Na, eh net. Aber fragen wird man ja noch dürfen. Übrigens: Ich war am Würstelstand. Zwei Käsekrainer, a Scherzerl[25] und a Bier. War net schlecht."

„War der Carl mit?"

---

[24] Arbeit
[25] Endstück eines Brotweckens

„Na. Der wollt net. Der wollt nach der Einvernahme nur nach Hause und seine Ruh haben."

„Der Chinese ist anstrengend?"

„Und wie! Und sein Anwalt ist ein Kotzbrocken. Aber der Dr. Müllner von der Staatsanwaltschaft, der dann auch noch dazugekommen ist, hat sich net beeindrucken lassen. Der hat wegen Tatverschleierungs- und Fluchtgefahr beinhart Untersuchungshaft über den Dong verhängt."

Helmuth Nowak nahm einen Schluck Bier und sah auf das funkelnde Wien hinunter.

„Jetzt warten wir natürlich alle auf die Ergebnisse der kriminaltechnischen Untersuchung. Sie müssen bestätigen, dass die Tschick, die der Dong reingeschmuggelt hat, das giftige Mörderzeug sind, das die alte Frau umgebracht hat. Dann ist der Ding-Dong dran."

„Ich hab heute nach weiteren möglichen Todesfällen gesucht."

„Und? Hast was g'funden?"

„Weißt, wie mühsam das ist? Ich hab jetzt einmal 92 Personen, die so alt waren wie die Hawlicek und die in den letzten Wochen verstorben sind."

„92 Personen? Na serwas!"

„Morgen bekomm ich die Liste mit den Angehörigen. Die werd ich durchtelefonieren und schauen, wer von den Verstorbenen geraucht hat."

„Der Carl und ich müssen morgen weiter den Dong verhören."

Penny nahm einen Schluck Bier aus der Flasche und bemerkte lakonisch: „Dann erwartet uns morgen alle drei ein wirklich leiwander[26] Arbeitstag ..."

*

---

[26] toller

„Die Mama ist nicht da.“

Diese Antwort auf ihre Frage nach Frau Hilscher konnte Penny kaum verstehen, da hinter der nur einen Spalt geöffneten Wohnungstür ein Hund randalierte. Es war kein Bellen, es war das wütende Keifen eines Hundes, der ob seiner hohen Stimme zweifellos der Kategorie der Zwergrattler angehörte.

„Und wo ist sie? Wo kann ich sie erreichen?“

„Aus, Max! Aus!“

Das hysterische Gekeife verstummte.

„Also, wo ist deine Mutter?“

„Na, arbeiten!“

„Und wo? Im Friseursalon beim Douglas auf der Kärntner Straße.“

„Douglas? Das ist doch eine Parfümeriekette.“

„Und in der Kärntner Straße ist da auch ein Friseur!“

Leises Knurren setzte ein, das allmählich lauter und von kleinen, giftigen Japsern unterbrochen wurde. Als sich die Japser wiederum zu richtigem Gekeife gesteigert hatten, war Penny schon einen halben Stock tiefer. Im Runterlaufen rief sie dem Kind zu: „Danke!“

Ein Stockwerk tiefer wurde eine Wohnungstür geöffnet. Eine verhärmt aussehende, ältere Frau sah Penny kritisch an und brummte: „Wofür bedanken Sie sich denn? Am End gar dafür, dass Sie das Hundsviech net ins Wadl zwickt hat?“

Penny fuhr von Frau Hilschers Wohnung zurück zur Polizeiinspektion. Dort stellte sie ihren Mini ab und ging hinüber zur U-Bahn-Station Vorgartenstraße. Mit der U1 fuhr sie bis Stephansplatz und ging dann die Kärntner Straße vor, bis sie linker Hand eine große Douglas-Filiale erreichte. Sie wähnte sich plötzlich wie in einem Film. Innen war diese Filiale eine riesige Fin de Siècle-Kaufhaushalle. Im ersten Stock befand sich der Friseursalon.

Beim Empfang standen drei Damen im Douglas-Outfit. Penny fragte nach Frau Hilscher, und eine schlanke, blonde Frau antwortete freundlich: „Das bin ich. Kann ich Ihnen helfen?"

Penny zückte ihren Dienstausweis und lachte: „Ja, eigentlich bräuchte ich dringend einen Haarschnitt."

„Das ist kein Problem, ich hätte gerade Zeit."

Und so kam es, dass Penny ein wenig später entspannt im Fauteuil beim Waschtisch saß und Frau Hilscher mit einem mild duftenden Shampoo ihre Haare und ihre Kopfhaut verwöhnte. Penny schloss die Augen und genoss die Zeremonie. Später, als sie dann vor einem Spiegel auf dem Friseursessel saß, wurde sie von der Friseurin gefragt: „Ursprünglich sind Sie aber nicht zum Haareschneiden hergekommen. Oder irre ich mich?"

Penny nippte an ihrer Melange, die ein Friseurlehrling gebracht hatte, und sagte leise:

„Ich möchte mich kurz mit Ihnen über Ihre verstorbene Frau Mama unterhalten."

„Oh!"

„Keine Angst, das betrifft weder Sie noch Ihre Familie. Ich würde nur gern wissen, ob Ihre Frau Mama geraucht hat."

Die Friseurin lachte auf.

„Was heißt geraucht? Meine Mutter hat ihr Leben lang gequalmt wie eine Dampflok. Trotzdem ist sie über 80 Jahre alt geworden. Meine Mutter hatte eine eiserne Konstitution."

„War sie nie krank?"

„Nie! Erst mit Ende 70 hatte sie dann Herzbeschwerden bekommen. Da hat sie dann öfters mit der Luft gekämpft und auch so ein Engegefühl in der Brust gehabt. Aber zu einem Arzt wollte sie nie gehen. Weil sie Angst gehabt hat, dass der ihr das Rauchen verbieten würde. Und so ist sie halt dann letztes Monat mit 86 Jahren an dem Herzleiden gestorben."

„Wissen Sie, wo Ihre Mutter ihre Zigaretten gekauft hat?"

„Keine Ahnung, aber ich nehm an, bei uns am Markt. Da gibt's eine Trafik[27]."

Mit einem flotten Haarschnitt und im Frühjahrswind munter wehenden Haaren verließ Penny Lanz eine Stunde später die Douglas-Filiale. Sie spazierte zurück zum Stephansplatz, überquerte ihn, schlenderte in der milden Frühjahrssonne die Rotenturmstraße entlang zur Schwedenbrücke und überquerte den Donaukanal. Ihr Weg führte sie in die Taborstraße, dann bog sie links in die Karmelitergasse ein, die sie vor zur Trafik am Karmelitermarkt ging.

„Tag! Ich hätt eine Frage: Haben Sie die alte Frau Hilscher gekannt?"

„Wer will das wissen?"

Penny zückte ihren Dienstausweis und antwortete patzig: „Die Polizei."

„Die Kiberei, so ... so ... Seit wann kümmert's ihr euch um die Toten?"

„Seit immer schon."

„Ihr solltet euch lieber um die Lebenden kümmern. Gestern ist im Nachbarhaus wieder eingebrochen worden!"

„Wurde eine Anzeige g'macht?"

„Waaß i net ..."

„Also, was wissen S' über die alte Frau Hilscher? Welche Zigaretten hat die g'raucht?"

„Marlboro. Rote Marlboro. Wissen S' eh, die für die harten Männer ..."

---

[27] Tabakverschleißstelle

„Und wie viel?"

„Na ja ... so eineinhalb Packerln am Tag wird s' schon g'raucht ham. Aber das kann i net so genau abschätzen."

„Wieso?"

„Na, weil die alte Hilscher ja auch immer die Illegalen, die schwarz Importierten g'raucht hat."

Penny sah den Trafikanten mit gespielter Überraschung an: „Ah so? Aber die sollen doch so giftig sein ..."

„Eh klar! Das hab ich ihr auch immer g'sagt. Aber auf mich wollt sie ja net hören. Und was hat s' jetzt davon? Jetzt liegt s' unter der Erd' und füttert die Würmer."

*

Später Nachmittag. Penny war wieder im Büro und telefonierte gerade mit dem Staatsanwalt Dr. Müllner, als die Tür aufging und sie eine süßliche Altmännerstimme hörte: „Ja, grüß euch Gott, meine Kinder."

O Gott!, dachte sie. Den haben wir gerade noch gebracht. An ihr vorbei, nicht ohne sie freundlich anzulächeln, stapfte Kommerzialrat Danzenberger schnaufend zum Büro von Oberst Dirnberger. Helmuth stoppte ihn mit einem Zuruf: „Herr Kommerzialrat, was wollen Sie denn vom Chef?"

Danzenbergers schwabbelige Körpermasse hielt inne, drehte sich zu Helmuth Nowak um und raspelte Süßholz: „Es geht um eine ernste Angelegenheit. Da muss ich direkt mit eurem Chef sprechen. Nicht bös sein, gell ..."

„Der hat aber g'sagt, dass er net gestört werden will. Der hat a wichtiges Telefonat."

„Aber Kinderl, für mich hat er doch immer Zeit."

Und schon war er bei Dirnbergers Büro, klopfte kurz an und fiel dann mit der Tür ins Haus. Dirnberger, der konzentriert telefonierte, schnitt eine verärgerte Grimasse und deutete Danzenberger, dass er gefälligst wieder hin-

ausgehen solle, doch der nahm ungerührt am Besucher-
sessel Platz, ohne die Tür zu schließen. Schließlich legte
Dirnberger auf und schnauzte den Eindringling an: „Was
fallt Ihnen ein, so in mein Büro hereinzuplatzen?"

Penny, Helmuth und Carl grinsten einander an. Dann
vernahmen sie Danzenbergers schleimiges Organ: „Aber
Herr Oberst! Was hamma denn? Sind wir schlecht aufgelegt?"

„Und ob! Jetzt hat mich gerade eine halbe Stunde ein
Sektionschef vom Außenministerium beschwatzt. Aber
ich hab ihm unmissverständlich zu verstehen gegeben,
dass er sich gefälligst nicht in meine Angelegenheit einmischen soll."

„Ui! Mir schwant Übles ..."

„Wieso? Was wollen Sie denn?"

„Na ja ... wahrscheinlich dasselbe wie der Herr vom Außenministerium."

„Was? Sie sind wegen dem depperten Dong hier?"

„Der Dong is net deppert. Das ist ein äußerst erfolgrei-
cher Unternehmer."

„Ich bitt Sie! Das ist ein Schmuggler und Steuerbetrü-
ger. Außerdem hat der mit den Killer-Tschick, die er bei
uns eingeschmuggelt hat, wahrscheinlich mehrere ältere
Menschen am Gewissen."

„Was für Killer-Tschick?"

„Na, die, die er aus China einschmuggelt. Penny! Frau
Kollegin Lanz, gehn S', kommen S', bittschön!"

Nanu? Was braucht der Chef von mir? Dachte sich Penny und ging hinüber in dessen Büro. Dort hockte Danzenberger wie eine Qualle und machte ein ziemlich unglück-
liches Gesicht. Da schau her, der Herr Kommerzialrat, der
ständig für die Polizei und ihre Einrichtungen spendete,
war kleinlaut.

„Penny, haben Sie schon weitere Opfer dieser Killer-
Tschick identifizieren können?"

„Ja, eines. Eine gewisse Helene Hilscher aus dem 2. Bezirk. Ich hab vorher gerade mit Staatsanwalt Dr. Müllner telefoniert. Der wird ihre Exhumierung anordnen. Aber ich finde sicher noch mehr Opfer."

Kommerzialrat Danzenberger, der hier als Funktionär des Österreichisch-Chinesischen Freundschaftsvereins saß, wurde blass. Dirnberger nickte in seine Richtung und sagte trocken: „Für den können S' im Moment nix tun. Außerdem hat der eh einen erstklassigen Anwalt."

„Ah so? Wen denn?"

„Den Dr. Zweinetter. Weiters gibt's dazu im Moment nix zu sagen. Herr Kommerzialrat, ich habe zu tun. Guten Tag."

*

Bojko Schiwkow genoss den herrlichen Morgen. Nur mit Jogginghose und T-Shirt bekleidet setzte er seinen muskulösen Körper in Trab. In Richtung Millennium Tower. Dort lief er über die Fußgängerbrücke hinunter ans Donauufer. Oh, wie er dieses Panorama liebte, das sich hier auftat. Vor ihm der gewaltige Strom, die grünen Hügeln der Donauinsel, dahinter dann der Florido Tower und in weiterer Ferne der Bisamberg. Wenn er sich nach rechts wandte, was er nun in flottem Trab tat, grüßten ihn die Hochhäuser der Donau City. Allmählich lockerten sich seine Muskeln, er atmete regelmäßig und ein grenzenloses Wohlbefinden durchströmte seinen Körper. Ja, das war eine Entschädigung dafür, dass er in dieser Stadt sonst nicht so recht vom Fleck kam. Er hatte zwar diesen Job als Türsteher bei einem Clubbing-Veranstalter, aber das waren ja immer nur zwei, maximal drei Nächte pro Woche. Die restliche Zeit hatte er nichts zu tun. Und so war er vor einiger Zeit auf die Idee gekommen, Fahrräder zu stehlen. Ein nettes und im Großen und Ganzen gefahrlos zu erlangendes Zusatzeinkommen, mit dem er sich die Butter aufs Brot verdiente. Aber Arbeit, Arbeit im eigentlichen Sinn, war das keine. Richtige Arbeit hatte er als junger Bursch in Rumänien gehabt – als Arbeiter in einem Stahlwerk. Seine ganze Familie hatte in diesem Werk geschuftet, bevor es einige Jahre nach der Jahrtausendwende geschlossen wurde. Damals hatte er Glück gehabt: Als Topathlet seines Gewichtheber-Vereins war er ins bulgarische Olympiateam gekommen und mit diesem 2008 zur Olympiade nach Peking gefahren. Dort hatte er eine Medaille ganz knapp verpasst. Hinter dem Russen Dmitri Lapikow wurde er Vierter im Schwergewicht. In Bulgarien waren alle enttäuscht: sein Trainer, sein Verein, die Medien, die Öffentlichkeit und last, not least auch der Sponsor seines Vereins, ein bulgarischer Oligarch, der ihn bis zu diesem verdammten vierten Platz auf seiner Gehaltsliste geführt hatte. Doch das war schlagartig vorbei. Und so stand der einstige Vorzeigeathlet Schiwkow nach den Olympischen Spielen nicht nur ohne Medaille, sondern auch ohne Job da. Eine bittere Erfahrung, die ihn zu einer Spontanhandlung verleitet hatte. Er kaufte sich ein Bahnticket nach Wien und verließ Bulgarien. Warum? Diese Frage hatte ihm unter anderem sein verschwundener Freund Jimmy Lee gestellt, ganz zu schweigen davon, dass er sich das selbst schon des Öfteren gefragt hatte. Er wusste keine Antwort. Die Flucht nach Wien war eine unüberlegte Aktion gewesen. In Wien lebte er die erste Zeit mit einem Touristenvisum. Nicht lange, da er mit seiner Statur und mit seinem gewinnenden Auftreten sehr bald den Job als Türsteher angeboten bekommen hatte. Seit damals war er geringfügig beschäftigt, sozialversichert und eine Stütze seines neuen Bosses, der Andy Zwertnik hieß und der ihm eine Aufenthaltserlaubnis verschafft hatte. All das ging ihm durch den Kopf, als er bei der Reichsbrücke hinüber auf die Donauinsel joggte und hier nun donauaufwärts lief. Beim Georg-Danzer-Steg überquerte er neuerlich die Donau und trabte zurück zu seinem Wohnhaus. Eigentlich führte er ein ganz glückliches Leben hier in Wien, aber erfüllt war es nicht. Zu einem erfüllten Leben fehlte eine Frau. Und da fiel ihm wieder diese Polizistin ein. Penny. Penny Lanz. Eine faszinierende Frau. Schiwkow grinste. Der Fahrraddieb und die Polizistin. Das klang wie ein französischer Filmtitel. Grinsend machte er das schwere Haustor auf und betrat den kühlen, dunklen Flur. Nach dem grellen Sonnenlicht sah er zunächst nichts. Plötzlich ein Schlag in seine Kniekehle. Schmerz. Einknicken. Was Hartes krachte auf seinen Rücken. Tritt in den Solarplexus. Luft! Luft! Luft! Zwei Männer packen ihn links und rechts unter den Armen, ein dritter öffnete das Haustor. Vor dem Haus ein dunkler Van mit offener Seitentür. Hinein. Auf den Wagenboden fallen. Nach Luft ringen. Seitentür zu. Ein Tritt gegen seine Schläfe. Filmriss.

*

„Herr Doktor, meine Verehrung!"

„Servus, Herr Kommerzialrat."

Danzenberger wogte auf den Rechtsanwalt Gabriel Zweinetter zu und reichte ihm seine fette Patschhand. Über sein rundes Gesicht von der Kinnspitze bis zur Glatze hinauf feixend. Zweinetter jovial: „Komm, nimm Platz. Was verschafft mir die Ehre deines Überraschungsbesuchs?"

„Danke, dass du mich ohne Termin gleich drangenommen hast. Dein Vorzimmerdrachen wollte mich ja zuerst abwimmeln."

„Ja, ja ... die gute Elizabeth ... Weißt eh, wie das ist. Sie versucht halt, alles Unnötige von mir fernzuhalten. Also: Was kann ich für dich tun?"

„Es geht um unseren gemeinsamen Bekannten Lu Dong."

„Woher weißt du, dass ich ihn vertrete?"

Danzenberger strahlte über sein rundliches Gesicht und antwortete: „Man hat halt so seine Quellen ..."

Zweinetter öffnete eine Tabatiere und offerierte Danzenberger eine Zigarette, die dieser dankend annahm. Der Anwalt gab seinem Gast Feuer, dann lehnten sich beide in ihren Sesseln zurück und inhalierten tief. Versonnen sah Zweinetter den kunstvollen Rauchkringeln nach, die er peu à peu von sich gab.

„Eigentlich darf ich nicht darüber reden ... Aber da du ein alter Freund bist, kann ich es dir sagen: Ja, ich vertrete Mr. Dong."

„Und? Wo sitzt er ein?"

„Seit gestern Nachmittag befindet er sich in der Justizanstalt Josefstadt. Davor haben s' ihn auf der Inspektion der SOKO verhört. Weißt eh, die haben ihr Büro da bei der Reichsbrücke. Ich hab extra zweimal hinfahren müssen. Na ja, der Dong kann sich meine Honorare wenigstens leisten ..."

„Gestern Nachmittag ist er überstellt worden?"

Zweinetter nickte.

„Ah so! Deshalb hab ich ihn nicht mehr im Büro der SOKO gesehen."

„Du warst dort?"

„Ja, aber der Oberst Dirnberger hat gestern keinen guten Tag g'habt. Saugrantig war der. Weil ihm ein Sektionschef vom Außenamt wegen dem Dong Druck gemacht hat."

„Da schau her! Das Außenministerium hat interveniert?"

„Leider umsonst. Der Dirnberger und seine Truppe scheinen den Dong festnageln zu wollen. Koste es, was es wolle. Die wollen ihm so eine G'schicht mit tödlichen Schmuggel-Zigaretten in die Schuhe schieben. Killer-Tschick sagen s' dazu."

„Also in der Hinsicht kann ich dich beruhigen, alter Freund. Wie das kriminaltechnische Gutachten heute festgestellt hat, sind die von Dong eingeschmuggelten Zigaretten nur mäßig mit Schadstoffen belastet. Dieser Anklagepunkt fällt weg. Morgen gibt's einen Termin beim Haftrichter, da werd ich den Dong rauskriegen. Gegen eine Kaution natürlich."

„Na, das wär a Sache! Bist du dir sicher?"

„Absolut sicher. Wegen eines Zollvergehens kann der Richter den Dong nicht weiter einsperren. Das geht net."

„Brauch ich also net weiter meine Kontakte spielen lassen?"

„Nein. Um Gottes willen! Du verärgerst am Ende noch die Herrschaften bei der Justiz. Mein Wort drauf: Morgen, spätestens übermorgen, ist der Dong wieder ein freier Mann."

*

„Herrschaften, wir haben ein Problem."

Penny Lanz, Helmuth Nowak und Carl Ribarski zogen bei der Morgenbesprechung am Montag, den 21. März, die Köpfe ein. Wenn ihr Chef mit solchen Worten eine Besprechung einleitete, dann bedeutete das nichts Gutes.

„Ich habe gerade die Ergebnisse des kriminaltechnischen Labors bekommen. Die beim Dong beschlagnahmten Tschick sind nicht die von uns gesuchten Killer-Tschick."

„Aber giftig sind s' doch auch", warf Nowak ein. Oberst Dirnberger winkte ab: „Dem Dong seine sind vergleichsweise harmlos. Die würd sogar ich rauchen."

„Und was passiert jetzt mit dem Dong?", fragte Ribarski.

„Na was? Sobald sein Anwalt dieses Laborergebnis in der Hand hat, ist der Dong ein freier Mann. Aber das ist nicht unser Problem. Unser Problem ist: Wir haben nach wie vor keine Ahnung, wer diesen Dreck, diese Killer-Tschick, in unser Land schmuggelt. Frau Kollegin Lanz, wie viele Todesfälle haben wir bisher?"

„Die alte Hawlicek und die alte Hilscher. Drei weitere kürzlich verstorbene Raucher werden gerade exhumiert. Die Hilscher hat jedenfalls eine letale Menge Arsen und Rattengift intus gehabt."

„Und wir haben keine Ahnung, wer dahintersteckt ..."

Dirnberger machte eine Kunstpause, dann fuhr er fort: „Und noch etwas Herrschaften. Wir sind auch bei dem toten Schlitzaug keinen Millimeter weitergekommen. Herrschaften, was ist mit euch los? Haltet ihr alle Winterschlaf? Ich möchte daran erinnern: Wir haben bereits Frühling!"

Nowak bekam einen roten Kopf und brummte: „Also bitte, Otto! Bleib sachlich! Faktum ist, das wir das Foto von dem Schlitzaug sogar in der Zeitung veröffentlicht haben. Das Resultat: Null! Nix! Funkstille. Wie wenn der Typ niemals in Wien gelebt hätte."

„Vielleicht war er nur auf der Durchreise ..."

„Nee, Chef", mischte sich Ribarski ein, „das Schlitzauge hatte ein Designer-T-Shirt an. Von einem Wiener Designer. Der hat sich schon einige Zeit in Wien aufgehalten."

„Na, dann findet verdammt noch einmal heraus, wer er ist. Wenn wir das wissen, dann stirln[28] wir in seinem Umfeld weiter. Ich bin überzeugt: Die Klärung der Identität des Toten führt zum Durchbruch in diesem Fall."

Nowak und Ribarski nickten. Dirnberger sah die beiden scharf an, dann verfügte er: „Und damit frischer Wind in die Ermittlungen kommt, tauschen wir die Fälle. Ribarski, Sie ermitteln ab sofort bei den Killer-Tschick weiter. Und Sie, Kollegin Lanz, unterstützen den Kollegen Nowak bei den Ermittlungen rund um dieses asiatische Phantom. Alles klar?"

*

---

[28] wühlen

Penny wies Ribarski kurz am Computerbildschirm in den Stand ihrer Ermittlungen ein und sendete ihm dann alle Daten hinüber auf seinen Rechner. Nowak scharrte inzwischen ungeduldig in den Startlöchern. Endlich verließen sie das Büro und Nowak schnaufte: „Wenn der Otto sich so aufführt, könnt ich ihm eine reinhauen."

Sie stiegen in Nowaks Opel Rekord und Penny versuchte, die Situation zu entspannen: „Schau, er steht halt auch unter Druck. Und der Flop mit dem Dong ist ihm unangenehm. Was glaubst, was sich der jetzt alles anhören kann. Von solchen Figuren wie dem lieben Herrn Kommerzialrat Danzenberger."

Nowak stieg plötzlich stark auf die Bremsen, so dass es ihn und Penny in die Sicherheitsgurte drückte. Er sah sie grinsend an und murmelte dann: „Der Otto hat Recht gehabt, als er die Teams neu formiert hat.'

„Was is denn?"

Nowak gab neuerlich Gas, lehnte sich entspannt im Fahrersitz zurück und sagte: „Penny, das ist eine Königsidee. Wir nehmen uns den Danzenberger zur Brust. Der ist doch Vizepräsident des Österreichisch-Chinesischen Freundschaftsvereins."

*

Ziemlich frustriert stieg Penny aus Nowaks Opel aus. Als sie vor circa zwei Stunden „Danzenberger" gegoogelt hatte, fand sie „Hans Danzenberger, Kommerzialrat" und die Adresse Pötzleinsdorfer Straße 22. Also waren sie hinaus in den 18. Bezirk gefahren. Nummer 22 war eine gepflegte alte Villa. Es dauerte eine Weile, bis ihnen geöffnet wurde. Sie stiegen durch den Vorgarten zum Eingang der Villa empor, die Tür wurde ihnen von einer Frau in Hauskleid und mit Gummihandschuhen aufgemacht. Sie blinzelte misstrauisch, als Lanz und Nowak sich auswiesen und den Herrn Kommerzialrat zu sprechen wünschten.

„Der nix da", beschied sie ihnen. Und auf die Frage, wo man ihn denn erreichen könnte, antwortete die Putzfrau:

„In 1. Bezirk. In Firma."

„Und wie heißt die Firma?"

„Er dort mehrere Firmen"

„Können S' uns den Namen von einer sagen?"

„Na, Impex. Weiß doch jedes Kind. Kommerzialrat sein Chefe von Impex."

Danach hatte Penny auf ihrem Smartphone die Impex gegoogelt und die Adresse Marc-Aurel-Straße 4 herausgefunden. Es war ein hässlicher Bürobau aus den 1960er Jahren mit einer Parkgarage zu ebener Erde und im Untergeschoss. Da zu Mittag in dieser Gegend nirgendwo Parkplätze frei waren, steuerte Nowak den Opel nach einer erfolglosen Innenstadtrunde schließlich in die sehr teure Parkgarage. Grantig gingen die beiden Polizisten zum Lift und fuhren in den sechsten Stock. Dort wunderten sie sich, dass es nur eine Eingangstür, aber eine Menge Firmenschilder gab. Auf goldgelb leuchtenden Messingplatten waren die Firmennamen PanAsia KG, Xinua Trade Ltd., Far East Consulting, Immo East zu sehen. Über allen anderen thronte eine besonders große Tafel, auf der fünf Buchstaben standen: IMPEX.

Penny läutete, eine automatische Kamera begann zu surren, und aus der Gegensprechanlage ertönte eine Frauenstimme: „Ja bitte ..."

Penny zückte ihren Ausweis, hielt ihn in Richtung Kamera und antwortete: „Penelope Lanz und Helmuth Nowak, Landeskriminalamt Wien. Wir wollen zu Herrn Kommerzialrat Danzenberger."

„Der ist leider nicht da."

„Jetzt machen S' endlich die Tür auf! Schluss mit den Spompanadln[29]!", grantelte Nowak. „Sobald der Danzenberger wieder einmal bei uns ins Büro eiert, werde ich mich bei ihm über Sie beschweren."

Nun summte der Türöffner. Nowak drückte eine schwere, gepanzerte Eingangstür auf und stand vor einem schwarz gekleideten Kerl mit schrankartiger Statur, der ihn nach Waffen absuchen wollte. Nowak schlug dessen Hand weg, zückte seinen Polizeiausweis und fauchte ihn an: „Bist deppert, G'schissener? Berühr mich ja nicht. Was fallt dir denn ein, du Hilfssheriff?"

Penny war das peinlich. Auch sie hielt dem Zerberus ihren Polizeiausweis hin und sagte in verbindlichem Tonfall: „Würden Sie uns bitte zur Sekretärin des Chefs führen?"

Der Typ nickte und grunzte etwas, das sich mit ein bisschen Phantasie nach „Folgen Sie mir ..." anhörte. Durch das ganz in hellen Farben gehaltene, riesengroße Empfangszimmer ging er zu einer der Türen, klopfte, öffnete sie und deutete den Polizisten einzutreten: in ein geräumiges Zimmer, das einen wunderbaren Blick auf die umliegenden Dächer gewährte. Hier war alles in Creme- und Brauntönen eingerichtet. Die Chefsekretärin, eine gut erhaltene Blondine, die deutlich den Vierziger überschritten hatte, strahlte Penny und Nowak an: „Wie schon gesagt: Der Herr Kommerzialrat ist leider nicht da. Was kann ich sonst noch für Sie tun?"

„Wissen Sie, wo der Herr Kommerzialrat ist?"

„Auswärts. Bei einer Besprechung."

„Und wo genau?", knurrte Nowak.

„Das darf ich nicht verraten ..."

„Sie wissen doch sicher, dass der Herr Kommerzialrat ein großer Förderer der Polizei ist ..."

---

[29] Mätzchen

Die Blondine bedachte Penny mit einem kühlen Lächeln: „Das ist mir bekannt ...“

„... da können Sie doch eine Ausnahme machen. Wir brauchen den Herrn Kommerzialrat dringend. Es brennt der Hut.“

„Na, wenn das so ernst ist, bitte: Der Herr Kommerzialrat ist beim Zahel.“

„Wo?“

„Was? Den Zahel kennen S' nicht? Das ist ein sehr bekannter Heuriger in Mauer.“

*

Knurrend saß Nowak hinter dem Steuer und chauffierte den Opel über den dichtbefahrenen Ring. Penny googelte inzwischen den Heurigen Zahel.

„Am besten fahren wir die Wienzeile hinaus. Und dann weiter über den Grünen Berg und den Rosenhügel nach Mauer.“

„Na serwas! In der Gegend war ich schon lang nimmer ...“

„Ich kenn dieses Eck von Wien überhaupt nicht.“

Helmuth grinste: „Du bist ja am anderen Ende von Wien aufgewachsen. In Klosterneuburg habt's genug Heurige, da braucht's nicht in den Südwesten von Wien fahren.“

„Was glaubst, macht der Danzenberger da heraußen?“

„Keine Ahnung.“

Als sie am Maurer Hauptplatz ausstiegen – sie hatten überraschenderweise gleich einen Parkplatz gefunden –, sahen sie direkt vor der Einfahrt zum Weingut Zahel Danzenbergers Jaguar stehen. Auf dem Fahrersitz saß ein Chauffeur, der gelangweilt in einer Gratis-Zeitung blätterte. Mit einem Seitenblick auf den Chauffeur sagte Nowak:

„Mir war schon klar, dass der Danzenberger g'stopft[30] ist. Aber dass der sich sogar einen eigenen Chauffeur leistet ..."

„Wahrscheinlich besitzt er auch ein Privatflugzeug und eine Yacht."

„Wahrscheinlich."

Penny und Nowak gingen durch die verwinkelten Räumlichkeiten des Heurigen. Jetzt um ein Uhr Mittag war die Hölle los. Unzählige Pensionistinnen und Pensionisten saßen hier und aßen eines der preiswerten Mittagsmenüs. Nur vom Kommerzialrat Danzenberger war nichts zu sehen. Da die Kellnerinnen sichtlich genervt und etwas überfordert durch die Räumlichkeiten flitzten, fragte Penny sie erst gar nicht. Sie ging zur Schank und erkundigte sich dort:

„Sagen S', ist der Herr Kommerzialrat Danzenberger da?"

„Danziger? Kenn i net. Wer soll das denn sein?"

Penny verdrehte genervt die Augen. Sie ging einen Raum weiter zum Buffet, wo ausnahmsweise keine Warteschlange war. Dahinter sah man die Küchenmannschaft im Akkord die Mittagsmenüs zubereiten.

„'tschuldigen!", rief Penny in die Küche hinein, „kann mir wer helfen?"

Eine ältere Frau im Dirndl erschien.

„Ja, bitte ..."

„Wissen Sie, ob der Kommerzialrat Danzenberger da ist?"

Die Frau drehte sich um und rief in Richtung Küche „Ist der Chef mit einem Danzenberger beisammen?"

Eine weitere Frau im Dirndl erschien und antwortete: „Danzenberger? Ja, so heißt der Gast vom Chef."

---

[30] reich

Und zu Penny gewandt sagte sie: „Gehen S' einfach hinaus in den Garten und dann rechts zu dem alleinstehenden Haus. Das ist das Gartenstüberl. Da sind die beiden"

*

„Essen Sie, Fräulein! Essen Sie!"

Danzenberger schob die große Platte mit aufgeschnittenem Schweinsbraten, Kümmelbraten, Geselchtem, gegrillten Hendlhaxen[31] und Fleischlaberln[32] zu Penny hin. Die Anrede mit Fräulein ärgerte sie, und obwohl ihr der Magen knurrte, winkte sie dankend ab.

„Und Sie, Herr Oberstleutnant? Greifen Sie zu! Es ist genug für alle da. Und draußen in der Küche gibt's noch viel mehr", fügte der Kommerzialrat lachend hinzu. Helmuth Nowak griff tatsächlich zu einem leeren Teller und schaufelte sich ein Fleischlaberl sowie eine Scheibe Kümmelbraten und Erdäpfelsalat darauf.

„Na, und den Wein müssen S' auch kosten. Der G'mischte Satz von meinem Freund Zahel ist legendär."

Nowak schob Penny mit der Bemerkung „Zurück fahrst du" die Autoschlüssel hin und kostete von dem Wein, den der Weinbauer ihm vor die Nase gestellt hatte. Penny winkte neuerlich ab, und Zahel schenkte ihr ein Glas Mineralwasser ein, von dem sie nippte. Und während Nowak gierig Essen in sich hineinschaufelte, fragte sie Danzenberger: „Ihre Sekretärin hat uns g'sagt, dass Sie eine geschäftliche Besprechung hätten …"

Der Kommerzialrat grinste von einem Ohr zum anderen: „So ist es. So ist es. Sie müssen wissen, China ist ein enormer, ein gewaltig großer Markt. Das gilt auch für Wein."

---

[31] Hähnchenschenkel
[32] Frikadellen

„Exportieren Sie österreichischen Wein nach China?"

„Aber Kinderl! Nie und nimmer würde ich so etwas Frevelhaftes tun! Unseren guten Wein nach China exportieren ...", Danzenbergers fetter Goder[33] zitterte vor Empörung. „Nein, ich mach das andersrum. Ich bau in China ein Riesenweingut auf. Mit meinem lieben Freund und Geschäftspartner Lu Dong habe ich 10.000 Hektar bestes Land erworben. Dort entsteht jetzt ein Musterweingut, mit dem wir die chinesischen Eliten versorgen werden. Und das Know-how hol ich mir hier von meinem lieben Freund Zahel, prost Richard!"

Der Winzer, der Kommerzialrat und Oberstleutnant Nowak hoben das Glas und machten dann genießerische Schlucke. Nowak brummte: „Der G'mischte Satz ist wirklich a G'schicht."

Der Weinbauer lächelte geschmeichelt und Danzenberger nahm einen Teller und schaufelte zwei Hendlhaxen und viel Salat drauf. Das schob er Penny vor die Nase: „Jetzt essen S' endlich was. Sie sind eh so dünn."

Mit vollem Mund nahm Nowak Penny in Schutz: „Keine plumpen Vertraulichkeiten, wenn ich bitten darf, Herr Kommerzialrat."

Penny antwortete diplomatisch: „Das ist aber wirklich lieb von Ihnen. Apropos: Können Sie uns einen Gefallen tun?"

„Na, wenn's in meiner Macht steht, jederzeit!"

„Sie kennen so viele Chinesen. Kennen Sie den?"

Penny zog ein Stück Tageszeitung aus ihrer Lederjacke, das den Ermordeten aus den Praterauen zeigte, und hielt es Danzenberger hin.

Der sah sich das Bild und den Artikel genau an, nahm dann einen großen Schluck Wein, seufzte und schüttel-

---

[33] Doppelkinn

te den Kopf: „Bedaure. Aber wissen S' eh, selbst für mich schau'n diese Chineser alle gleich aus."

Nowak schaltete sich nun ein: „Unsere Frage war ganz konkret: Kennen Sie den hier abgebildeten? Ja oder nein."

Danzenberger schaute noch einmal auf das Foto und schüttelte dann den Kopf: „Leider nein."

*

„So eine Scheiße!", fluchte Nowak, als sie wieder im Auto saßen. „Da sind wir den halben Tag unterwegs und das Ergebnis ist gleich null."

Penny bog vom Maurer Hauptplatz links ab und rollte die Speisinger Straße stadteinwärts. Plötzlich merkte sie, wie sich Helmuth neben ihr entspannte. Grinsend sagte er: „Ding, dong!"

Penny warf ihm einen zweifelnden Blick zu: „War der Wein so stark?"

Nowak schüttelte sich vor Lachen: „Nein. Aber inspirierend. Pass auf, da vorn biegst du rechts ab und dann fahr ma noch ein kleines Stückerl."

Penny fuhr so, wie Helmuth es sagte, und sie hielten in einer ruhigen Gasse vor einem modernen Zweifamilienhaus.

„Willkommen im Reich der Dongs."

„Was? Hier in dem Haus wohnen sie?"

„Nein. In dem dahinter. Schön versteckt. Siehst du da die Zufahrt? Da geht's rein. Eine Bitte: Sei so gut und halt die Kamerafunktion deines Smartphones bereit. Dass du mitfilmen und dokumentieren kannst, falls uns Dongs Oma etwas Interessantes verrät."

Penny nickte.

Ding, dong. Der Klang des Gongs hatte sich seit letztem Mal nicht verändert, konstatierte Nowak zufrieden. Ding, dong. Schlurfende Schritte, die Tür wurde einen Spalt breit geöffnet. Penny sah das verrunzelte Gesicht einer uralten, kleinwüchsigen Chinesin. Helmuth ließ seinen Charme spielen: „Guten Tag, gnädige Frau. Erinnern Sie sich?"

„Du suchen Mistel Dong. Abel el nix daheim."

„Nein, gnädige Frau. Heute wollte ich Sie besuchen!"

„Ich Gloßmuttel von Mistel Dong"

„Ja, ich wollte Sie, die Großmutter, sprechen."

„Ich abel nix wissen. Ich alte Flau. Nix wissen."

„Ich wollte Sie etwas fragen ..."

„Ich nix wissen."

„... kennen Sie diesen Mann?"

Die Alte nahm Nowak energisch den Zeitungsauschnitt aus der Hand und hielt ihn ganz knapp vor die Augen. Dann murmelte sie: „Blauchen Blille ..."

Sie ließ die Eingangstür einen Spalt breit offen und verschwand im Inneren des Hauses. Helmuth grinste Penny an und sagte: „Jetzt wird's spannend. Bist du filmbereit?"

Penny gab ihm ein ‚Thumps up!'. Sie hörten die schlurfenden Schritte der Alten, die sich näherten. Auf ihrer Schrumpelnase saßen zwei dicke Brillengläser, durch die sie die Zeitung studierte. Dann sah sie auf zu Nowak und seufzte: „Das sein Jimmy Lee. El sein tot?"

„Sind Sie sicher, dass das Jimmy Lee ist?"

Die Alte nickte und fügte hinzu: „Ist seit Wochen velschwunden. Jimmy Lee Adoptivsohn von Mistel Dong."

*

„Ding dong", wiederholte Helmuth Nowak immer und immer wieder. Penny, die fuhr, beobachtete ihn aus den Augenwinkeln und dachte sich: Manchmal ist er wie ein kleines Kind. Damit hatte sie den Nagel auf den Kopf getroffen. Denn der Oberstleutnant freute sich wirklich wie ein Kind über den Durchbruch in den Ermittlungen.

„Weißt was, Penny, wir fahren jetzt hinaus nach Neustift zu einem Heurigen und trinken auf Dongs Gloßmuttel. Ich hab heute keinen Bock mehr, zurück ins Büro zu
fahren."

„Ich wollte noch Jimmy Lee computermäßig abche-
cken. Nach Vorstrafen und so. Wo er gemeldet war, und
ob er überhaupt eine Aufenthaltserlaubnis besaß."

„Das kannst doch alles auch morgen machen."

Heute war einer der ersten wirklich schönen Früh-
lingstage. Pennys Motivation, Jimmy Lee auf die Spur
zu kommen, sank gegen null. Was soll's!, dachte sie und
lenkte den Opel bei der Kennedybrücke in Richtung West-
ausfahrt. Sie bog rechtzeitig zur Linzer Straße ab und
dann ging's an der Fuchsvilla vorbei hinauf zur Höhen-
straße, die hier noch Amundsenstraße hieß. Penny hatte
das Fenster heruntergekurbelt – Fensterheber hatte Helmuths Oldtimer keine – und genoss die frische Waldluft.

„Weißt du, wer ausg'steckt hat, in Neustift?"

Penny schüttelte den Kopf.

„Ich bin in den letzten Wochen doch nur im Büro gewesen. Zweimal war ich jeweils an einem Sonntag im Prater
laufen. Sonst immer nur Büro, Büro, Büro ..."

Helmuth nickte. Plötzlich hellte sich Pennys Miene auf.

„Ich hab eine Idee. Wir kaufen uns zwei dicke Steaks,
kramen den Griller heraus und grillen bei mir auf der Terrasse."

Nun strahlte auch Helmuth.

„Superidee! Toller Blick über Wien, ein zartes Steak,
kaltes Bier und dazu coole Rockmusik. Was will der
Mensch mehr?"

„Du kannst bei mir auf der Couch übernachten ..."

„Das ist ganz lieb, aber ich schlaf lieber bei mir daheim.
Ich ruf mir in der Nacht ein Taxi. Und du holst mich morgen in der Früh in der Nestroygasse ab. Von dir in Neustift
fährst du ja eh immer über den 2. Bezirk ins Büro."

Penny nickte, plötzlich schoss ihr eine Frage ein: „Apropos Superidee: Wie bist du drauf gekommen, die Alte zu befragen?"

„Der Danzenberger spielt falsch. So wie der das Bild vom Jimmy Lee ang'schaut hat, hab ich mir gedacht: Der kennt ihn. Vorher hat uns der Danzenberger ja erzählt, wie eng er mit Dong geschäftlich verbandelt ist. Also war es gedanklich nur mehr ein kleiner Schritt, dass ich auf Dongs Großmutter gekommen bin. Die Alte hat uns vor einer Woche ja auch verraten, dass der Dong im Hafen unten Container auslädt. Die ist eine wunderbare Auskunftsquelle."

*

Am nächsten Tag, es war ein Samstag, wachte Penny ziemlich früh auf. Und das, obwohl Helmuth gestern erst knapp vor Mitternacht gegangen war. Sie hatten Steaks gegrillt, Bier getrunken und Deep Purple, Led Zeppelin und frühe Pink Floyd-Platten gehört. Penny war froh, so einen Kollegen zu haben. Einer, der sich wie ein großer Bruder und nicht wie ein Vorgesetzter verhielt. Der Durchbruch bei der Identifizierung der Leiche im Prater hatte beide total entspannt. Sie unterhielten sich, angeregt von den alten Schallplatten, die sie hörten, über längst vergangene Zeiten. Penny über den tragischen Tod ihrer Mutter und Helmuth über die Übersiedlung von Graz nach Wien, die für ihn als Kind ein echter Hammer gewesen war. In der Volksschule war er ein totaler Außenseiter geblieben, den die anderen Kinder wegen seines dicklichen Äußeren und wegen seines steirischen Akzents hänselten. Da diese Übersiedlung im Zuge der Scheidung seiner Eltern stattgefunden hatte, war er – so wie Penny – nur mit einem Elternteil aufgewachsen: mit seiner nun bereits verstorbenen Mutter. In ihrer Wohnung in der Nestroygasse wohnte er nach wie vor. Helmuth war ein Mensch, der Veränderungen hasste und der unheimlich anhänglich war.

Penny schmunzelte bei diesem Gedanken. Sie war in ihr Jogging Outfit geschlüpft und keuchte nun das letzte Stück der steilen Strehlgasse empor. Dann ging es weiter bergauf durch einen Park und danach unterhalb des Neustifter Friedhofs auf ebener Strecke die Friedhofsmauer entlang. Am Ende der Mauer lief sie links durch den Wald hinauf zum Wasserturm und von dort entlang der oberen Friedhofsmauer zurück. Das war ihre Standardstrecke. Nach dem Laufen und Duschen fühlte sie sich wie neu geboren. Sie machte Kaffee, setzte sich auf die Terrasse und rief Helmuth an. Nach mehrmaligem Läuten meldet er sich komplett verschlafen.

„Aufwachen, Schlafmütze! Wir haben viel zu tun. In einer halben Stunde hol ich dich ab!"

*

Natürlich musste sie in Ermangelung eines Parkplatzes in der Nestroygasse verboten parken und auf Helmuth warten. Dieser taumelte schließlich mit nassen Haaren und wirrem Blick aus dem schönen Gründerzeithaus heraus. Penny musste drei Mal hupen, bis er sie endlich sah. Eine alte Dame, die gerade mit ihrem Rauhaardackel Gassi ging, schaute sie bitterböse an. Wenn die jetzt eine Knarre hätte, würde sie mich glatt erschießen, dachte Penny. Und im selben Augenblick stolperte Helmuth über den Rauhaardackel. Lautes Gekreische von Hund und Frauerl. Helmuth ließ sich neben Penny auf den Beifahrersitz fallen und knurrte: „Komm, gib Gas! Fahr ma! Weil sonst hau ich der Schastrommel[34] noch eine runter und pack mir ihr Hundsviech für's Gabelfrühstück ein."

*

---

[34] Alte Frau, die von Darmwinden geplagt wird

Die Fesseln schnitten in sein Fleisch. Kein Strick, keine Handschellen, sondern Klebeband. Ordinäres Klebeband, mit dem man ihn zu einem menschlichen Paket verschnürt hatte. Und von dem ein Stück über seinem Mund klebte. Er hasste es. In absoluter Dunkelheit lag er am Boden auf einer Matratze. Er zerrte mit all seiner Kraft an den Klebebändern. Das Zeug war aus Plastik und Plastik ist elastisch. Deshalb spannte er alle seine Muskeln an und riss an den Handfesseln. Etwas Spielraum hatte er schon gewonnen. Das ermutigte ihn. Muskeln anspannen und dehnen. Entspannen, durchatmen, Muskeln anspannen und dehnen. Er stellte sich vor, in einem Fitnessstudio auf einer Kraftbank zu liegen, und verfiel in einen monotonen Rhythmus. Muskeln anspannen, dehnen, Muskeln entspannen. Das Klebeband dehnte sich und schnitt allmählich immer stärker in seine Handgelenke ein. Er ignorierte den Schmerz. Muskeln anspannen, dehnen, entspannen. Nach über 100 Übungseinheiten war er am Ziel. Er konnte mit einem Daumen in das gelockerte Klebeband schlüpfen. Nun ging alles relativ schnell. Er lockerte mit dem Daumen die Klebeverbindung so weit, dass er mit einem Handgelenk anziehen und das Band ein Stück weit aufreißen konnte. Er war draußen! Als Erstes riss er sich das Klebeband vom Mund. Er zuckte zusammen. Depilation brutal. Schmerzlich grinsend dachte er: Um die Gosch'n wächst mir so schnell kein Bart mehr.

Nachdem er sich von der Fesselung befreit hatte, war er aufgestanden und machte Dehnübungen. Allmählich spürte er, dass sein Körper überall elastisch wurde. Die Durchblutung funktionierte wieder. Nun machte er Atemübungen. Er spannte die Bauchmuskeln an. Entspannen, ausatmen, einatmen. Er war bereit. Seine an die Dunkelheit gewöhnten Augen wichen den Türmen von Zeug aus, die in diesem offensichtlich als Lagerhaus genutzten Gebäude gestapelt waren. Wie eine Katze schlich er durchs

Dunkel, bis er vor sich am Boden einen Lichtspalt erblickte. Eine Tür. Er drückte die Klinke langsam herunter und siehe da: unversperrt. Er öffnete sie ein schmales Stück, gewöhnte seine Augen an das grelle Licht und lugte dann durch den Spalt hinaus in eine neonerleuchtete Halle. Vis-à-vis befand sich ein Glaskobel, in dem ein Chinese saß und hoch konzentriert auf einem PC ein Videogame spielte. Mit blitzschnellen, katzenartigen Sprüngen wuchtete Schiwkow die 120 Kilogramm seines durchtrainierten Körpers hinüber in das gläserne Büro. Dort beförderte er den Computerfreak mit einem gewaltigen Fußtritt vom Sessel. Der Stuhl krachte unter dem Chinesen zusammen, während dieser eine Glock zog. Beim Anblick der Pistole brannten in Schiwkows Hirn mehrere Sicherungen durch. Zuerst kickte er ihm die Waffe aus der Hand, dann landete sein Fuß in Gesicht, Magen, Nieren und Hoden des Gegners. Der Kerl brüllte vor Schmerzen. Zwischendurch trafen Schiwkows Tritte immer wieder Reste des Sessels sowie einen Bürotisch, unter dem sich der Chinese zu verkriechen suchte. Der Tisch krachte splitternd über ihm zusammen. Schiwkow trat so lange auf die Holztrümmer und den darunter Liegenden ein, bis dessen Schreie aufhörten und er sich nicht mehr regte. Augenblicke später düdelte eine Melodie aus dem PC, der am letzten noch heilgebliebenen Tisch stand. Auf dem Bildschirm erschien blinkend der Schriftzug: GAME OVER.

*

In der Hose des Chinesen fand Schiwkow eine Brieftasche, die knapp 500 Euro enthielt, ein Klappmesser sowie einen Autoschlüssel mit einem Mercedesstern als Anhänger. Geld, Autoschlüssel sowie protzige Autohandschuhe – außen cremefarbig auf den Handinnenflächen schwarz – nahm er an sich und ging auf das große Rolltor der Halle zu. Er drückte linkerhand des Tors den grünen Knopf, und ein elektrischer Motor begann das Tor zu heben. Auf dem Parkplatz vor der Lagerhalle stand ein silbergraues, von AMG getuntes Mercedes Coupé. Schiwkow betätigte den Türöffner, und das Auto blinkte ihn aufmunternd an. Bevor er grinsend einstieg, zog er sicherheitshalber die Handschuhe an. Damit würde er in dem Luxusschlitten keinerlei Fingerabdrücke zurücklassen. Er startete den satt blubbernden Motor und stieg aufs Gas. Massig Gummi am Asphalt des Parkplatzes zurücklassend, verließ er sein Gefängnis. Das Navi zeigte ihm, dass er sich im 23. Bezirk, im Industriegebiet rund um die Perfektastraße befand. Vor ihm lag nun die in Hochbauweise geführte Trasse der U6, und er überlegte kurz, ob er bei der nächsten Station von dem Mercedes in die U-Bahn umsteigen sollte; den Luxusschlitten einfach im Halteverbot vor der Station zurücklassen ...

Doch plötzlich blitzte eine teuflische Idee in seinem Gehirn auf. Den Wärter, der auf ihn aufpassen sollte, hatte er nachhaltig demoliert. Warum sollte er das nicht auch mit dessen Luxuskarosse tun? Schiwkow gab Gas und raste sämtliche Verkehrsregeln missachtend die Breitenfurter Straße entlang, auf den Rosenhügel hinauf, über die Stranzenbergbrücke und dann die Fasangartengasse hinunter nach Lainz. Sein Weg führte ihn zum Bahnübergang Veitingergasse. Hier wartete er in der Nebenspur mit laufendem Motor. Als die Glocke des Bahnschrankens zu bimmeln begann, fuhr er mitten auf die Gleise. Er zog den Zündschlüssel ab, stieg aus und flankte sportlich über den mittlerweile heruntergelassenen Schranken. Dann spazierte er gemütlich den kleinen, grün überwucherten Fußweg, der entlang der eingezäunten Bahngleise verlief, dahin. Er hörte den Zug kommen, ihn dröhnend tuten, und schließlich krachte es. Schiwkow sah aus einiger Entfernung, wie die Schnellbahngarnitur den Mercedes rammte, ihn seitlich umkippte und funkensprühend vor sich herschob.

„Totalschaden ...", murmelte er grinsend. Nun versenkte er den Autoschlüssel samt Autohandschuhen in einem Kanalgitter und marschierte flott der Bahn entlang zur Hietzinger Hauptstraße. Mit der Bewegung kam der Hunger. Wie lang hatte er schon nichts gegessen? Wenn es Montagvormittag war, so wie er vermutete, dann hatte er gut und gerne vor 36 Stunden seinem Körper das letzte Mal Nahrung zugeführt. Etwas weiter stadteinwärts, Ecke St. Veit-Gasse, befand sich eine Bäckerei mit einem angeschlossenen Kaffeehaus. Kaffee! Den Geruch von frisch gemahlenem Bohnenkaffee inhalierte er voll Lust. Seine Nasenflügel bebten. Zu dem doppelten Espresso bestellte er sich zwei mit Schinken, Käse und allerlei Gemüsezeug gefüllte Kornspitze. All das war binnen weniger Minuten verschlungen. Ein weiterer doppelter Espresso und dann die Lust auf eine Zigarette. Er fragte die Kellnerin, ob sie ihm Zigaretten verkaufen könne, was sie verneinte. Als sie ihm aber das Wechselgeld brachte, hatte sie eine geöffnete Zigarettenpackung in der Hand: „Nehmen S' Ihnen eine. Oder zwei ..."

Schiwkow nahm sich zwei, zückte die Brieftasche des Chinesen und gab ihr 10 Euro Trinkgeld. Die Kellnerin schaute zuerst verblüfft, lachte dann und steckte ihm das ganze Zigarettenpackerl zu.

„Da, nehmen S' alle. Sind eh nur mehr fünf oder sechs drinnen. Kommen S', gemma vor die Tür, da kann ich Ihnen Feuer geben."

Draußen vor der Bäckerei ließ sich Schiwkow von ihr Feuer geben, wobei sich ihre Hände berührten. Sie sah ihm in die Augen. Er streichelte kurz über ihre Hand, sagte „Danke!" und war fort. Nettes Mädel, die Kleine. Aber derzeit hatte er andere Sorgen.

*

Mit der U4 und dann der U6 gelangte er binnen einer halben Stunde in den 20. Bezirk, in die Engerthstraße. Als er bei der Millenium City ausstieg, waren seine Muskeln angespannt. Hellwach und auf der Hut ging er den Weg zu seiner Wohnung. Er griff an seinen Hinterkopf, fühlte dort die Riesenbeule und schwor sich, in Zukunft viel vorsichtiger zu sein. Daher betrat er sein Wohnhaus auch nicht durch die vordere Haustür. Nein, er ging in das Nachbarhaus, dort in den Hof, kletterte über eine Mauer und befand sich dann im Innenhof seines Wohnhauses. Behutsam öffnete er die Tür, die vom Hof in das Stiegenhaus führte. Alles war leer. Weit und breit keine Menschenseele. Auf Zehenspitzen schlich Schiwkow hinauf in den dritten Stock. Misstrauisch beäugte er seine Wohnungstür. Das neu angebrachte Schloss war intakt. Zum Glück hatten ihm die Chinesen nicht die Hosentasche seiner Jogginghose ausgeleert. So konnte er nun mit seinen eigenen Schlüsseln aufsperren. Leise und vorsichtig. Er schlüpfte in die Wohnung und checkte immer mit dem Rücken zur Wand jedes Zimmereck, jeden Winkel. Die Wohnung war leer. Kurz überlegte er, dann versperrte er die Wohnungstür von innen und schob den schweren Vorzimmerkasten davor. Nun schlüpfte er erleichtert aus dem übel riechenden Jogginggewand und gab sich eine fünfzehnminütige Genussdusche. Danach hatte er wieder Hunger. Er sah auf die Uhr, es war 12 Uhr Mittag. Er nahm eine Pfanne, stellte sie auf den Herd, gab etwas Butter hinein, wartete, bis sie geschmolzen war, und schlug dann alle vier Eier, die er noch daheim hatte, in die Pfanne. Dazu bestrich er drei Scheiben Knäckebrot dick mit Butter. All das verzehrte er hastig. Nach einem röhrenden Rülpser fühlte er sich unendlich erleichtert und wohlig satt. Nun packte er seinen chemisch gereinigten Armani-Anzug, eine Jeans, frische Jogging-Sachen, ein paar Lederschuhe, Socken, Unterhosen und T-Shirts sowie seinen Pass und die Aufenthaltserlaubnis in eine Reisetasche. Er schob den Vorzimmerkasten zur Seite und erschrak. Vor der Tür hörte er Stimmen. Schweißausbruch. Er presste sich an die Wand. Dann fummelte irgendwer mit einem Dietrich an seinem Wohnungsschloss herum. Der Dietrich sperrte einmal und dann noch einmal. Die Wohnungstür ging auf und drei Chinesen kamen herein. Schiwkow, der hinter der Tür stand, trat mit aller Kraft auf das Türblatt. Die Chinesen schrien. Einer wurde in die Wohnung geschleudert, die anderen beiden zwischen Türblatt und Zarge eingeklemmt. Schiwkow trat noch einmal gegen das Türblatt, neuerlich Schmerzensschreie. Der Chinese in der Wohnung rappelte sich auf und zog eine Pistole. Schiwkow stürzte sich mit einem Aggressionsschrei auf ihn und machte den Asiaten unter sich platt. Im Liegen entwand er ihm die Pistole und feuerte auf die beiden sich vor Schmerzen krümmenden anderen. Nun schlug er dem unter sich Liegenden mehrmals den Kopf auf den Küchenboden, bis er sich nicht mehr bewegte. Keuchend stand er auf, sah sich das Massaker kurz an, nahm ein Geschirrtuch und wischte die Pistole peinlich genau ab. Dann drückte er sie dem bewusstlos am Boden liegenden Chinesen in die Hand und verschwand.

*

„Lanz und Nowak, ihr habt's hervorragende Arbeit geleistet. Endlich wissen wir, wer der Chineser ist. Und da der feine Mr. Dong kein Ohrwaschl gerührt hat, als sein Adoptivsohn verschwunden und schließlich als Leiche wieder aufgetaucht ist, liegt der Verdacht nahe, dass er selbst in diese unappetitliche Sache involviert ist. Deshalb hab ich den Staatsanwalt gar nicht lange überreden brauchen, dass er uns zwei Durchsuchungsbefehle ausstellt."

„Zwei?", Helmuth Nowak war überrascht.

„Jawohl. Einen für Dongs Wohnhaus in Mauer und den zweiten für seinen Firmensitz. Der befindet sich ebenfalls im 23. Bezirk. Allerdings nicht im noblen Mauer, sondern im Industriegebiet bei der Perfektastraße. Also, Herrschaften! Ich schlage vor, dass wir uns in zwei Gruppen aufteilen. Der Kollege Ribarski und ich stellen mit einer Handvoll uniformierter Kolleginnen und Kollegen das Wohnhaus in Mauer auf den Kopf. Das Team Nowak und Lanz schaut sich einmal in dem Dong'schen Firmensitz um. Alles klar?"

„Na geh ... Jetzt hab ich mich den ganzen Sonntag darauf gefreut, dass ich die Dong'sche Oma wiedersehe ...", schmollte Helmuth Nowak. Dirnberger feixte zurück: „Das ist es ja, warum ich dich dort nimmer hingehen lass. Wenn du von der alten Dame redest, hast Herzerln in den Augen ..."

„Mensch, Helmuth! Wusste gar nicht, dass du auf Großmuttersex stehst."

Nowak maß Ribarski mit einem spöttischen Blick, kratzte sich den Bart und replizierte schmunzelnd: „Besser Großmuttersex als gar kein Sex. So wie bei dir."

„Also bitte! Reißt euch ein bisserl zusammen! Das sind keine Themen, die ihr in meiner Anwesenheit diskutieren müsst!"

Protestierte Penny und Dirnberger sekundierte ihr: „Die Frau Kollegin hat Recht. Schluss jetzt mit den Blödheiten. Helmuth, du schaust dir mit der Kollegin Lanz die Dong'sche Firma an. Ribarski und ich machen uns auf den Weg nach Mauer."

Der Oberst hatte gesprochen.

*

Sie fuhren mit Helmuths Opel Rekord. Zu Pennys Überraschung war Helmuth total gut aufgelegt.

„Dass der Otto heute einmal aus seinem Büro hinaus-
geht, überrascht mich. Er und Ribarski haben in Mauer sicher mehr Hack'n als wir. Wir schau'n uns in Dongs Bude
ein bisserl um und beschlagnahmen alle Aktenordner und
Computerfestplatten. Das Zeug lassen wir von uniformierten Kollegen zur kriminaltechnischen und finanztechni-
schen Untersuchung bringen. Und das war's dann."

„Ich glaub, unseren Oberst haben die Interventionsver-
suche von den verschiedenen Seiten zugunsten Dongs verärgert. Jetzt will er dem Dong unbedingt was anhängen."

„Apropos Interventionsversuch ... Wie gemma denn
beim Danzenberger weiter vor?"

„Schau ma einmal, was wir in Dongs Firma finden. Am
Nachmittag können wir ja den Danzenberger besuchen."

„Und ihm den Zeitungsausschnitt unter die Nase halten, der ihn an Dongs und Jimmy Lees Seite bei Dongs
Geburtstagsparty vor zwei Jahren zeigt. Genial, dass du
dieses Foto ausgegraben hast!"

„Danke ..."

„Der Herr Kommerzialrat wird a schön blödes G'sicht
machen, wenn wir ihn wegen Behinderung einer Amtshandlung anzeigen."

Bei dieser Vorstellung gluckste Helmuth vor Vergnü-
gen. Zwanzig Minuten später parkten sie sich vor einer
riesigen, grauen Halle ein. Eine schwarze 600er Mercedes Limousine sowie ein schwarzer Mercedes Geländeo-
wagen standen auf dem Parkplatz vor dem Eingang. Helmuths goldener Opel-Oldtimer sah neben diesen beiden
Hightech-Vehikeln irgendwie schäbig aus. An der Stirn-
seite der Halle war ein mächtiges Tor, an der langen Sei-
tenfront ein kleiner Windfang über einer Metalltür. Vor
der Metalltür mimte Helmuth ein Anläuten und rief laut:
„Ding dong!"

Dann riss er die Tür auf und verschwand in der Halle.
Da der Schließmechanismus der Tür ziemlich straff ein-

gestellt war, schlug sie sofort hinter ihm zu. Penny musste wegen Helmuths Pantomime ein Lachen unterdrücken. Sie wartete einige Sekunden, bis sie sich beruhigt hatte, und trat dann ebenfalls in die Halle ein.

Nach einer Schrecksekunde hatte sie ihre Dienstwaffe in der Hand und schrie: „Polizei! Weg mit der Waffe! Alle auf den Boden!"

Dong, sein Chauffeur und ein Helfer schauten erschrocken. Ein weiterer Chinese bedrohte Helmuth mit einer Pistole. Schwenk der Pistole auf Penny. Ein Schuss. Der Kerl zuckte zusammen. Die Waffe krachte auf den Boden. Mit der Linken umklammerte er den rechten Arm.

„Auf den Boden!"

Ein Warnschuss in Dongs Richtung. Dong, der mit seinen beiden Helfern gerade dabei war, einen menschlichen Körper in einen schwarzen Müllsack zu stecken, wurde käseweiß im Gesicht und ließ sich zu Boden fallen. Seine Leute taten es ihm gleich. Penny sah, wie sich Helmuth entspannte. Er schlenderte zu dem am Boden liegenden Mr. Dong.

„Schau an ... schau an ... Was schmuggelt denn der ehrenwerte Mr. Dong heute? Einen Toten ... Ui! Das ist heikel! Wollte er den Toten vielleicht in einem seiner Restaurants als Spezialität des Hauses auftischen lassen? Als die sieben Schätze des Mr. Dong ..."

Dong verzog sein Gesicht zu einer hasserfüllten Fratze, sagte aber kein Wort. Obwohl sie völlig verschwitzt war und ihr immer noch die Hände zitterten, musste Penny neuerlich lachen. Helmuth war heute in Hochform. Er zückte sein Handy und wählte die Einsatzzentrale.

„Oberstleutnant Nowak hier. Kollegen, wir brauchen ein Tatortteam. Eitnergasse 5. Wir haben da a Leich und einen Verletzten. Also auch eine Rettung, gell? Was? Ja. Schussverletzung. Eit ... ner ... gasse ... Nummer 5. In Liesing. Bei der Perfektastraße. Ja. Und ein Suchhundeteam wäre auch fein. Wir sind da auf einem Firmenareal, und es besteht der Verdacht auf illegale Einfuhren aller Art. Was? Jawohl, Oberstleutnant Nowak von der SOKO. Eitnergasse 5. Beeilt's euch, gell?"

*

Dem vormittäglichen Sonnenschein folgte ein mittäglicher Platzregen. Durch strömenden Regen wurden Dong und seine zwei Büttel in Handschellen zu einem Mannschaftswagen geführt, der sie zur Justizanstalt Josefstadt transportierte. Helmuth Nowak spöttelte: „Beim Anblick von euch traurigen Gestalten fangt der Himmel zu weinen an."

„Nix Himmel! Anwalt! Ich will sofort meinen Anwalt sprechen!"

Der Uniformierte, der Dong abführte, grantelte den Protestierenden an: „Halt die Gosch'n und steig ein. Einen Anwalt kriegst später."

Und mit einem gemeinen Grinsen fügte er hinzu: „Wennst brav bist ..."

Der von Nowak angeforderte Suchhund fand zehntausend weitere Schmuggelzigaretten und etliche in der EU nicht erlaubte exotische Nahrungsergänzungs- bzw. Wundermittel wie zum Beispiel fein geriebenes Pulver vom Nashorn. Dieses Zeug sowie sämtliche Unterlagen und Computer wurden von den Kollegen der Zollfahndung, die Nowak ebenfalls angefordert hatte, konfisziert. Sie versicherten dem Oberstleutnant, dass sie ihm jeglichen Hinweis auf Jimmy Lee sofort mitteilen würden.

Was Penny und Helmuth richtiggehend schockierte, war das Faktum, dass es in der Lagerhalle Notunterkünfte gab. Billige Campingbetten mit verdreckten Polstern und Decken. Als Abort diente ein Plastikkübel. Es lagen einige leere und halbvolle Mineralwasserflaschen sowie ein Vorrat an Reiscrackern und Hummerchips herum. Außerdem fanden sie jede Menge Klebeband, das offensichtlich für das Fesseln eines Menschen verwendet worden war. Die Kriminaltechniker der Tatortgruppe stellten auch hier alle Spuren sicher. Die Auswertung würden Penny und Helmuth in einigen Tagen bekommen. Plötzlich läutete Pennys Handy. Der Chef.

„Lanz, wie geht's bei Ihnen? Haben S' was in der Firma vom Dong gefunden?"

„Ja. A Leich."

„Wollen S' mich häkerln[35]?"

„Im Ernst, Chef. Außerdem hat uns einer von Dongs Männern mit einer Waffe bedroht."

„Und?"

„Ich hab ihm in den Arm geschossen."

„Na, da hätten besser der Ribarski und ich hingehen sollen. Bei uns war das nämlich ein Spaziergang. Dongs Großmutter war so nett, uns in den Keller zu führen, wo die Habseligkeiten von Jimmy Lee verräumt waren. Wir haben das alles dokumentiert und das Zeug beschlagnahmt. Dong wird nun schwerlich behaupten können, dass er den Tod von Jimmy Lee nicht vertuschen wollte. Auf sein Motiv bin ich gespannt. Wir sind schon wieder zurück in der Dienststelle. Ribarski schreibt gerade den Bericht."

„Wir haben übrigens auch noch zehntausend Schmuggelzigaretten, geriebenes Nashornpulver und ähnliches Zeug gefunden."

„Das ist aber jetzt net wahr?"

„Doch, Chef. Außerdem scheint Dong in Schlepperei und Menschenhandel involviert zu sein. Hier in der Halle gibt es nämlich provisorische Unterkünfte, die offensicht-

---

[35] verkackeiern

lich erst unlängst benutzt worden sind. Jetzt am Nachmittag wollen wir noch zum Kommerzialrat Danzenberger schau'n ...“

„Gute Idee. Aber verraten S' ihm nicht zu viel.“

„Ist in Ordnung, Chef. Wir wollen ihn in erster Linie mit seiner Falschaussage bezüglich Jimmy Lee konfrontieren.“

„Nehmt's ihn in die Mangel, den Bladen[36]. Er hat es verdient.“

*

Helmuth Nowak beobachtete Penny, und was er sah, gefiel ihm gar nicht. Das Gesicht ganz blass, die Hände zitternd und die Schultern hochgezogen. So saß sie am Beifahrersitz und starrte vor sich hin. Nowak machte einen Schlenker zur Sagedergasse und bog dann in die Nebenfahrbahn der Altmannsdorfer Straße ein, dort, wo sich das *Otto* befand. Und – o Zeichen, o Wunder – er fand in unmittelbarer Nähe des Lokals einen Parkplatz.

„Komm, Penny, mach ma a Pause. Die hamma uns verdient.“

Ohne Kommentar stieg sie aus dem Wagen und folgte Helmuth ins *Otto*. Sie fanden einen freien Tisch und Helmuth bestellte: „Zwei alkoholfreie Biere und zwei Vogelbeer-Schnäpse.“

Penny sah ihn verdattert an und murmelte: „Ich trink aber keinen Schnaps ...“

„Auf den Schock brauchst du einen.“

„Ich hab keinen Schock. Ich bin nur nachdenklich.“

„Wenn du net auf den Oasch geschossen hättest, hätt ich es getan. Ich war drauf und dran, meine Waffe zu ziehen. Ich hätt aber nicht so sorgfältig gezielt wie du. Ich hätt das

---

[36] Dicken

Schlitzaug übern Hauf'n g'schossen. Und den Dong gleich mit, die Sau."

„Helmuth!"

Der Kellner brachte die Getränke, Helmuth hob das Schnapsglas.

„Das war ein Superschuss! Prost, Penny! Runter damit."

Sie leerten die Gläser auf einen Zug, Penny bekam einen roten Kopf und schüttelte sich.

„Pfui Teufel, ist der bitter!"

„So bitter wie das Leben."

*

Mit Akribie trocknete Carl Ribarski seine Triumph Rocket III ab. Der Regen um die Mittagszeit hatte sie ordentlich erwischt. Ein flauschiges Handtuch und ein Drittel einer Küchenrolle mussten herhalten, bis das Motorrad trocken war. Dann schwang er sich in den Sattel und fuhr in den Feierabend. Nicht direkt zu sich heim, sondern hinunter in den Wiener Hafen. Er wusste nicht, warum, aber irgendwas zog ihn dorthin. Er fuhr die innere Straße entlang und ignorierte eisern die Fahrverbotstafeln, die nur Befugten die Weiterfahrt gestatteten. „Bullshit!", murmelte er, hier fuhr doch sowieso jeder, der wollte. Wenn die Hafenverwaltung das ernsthaft verhindern hätte wollen, hätte sie einen Schranken bauen müssen. Allerdings wäre das dann schwierig mit dem Linienbus, dem 74A geworden. Da hätte ein Mann der Hafenverwaltung dem Bus ständig den Schranken öffnen müssen. Ribarski grinste bei dieser absurden Vorstellung und bog links ab. Vor der Imbissbude *Donauweibchen* hielt er. Er stellte seine Triumph parallel zu einer bestens gepflegten Jawa ab, die seiner Einschätzung nach aus den 1950er Jahren stammte. Bewundernd spazierte er um den Oldtimer aus tschechischer Produktion herum und ging dann zur Theke der

Imbissbude, über der das Schild SELBSTBEDIENUNG nicht zu übersehen war.

„'n Bier!"

„Groß oder klein?"

„'n großes."

Er nahm das Bier und setzte sich an den einzigen Tisch vor der Bude, an dem noch Platz war. Rechts an den Nachbartischen saßen Gruppen von Hafenarbeitern, kräftige Typen, tätowiert, Arbeitskleidung. Neben ihm zu seiner Linken saß ein gepflegter dunkelhaariger Typ mit Lederjacke und grinste.

„Die alte Jawa ist meine. Hat nur 350 ccm. Baujahr 1956. Läuft aber wie ein Glöckerl. Deine hat ja über 2000 ccm ..."

„Ist ein 2,3-Liter-Motor."

„Na servus! Das ist kein Lercherlschas[37] ..."

Ribarski musste über diesen Wiener Ausdruck lachen und verschluckte sich beim Biertrinken. Der andere klopfte ihm auf die Schulter und murmelte: „Sorry."

Hustend antwortete Ribarski: „Schon gut, Mann. Ihr Wiener seid echt ätzend mit euren Ausdrücken."

„Ich bin kein Wiener. Ich bin Ungar. Die Jawa habe ich seit 35 Jahren. Die war schon zu Ostblockzeiten in Ungarn mein ganzer Stolz."

Ribarski nahm einen weiteren Schluck Bier und ließ noch einmal seinen Blick über den Motorrad-Oldtimer gleiten.

„Da hast du mächtig viel Kohle hineingesteckt. Sieht aus wie neu."

„Das kannst du laut sagen. Allein in den letzten zwei Jahren hab ich gut und gerne 3000 Euro in das Ding investiert."

„Da hättest ja fast schon 'ne Neue bekommen."

---

[37] Klacks

Nach einem langen Schluck Bier und einem liebevollen Blick auf die Jawa antwortete der Typ lächelnd: „Die Jawa ist mein Hobby. An der schraub ich selber herum. Wenn ein Teil kaputt wird, lass ich ihn mir nachbauen. Für dieses Baby verdiene ich mein Geld ..."

Er nahm einen weiteren Schluck, dann streckte er die Hand aus: „Übrigens: Ich heiß Zoltán. Zoltán Ádám, und arbeite ein Stückerl weiter vorne in der Orient Spedition."

„Carl Ribarski, freut mich."

Ádám hatte einen kräftigen Händedruck und ein sympathisches Grinsen. Er griff in die Brusttasche seiner Lederjacke und angelte eine Packung Marlboro heraus.

„Willst eine?"

Ribarski wollte gewohnheitsmäßig ablehnen, griff aber dann doch zu. Vielleicht sind das Killer-Tschick, dachte er. Ádám gab ihm Feuer. Ribarski bekam bereits nach dem ersten Zug einen Hustenanfall. Sein neuer Bekannter lachte: „Ganz schön starkes Zeug. Um einiges stärker als die normalen. Die hab ich unter der Hand gekauft. 2,50 das Packerl, das geht ..."

Ribarski bekam feuchte Hände. Wenig später verschwand er mit dem Tschick im Mund in Richtung Toilette. Dort tötete er die Zigarette unter dem Wasserstrahl des Handwaschbeckens ab. Er schüttelte sich vor Ekel und spülte sich mehrmals den Mund aus. Dann steckte er den Stummel ein. Für eine chemische Analyse würde das reichen ...

*

Ächzend zwängte er sich in den Lift. Hier drinnen befiel ihn regelmäßig Platzangst. Die sechs Stockwerke zu Fuß hinunterzugehen, kam aber noch weniger in Frage. So viel Bewegung würde seinen unsportlichen Organismus überfordern. Die einzige Bewegung, die er seit Jahren machte, waren die paar Schritte von und zu seinem Auto. Überall anders benutzte er den Lift oder Rolltreppen. Selbstverständlich hatte er sich auch in seiner Villa draußen in Pötzleinsdorf einen Lift einbauen lassen. Er hasste jegliche Form von Bewegung. Mit Ausnahme der, zu der er sich nun chauffieren ließ. Nach diesem Scheißtag musste er sich abreagieren. „Dieses depperte Mensch[38]...", murmelte er und dachte voll Zorn an die nachmittägliche Unterredung mit Penny Lanz und dem Oberstleutnant Nowak. Er lehnte sich in die Lederpolsterung seines Jaguars zurück und schloss die Augen. „Das werdet ihr mir büßen. Und wenn ich dafür die ganze Führungsriege der Polizeidirektion samt LKA ins *Babylon*[39] einladen muss." Seine kleine fette Zunge leckte über schmale Lippen, und er stellte sich vor, wie Oberstleutnant Nowak in einem winzigen Kammerl Akten schlichtete und das depperte Mensch auf einer Kreuzung den Verkehr regelte. Ein dünnes Lächeln huschte über seine rundliche Visage. Die Atmung verlangsamte sich und er glitt hinüber in einen luziden Tagtraum.

„Wir wären jetzt da ..."

Die Stimme seines Chauffeurs holte ihn in die Realität zurück. Er gähnte kurz, nahm die Brille ab und rieb sich die Augen. Dann ging ein Ruck durch seinen quallenartigen Körper. Er setzte die Brille auf und stieg behände aus der Limousine aus.

„Brauchen S' mich, Chef? Soll ich mitkommen? Brauch ma Pfefferspray oder den Elektroschocker?"

„Na. Im Moment is eh alles ruhig. Wenn S' einen Wirbel hören, dann kommen S' halt nachschau'n."

„In Ordnung, Chef!"

---

[38] abwertend: Mädchen
[39] Wiener Luxusbordell

Nun kam der anstrengendste Teil seiner Vergnügungstour. Er musste in dieser verdammten Ruine von einem gründerzeitlichen Zinshaus die Stiegen in den ersten Stock hinaufsteigen. Eine Anstrengung, die ihn an Sisyphus erinnerte. Schließlich schaffte er die Herausforderung keuchend und am ganzen Körper schwitzend – was heißt schwitzend? Schweißgebadet! – stand er im ersten Stock. Er lehnte sich kurz an die kühle Mauer und atmete mehrmals durch. Sein Atem beruhigte sich, und seine Gesichtszüge wurden hart. Für diese Anstrengung würde es gleich eine Extrabestrafung geben. Er watschelte zu Tür Nummer 8 und läutete. Trippelnde Schritte näherten sich, die Tür wurde geöffnet und eine sehr attraktive Chinesin verbeugte sich tief vor ihm. Er holte aus und versetzte ihr eine Ohrfeige, in die er sein ganzes Körpergewicht legte. Mit einem Schrei flog Ai Sung gegen einen Küchenkasten. Danzenberger warf die Tür hinter sich ins Schloss und packte sie bei den Haaren. Er zog Ai Sung zu sich herauf und fauchte sie an: „Wo ist mein Essen? Dreckige Hure!"

„Essen schon feltig ..."

Er ließ ihre Haare los und stapfte in eines der beiden Zimmer der Wohnung. Auf dem Tisch, der in der Mitte des von chinesischen Lampions sanft beleuchteten Zimmers stand, lag ein Gedeck, das in den festlichen Farben Rot und Gold leuchtete. Aus einer HiFi-Anlage erklang meditative Musik. Räucherstäbchen verbreiteten einen angenehm entspannenden Duft. Mit einem zufriedenen Seufzer ließ sich Danzenberger auf dem Stuhl vor dem Tisch nieder. Nur wenige Augenblicke später erschien die zuvor schwer Gedemütigte mit einer Schüssel dampfender Suppe. Mit zitternder Hand schöpfte sie die Suppe aus der Schüssel in die Suppenschale. Dabei war sie sehr darauf bedacht, dass nicht nur Suppe, sondern auch jede Menge Garnelen den Weg in Danzenbergers Porzellannapf fanden. Schlürfend und schmatzend wie ein echter Chinese verschlang Danzenberger die scharfe Suppe. Kaum hatte er den Löffel weggelegt, wurde ihm ein Tellerchen mit frisch herausgebackenen Hummerchips und ein Glas Bier gereicht. Grunzend trank er vom Bier und spülte damit eine längliche blaue Tablette hinunter, danach stopfte er sich die knusprigen Hummerchips in den Schlund. Nun wurde ihm ein Körbchen mit länglichen Dim Sum-Täschchen gereicht. Sie waren abwechselnd mit Rindfleisch, Garnelen und scharfem Schweinefleisch gefüllt. Danzenberger biss in ein Dim Sum hinein und kaute genussvoll mit geschlossenen Augen. Kauend befahl er Ai Sung, sich neben ihn zu stellen, dann drückte er ihren Oberkörper auf die Tischplatte. Sich mit der linken Hand ein weiteres Dim Sum angelnd raffte seine rechte Ai Sungs Rock in die Höhe, so dass er ihr nacktes Hinterteil vor sich sah. Mit einem energischen Griff zwischen ihre Pobacken riss er ihren Tangaslip herunter. Dann drangen seine Finger in die junge Frau ein. Sie schrie auf und stöhnte. Er schmatzte genüsslich.

„Gell, das g'fallt dir? Du kleine Hure, du!"

Einer plötzlichen Eingebung folgend packte seine Rechte das letzte Dim Sum und stopfte es zwischen Ai Sungs Pobacken. Die Chinesin stieß einen Schrei aus. Die längliche blaue Pille, die er zuvor geschluckt hatte, entfaltete nun ihre Wirkung. Heftig ächzend stemmte er sich aus dem Sessel hoch, öffnete mit fahrigen Bewegungen seinen Hosenladen und warf sich auf das Mädchen. Neuerlich schrie Ai Sung. Diese Reaktion sowie das eingeführte Dim Sum erregten ihn so sehr, dass er nach wenigen Stößen zu einem raschen Ende kam. Keuchend und schwitzend lag sein massiger Körper auf der zarten Chinesin. Eine Lawine von Fleisch und Fett, unter der sie fast erstickte. Zu ihrer unendlichen Erleichterung richtete er sich ziemlich bald auf, knöpfte seine Hose zu, stapfte zur Tür und brummte:

„Damit ist die Miete fürs laufende Monat bezahlt. Die Betriebskosten rechnen wir ein anderes Mal ab."

Er warf die Tür hinter sich ins Schloss und atmete am Gang mehrmals tief durch. Ihm war in jeder Hinsicht leichter. Wonach er sich jetzt noch sehnte? Nach einem heißen Bad und nach seinem Bett.

*

Penny und Nowak kamen ins Büro, als Ribarski schon gegangen war. Dirnberger hatte ein Endlostelefonat mit der Staatsanwaltschaft. Missmutig setzte sich Penny hin, um den Bericht über den Einsatz in Dongs Lagerhalle zu schreiben. Seufzend rang sie sich einen Satz nach dem anderen ab. Freudlos und völlig verzweifelt. Helmuth Nowak, der das mitbekam, hatte schließlich Mitleid.

„Penny! Geh nach Hause. Ich schreib den Bericht. Ich kann net länger zuschau'n, wie du dich quälst."

„Aber ich hab ja g'schossen ..."

Der Oberstleutnant drängte sie von ihrem Computer weg.

„Lass mich her da. Ich schreib den Bericht auf deinem Computer, aus deiner Perspektive. Morgen schaust du ihn dir in Ruhe an, besserst aus, was dir nicht g'fallt, dann unterschreiben wir beide und das war's dann."

Penny seufzte erleichtert, stand auf, nahm ihre Handtasche, umarmte Helmuth und stürmte aus dem Wachzimmer hinaus. Helmuth sah ihr nach, lächelte versonnen und begann, leise vor sich hin zu singen: „Steh auf, wenn du am Boden bist ..."

Penny fuhr wie jeden Tag die Praterstraße in Richtung Zentrum, um dann vor der Aspernbrücke in die Untere Donaustraße abzubiegen. Sie fuhr den Donaukanal entlang und bekam plötzlich Lust, sich ein bisschen die Beine zu vertreten. So bog sie in die Hollandstraße ein und hatte Glück: Vor ihr wurde ein Platz frei. Sie parkte ein, löste per Handy einen Kurzparkschein und spazierte dann vor zur Salztorbrücke. Ihr Weg führte sie die Stiegen hinunter direkt zur Gastromeile, die sich hier den Donaukanal entlang erstreckte. Sie schlenderte flussaufwärts, einige tiefstehende Sonnenstrahlen blendeten sie und plötzlich wurde es dunkel. Windstöße trieben eine schwarze Wolkenwand in Richtung Donaukanal. Bald klatschten die ersten Tropfen auf den Asphalt. Rechts sah Penny einen Gastgarten und eine weiße Containerbude, die geöffnet war und die Illy-Kaffee anbot. Die Seitenwand des Containers war als Dach hochgeklappt und bot wunderbar Schutz vor dem plötzlich niederrauschenden Regen. Wo vor fünf Minuten noch alles eitel Sonnenschein war, erstreckte sich jetzt eine grau in grau gehaltene Flusslandschaft, eine Bühne, auf der hunderttausende Tropfen tanzten. Sie schlürfte ihren doppelten Espresso und das dazu gereichte Wasser, genoss die warme, heimelige Würze des Kaffees und starrte hinaus in das Toben des Regens, das akustisch von unzähligen Wirbeln und Paukenschlägen der auf dem Containerdach landenden Tropfen untermalt wurde. Manche hörten sich wie Schüsse an. Penny schauderte.

„Ist dir kalt? Willst du eine Decke?"

Der Junge hinter der Theke, der dort am Grill arbeitete, aber derzeit nichts zu tun hatte, sah sie voll Mitleid an. Penny winkte dankend ab. Ihr war nicht kalt, ihr graute. Vor sich selbst. Nie und nimmer hätte sie es für möglich gehalten, binnen weniger Sekunden ihre Waffe zu ziehen und ohne nachzudenken, ohne auch nur den Bruchteil einer Sekunde zu zögern auf einen Menschen zu schießen. Was sie seit Jahren am Schießstand geübt hatte, hatte sie heute, ohne mit der Wimper zu zucken, umgesetzt. Automatisch. Wie eine Maschine.

Penny nippte an ihrem Kaffee. Dann kam ihr der Besuch bei dem Kommerzialrat in den Sinn. Dieses Schwein hatte Helmuth und sie zuerst eine halbe Stunde warten lassen, dann hatte er ihnen lauter Lügen aufgetischt. Bis es ihr zu viel geworden war und sie ihm eine Kopie des Zeitungsartikels auf den Schreibtisch geknallt hatte. Die Reportage über Dongs Geburtstagsfest mit dem großen Foto, das Dong, Jimmy Lee, Danzenberger, Dongs Bruder sowie den Staatssekretär im Finanzministerium zeigte. Der feiste Herr Kommerzialrat hatte sich das Bild lange angesehen und dann mit harmlosem Lächeln gefragt: „Ja und?"

Da waren Penny die Sicherungen durchgebrannt. Wütend hatte sie ihm das Mineralwasser, das er ihr servieren hatte lassen, ins Gesicht geschüttet und ihn angeschrien: „Und was?"

Helmuth Nowak war ebenfalls verärgert und hatte Danzenberger angebrüllt: „Wissen Sie was das ist? Das ist Behinderung polizeilicher Ermittlungen. Dafür kann ich Sie anzeigen."

Danzenberger brüllte zurück: „Na dann tun Sie's doch! Und jetzt schleicht's euch aus meinem Büro. Ihr Scheißkiberer!"

Worauf Penny gezischt hat: „Scheißkiberer? Na endlich haben Sie Ihre gespielte Jovialität über Bord geworfen. Und sich deklariert. Sie ... Sie ... falscher Fuffz'ger[40], Sie."

Daraufhin waren Penny und Helmuth aufgestanden und gegangen. Der Oberstleutnant hatte sich noch einmal umgedreht: „Scheißkiberer? Das wird Folgen haben. Das wird Tagesgespräch bei uns werden. Ihre schleimigen Besuche und Interventionen können Sie sich in Zukunft in die Haare schmieren. Und übrigens: Ihren Busenfreund Dong hamma heute wieder verhaftet."

---

[40] falscher Mensch

Penny schüttelte es erneut, als sie an diese Szene dachte. Widerlich. Einfach widerlich, dieser Danzenberger. Da der Regen so plötzlich aufhörte, wie er angefangen hatte, zahlte sie und spazierte den Donaukanal ein Stück stromaufwärts. Bewegung tat gut.

*

Mr. Dongs Wutausbruch war laut und ordinär. Er starrte Penny hasserfüllt an und beschimpfte sie. Sie wunderte sich, woher der Chinese Ausdrücke wie Fotze, Fut und Frustbuchtel kannte. Alle fangen mit „F" an, dachte sie, als sie sich über den Tisch beugte, der sie von Mr. Dong trennte, und in leisem, sachlichem Ton sagte: „Wenn ich eine Fotze, Fut und Frustbuchtel für Sie bin, dann sollten Sie wissen, was Sie für mich sind: ein mieser kleiner chinesischer Hühnerficker."

Helmuth Nowak, der neben Penny saß, lachte laut auf, begann, mit den Armen Flatterbewegungen zu imitieren und laut zu gackern.

„Gooo ... gogogo ... goooooo ..."

Dongs Anwalt schlug mit der flachen Hand auf den Tisch und schrie: „Ich protestiere aufs Schärfste dagegen, dass Sie meinen Mandanten beleidigen."

„Was für einen Mandanten? Ich seh nur einen chinesischen Gockel", lachte Nowak.

„Mister Dong wünscht, zurück in die Zelle gebracht zu werden."

„Meine Herren, das Verhör ist beendet."

„Na Moment, Herr Doktor Zweinetter! Das bestimmen immer noch wir", mischte sich nun Oberst Dirnberger ein, der die ganze Zeit über versucht hatte, ernst zu bleiben.

„Also, Herr Dong, warum haben Sie sich nicht gemeldet und Jimmy Lee identifiziert?"

Dr. Zweinetter beugte sich nun seinerseits weit über den Tisch und zischte: „Das hat Ihnen mein Mandant ja schon erklärt. Er liest keine österreichischen Zeitungen und konsumiert auch keine hiesigen Medien. Also ist ihm Ihr Aufruf, Jimmy Lee zu identifizieren, gänzlich unbekannt gewesen."

Dong starrte wortlos vor sich hin. Schweigen. Plötzlich begann Dong zu reden. Leise und konzentriert artikulierend, kein Gebrüll: „Ich habe Jimmy Lee gesucht. Er war mein Ziehsohn, machte mir große Sorgen. Er hatte bei mir einen guten Job. Aber immer machte er Geschäfte auf eigene Faust. Dann war er plötzlich weg. Ich habe ihn gesucht. Seinen besten Freund habe ich dann in meine Firma bringen lassen. Der Freund hat meinen Cousin getötet. Ich wollte den Cousin zur Aufbahrung bringen, dann ist die Polizei gekommen und die Polizistin hat geschossen."

Dirnberger runzelte die Stirn: „Moment einmal! Wie ist dieser ... dieser Freund von Jimmy Lee ... in Ihr Firmengebäude gekommen?"

Mr. Dong sah Dirnberger scharf an, dann rutschte er zu seinem Anwalt und begann, ihm etwas ins Ohr zu flüstern. Dr. Zweinetter schüttelte energisch den Kopf und sagte zu Dirnberger: „Dazu will sich mein Klient nicht äußern."

„Die Spurensicherung hat eine Matratze und abgestreifte Fesseln in Dongs Firmengebäude gefunden. Auf den Fesseln sind Blutspuren. Dieselben, die wir auch an der Verbindungstür zwischen der Lagerhalle und dem Büro sowie im Büro gefunden haben. Im Büro, wo offensichtlich ein Kampf zwischen dem gefesselten Mann und seinem Bewacher – Ihrem Cousin – stattgefunden hat. Außerdem haben wir in Ihrem Büro auch noch eine nicht registrierte Glock gefunden, auf der sich die Fingerabdrücke des Toten befanden. Aus meiner Sicht stellt sich die Sachlage folgendermaßen dar: Sie haben Ihren Leuten den Auftrag gegeben, den Freund von Jimmy Lee einzukassieren. Im

Klartext: Er wurde von Ihnen betäubt und gekidnappt. In der Lagerhalle kam er zur Besinnung, schlüpfte aus den Fesseln und versuchte zu fliehen. Das wollte Ihr Cousin verhindern. Es kam zu einem heftigen Kampf, bei dem Ihr Cousin getötet wurde. Jimmy Lees Freund entkam. So war's doch. Oder nicht?"

Mr. Dong saß neuerlich schweigend da. Stille. Man hätte eine Stecknadel fallen hören können. Schließlich begann Dong wiederum, mit seinem Anwalt zu flüstern. Der überlegte kurz und nickte. Dann räusperte er sich und schlug folgenden Deal vor: „Mein Mandant ist bereit, zu kooperieren. Erstens betont er, dass er den Entführten nur befragen wollte und ihm keinesfalls nach dem Leben trachtete. Zweitens: Er besteht darauf, dass die Anklage wegen Störung der Totenruhe – sprich die Verpackungs-Aktion seines toten Cousins – fallen gelassen wird. Faktum ist, dass mein Mandant an einem Bestattungsunterneh-men beteiligt ist, das die Körper verstorbener Landsleute nach China überstellt und sie dort zur ewigen Ruhe bettet. Wenn wir uns darauf einigen können, ist mein Mandant bereit, die Entführung einzugestehen."

Dirnberger stand auf: „Ich geh kurz hinaus und ruf den Staatsanwalt an. Das muss ich mit ihm besprechen."

Zweinetter und Dong nickten. Bevor Dirnberger den Vernehmungsraum verließ, wandte er sich noch einmal an Dong: „Eine Kleinigkeit noch: Wie heißt Jimmy Lees Freund?"

Dong starrte ihn kurz an, überlegte und sagte schließ-lich leise: „Bojko Schiwkow."

*

Hinaus aus dem Haustor. Blick nach links. Blick nach rechts – keiner da? Folgt ihm wer über die Engerthstraße? Da! Ein Bus! Laufschritt zur Haltestelle, hinein, die Türen schließen. Der 5A fährt los, biegt in die Traisengasse ein und rollt vor zum Lorenz Böhler-Krankenhaus. Niemand ist ihm gefolgt. Trotzdem hinaus aus dem Bus. Niemand ist nach ihm ausgestiegen. Super! Die Stiegen hinauf zur S-Bahn. Er schaut. Dreht sich mehrmals um. Es ist nichts los jetzt am Vormittag. Keine Menschen. Niemand kommt nach ihm die Stiege hoch. Die S-Bahn-Garnitur fährt ein. Er sucht sich einen Platz direkt bei der Tür. Der Waggon fast leer. Der Zug rollt weg aus dem 20. Bezirk. Praterstern. Soll er aussteigen? Nein. Noch nicht. Also nächste Station. Wien Mitte. Ein Typ steigt mit ihm aus. Folgt er ihm? Er bleibt am Bahnsteig stehen. Der Typ fährt mit der Rolltreppe hinauf. Er rennt die Stiegen zur U-Bahn hinunter. Rasch! U3 oder U4? Hinüber zur U4, die Rolltreppen hinauf, vor an den Beginn des Bahnsteigs. Stehenbleiben und beobachten. Niemand ist ihm gefolgt. Jetzt kommt eine Gruppe halbwüchsiger Mädchen die Rolltreppe herauf. Dann wieder Ruhe. Die U4 fährt ein. Er hinein, setzt sich. Auch hier ist der Waggon fast leer. Den Koffer stellt er auf den Nebensitz. Atmet durch. Station Stadtpark. Niemand steigt in seinen Waggon ein. Dann Karlsplatz. Einige steigen aus, ziemlich viele neue Leute steigen ein. Niemand beobachtet ihn. Kein Mensch schenkt ihm Beachtung. Dann Station Kettenbrückengasse. Einige Leute steigen aus, einige ein. Er schnappt plötzlich seinen Koffer und springt im letzten Augenblick aus dem Zug. Er dreht sich um. Niemand hat dieses verrückte Manöver beachtet. Er atmet neuerlich durch und verschwindet im Menschengewühl des Naschmarkts.

*

Schiwkow war gelandet. In der Menschenmenge am Naschmarkt, zwischen den Ständen und den penetranten Standlern, die ihm Kostproben aufdrängen wollten, fühlte er sich sicher. Die Strahlen einer überraschend kräftigen Frühlingssonne kitzelten auf seiner Haut, und er hatte plötzlich höllischen Durst. Kurzentschlossen kehrte er bei *Neni* ein und bestellte sich ein Krügel[41] Rotes Zwickl[42]. Der erste Zug war ein Erlebnis. Das Bier rann und rann und rann die ausgedörrte Kehle hinunter. Dann rülpste er laut. Ein Bobo-Pärchen, das am Nebentisch saß, schaute indigniert. Bojko streichelte sich über die Stoppelhaare, die auf seinem Kopf und in seinem Gesicht wild wucherten, und grinste. Dann bestellte er sich Falafel mit dreierlei Soßen. Als er diese levantinische Spezialität, die übrigens nirgends so knusprig und wohlschmeckend in Wien gemacht wird wie von Haya Molcho und ihrem Team, verschlungen hatte, war ihm wohler. Ein Krügel Bier hatte er mittlerweile intus, ein zweites trank er gerade. Damit löschte er das Feuer der scharfen, giftgrünen Koriandersoße. Wunderbar. Obwohl er nun komplett entspannt war und sich sicher fühlte, beobachtete er trotzdem seine Umgebung. Niemand nahm von ihm Notiz. Nicht einmal der junge Kellner, der für ihn zuständig war. Denn Bojko wollte nun einen Kaffee. Aber halt! Den würde er im *Orient Occident* nehmen. Einen doppelten Espresso. Caffè del Doge! Ein koffeinhaltiges Gedicht.

*

Im Freien sitzen. Endlich. Nach dem langen Winter genoss Bojko die Sonnenstrahlen, die nicht nur auf die Stoppeln seines Bartes, sondern auch auf die Espresso-Schale vor ihm auf dem kleinen Alutisch schienen. Den doppelten Espresso schlürfend überlegte er die nächsten Schritte. Bitter

---

[41] halber Liter
[42] ungefiltertes Bier

war die Erkenntnis, dass er seine geliebte Mietwohnung in der Engerthstraße meiden musste. Sobald die Leiche in seiner Wohnung entdeckt werden würde, würden sie nach ihm fahnden. Also blieb ihm nur eine Möglichkeit – ab in ein Hotel. Er kramte in seiner Hosentasche und holte den Packen Geldscheine hervor, der dort steckte. Mehrmals zählte er seine Barschaft nach. Es waren exakt 365 Euro. Damit würde er eine Zeit durchkommen. Aber Hotels waren teuer. Er musste eine Pension finden, die leistbar war. Irgendwo hier in der Gegend. Sollte er rauf zur Mariahilfer Straße gehen oder in die andere Richtung hinüber auf die Wieden? Er zahlte, stand auf, streckte sich in der Frühlingssonne, gähnte und beschloss, seine Herbergssuche auf der Mariahilfer Seite des Naschmarktes zu beginnen.

*

Penny zermarterte sich das Gehirn. Bojko Schiwkow – den Namen hatte sie schon gehört. Egal. Im Moment kam sie nicht drauf, woher sie ihn kannte. Später im Büro googelte sie dann den Namen und kam auf einen Bulgaren, einen Gewichtheber. Teilnehmer bei den Olympischen Spielen 2008. Und plötzlich war die Erinnerung wieder da. An den athletischen, nicht unsympathischen Kerl, den sie zuerst in dem Beisl in der Engerthstraße und dann zufällig im Prater getroffen hatte. Ein kribbelndes Gefühl machte sich in ihrem Bauch breit. Sie sprang auf und eilte in Dirnbergers Dienstzimmer, der erstaunt von der Arbeit aufsah.

„Lanz? Was gibt's?"

„Ich hab ihn g'funden, den Schiwkow. Ehemaliger Spitzensportler, Gewichtheber, aus Bulgarien."

„Na bitte ... Übrigens, Lanz! Wie Sie sich vorhin bei der Vernehmung von dem Dong verhalten haben, ist indiskutabel. Was haben Sie sich dabei gedacht? Was glauben S', was der Zweinetter über uns herumerzählt?"

„Es tut mir leid, Chef. Mir ist kurz das G'impfte[43] aufge-
gangen. Der Dong hat mich aufs Übelste beschimpft. Dieser miese Macho hat es nicht verwinden können, dass er
von einer Frau gezwungen worden ist, klein beizugeben."

„Das ist wurscht! Ich wünsche, dass Sie sich in Zukunft
bei Verhören wie eine Dame benehmen!"

Penny warf Dirnberger einen bösen Blick zu und maulte: „Seit wann sind bei der Kiberei Damen gefragt?"

„Schluss jetzt! Lanz, das ist eine dienstliche Anweisung:
Sie benehmen sich bei Verhören in Zukunft wie eine Dame.
Ist das klar?"

„Ja, Chef ..."

„Also: Um auf den Bulgaren zurückzukommen ... Wir
müssen als Erstes herausfinden, wo der sich herumtreibt."

„Ich glaub, ich weiß wo. Ich hab ihn in einem Beisl in
der Engerthstraße gesehen und mit ihm a bisserl geplaudert. Das war gleich ums Eck von der alten Hawlicek."

„Na dann schau'n S' doch in die Engerthstraße und finden S' ihn. Die Leut dort müssen ihn ja kennen."

„Jetzt gleich, Chef?"

„Auf was soll ma warten?"

„Bin schon weg ..."

Dirnberger schaute ihr nach, runzelte die Stirn und
murmelte: „Das hat schon einmal ein Politiker g'sagt ..."

*

Ein Windstoß fuhr unter seine schwarze Lederjacke und
bauschte sie mächtig auf. Sonnenstrahlen blendeten ihn.
Wo hatte er nur die Sonnenbrille gelassen? Hoffentlich
lag sie nicht noch in seiner Wohnung. Er überquerte die
Linke Wienzeile und ging dann die Laimgrubengasse

---

[43] die Beherrschung verlieren

hinauf zur Gumpendorfer Straße. Unschlüssig schaute er nach links und rechts. Schließlich entschied er sich, stadteinwärts zu bummeln. Er sah sich die Läden hier an und dachte, das gibt's bei uns im 20. Bezirk nicht. Chice Friseursalons, hippe Shops, schräge Möbelläden mit Schnickschnack und Einrichtungsgegenständen aus den 1940er und 1950er Jahren sowie die riesige Firmenzentrale des Denzel Konzerns. Links ging eine schmale Gasse den Berg hinauf, und da erblickte er das Hotel *Terminus*. Er bog in die Gasse ein und sah vor sich eine wunderschöne Jugendstil-Treppenanlage. Dann stand er vor dem Hotel *Terminus* und registrierte mit Wohlgefallen, dass es nur zwei Sterne hatte. Das war perfekt, das würde er sich leisten können. Also spazierte er in die Lobby, die modern, sauber und unpersönlich war. Eine junge Rezeptionistin begrüßte ihn freundlich. Er nahm ein Zimmer um wohlfeile 68 Euro pro Nacht, ging in den ersten Stock, öffnete das Zimmer und warf sich zufrieden auf das Bett. Endlich Ruhe! Es kostete ihn einige Überwindung, noch einmal aufzustehen und die Zimmertür abzuschließen. Dann ging er pinkeln und danach schlief er tief und traumlos bis weit in den Morgen des nächsten Tages hinein.

*

Am späten Nachmittag betrat Penny das kleine Beisl in der Engerthstraße, in dem sie Schiwkow kennengelernt hatte. Es war dunkel und weit weniger verraucht, als sie es in Erinnerung hatte. Penny zögerte kurz, ging dann an die Bar und bestellte ein Seitel Bier. Nachdem sie einen ordentlichen Schluck gemacht hatte, fragte sie die Kellnerin, die sich neben ihr gerade eine Zigarette anzündete: „Sagen S', der Bojko, der kommt nicht zufällig heute vorbei?"

„Zufällig kommt der nie ...“

Penny schluckte ob der patzigen Antwort. Sie sah die Kellnerin fragend an, die stieß einen Rauchschwall aus und fuhr fort: „Der kommt, wenn er wen treffen will. Oder wenn er illegale Tschick hat, die er bei uns verdraht[44].“

„Ich hab gedacht, der is a Stammgast?“

„Ja eh ... Der wohnt ja vis-à-vis.“

„Im Gemeindebau?“

„Nein! Des is ja a Tschusch, der kriegt so leicht ka Gemeindewohnung.“

Neuerlich blies sie eine Rauchsäule in Richtung Beisldecke.

„Der wohnt in dem Altbau daneben. Im dritten Stock.“

„Waren S’ schon einmal oben bei ihm?“

„Hörn S’, Sie sind a neugierige Nas’n!“

„Das is mein Job. I bin Polizistin.“

„Jessasna! Die Kiberei!“

Penny grinste: „Ich möcht zahlen.“

„Zwei fuffzig.“

Penny trank aus und gab ihr einen 5-Euro-Schein.

„Stimmt schon.“

Die Kellnerin blickte ihr kurz in die Augen und sagte dann in einem seltsam mütterlichen Ton:

„Aufpassen, gell! Der Bojko is a ganz a Wilder. Der is hinter jedem Weiberrock her.“

*

Mr. Dong atmete tief durch. Endlich war er wieder ein freier Mann. Er saß neben Zweinetter auf dem Beifahrersitz von dessen Audi Q7 und starrte auf die Windschutzscheibe, auf die fette Regentropfen klatschten.

---

[44] verkauft

„Das ist kein schönes Auto. Das Design ist scheiße."

Zweinetter zuckte zusammen.

„Warum holen Sie mich nicht mit dem Smart ab? Smart hat ein gutes Design. Smart ist der kleinste Mercedes. Mr. Dong liebt Mercedes."

Der Rechtsanwalt schluckte, denn er besaß ja auch einen Smart. Der City-Flitzer, wie er ihn nannte. Damit holte er aber nicht so einen wichtigen Klienten wie Mr. Dong ab. Für Topklienten hatte er seinen Audi SUV, den er sonst nur am Wochenende für Ausflugsfahrten verwendete. Ein Auto, auf das er stolz war. Er griff in die Sakkoinnentasche und zog ein Päckchen Zigaretten heraus: „Darf ich Ihnen eine anbieten? Das beruhigt."

Wortlos griff Mr. Dong zu und wartete, bis ihm der Anwalt Feuer gab. Dann paffte er still vor sich hin. Zweinetter rauchte ebenfalls und dachte: Endlich gibt das Schlitzauge eine Ruhe. Wie bei einem Kleinkind, man muss ihm nur einen Schnuller in den Mund stecken ...

Plötzlich betätigte Mr. Dong den elektrischen Fensterheber und warf die halbgerauchte Zigarette in den Regen hinaus.

„Die Zigaretten schmecken scheiße ..."

Zweinetter wurde blass vor Ärger. Mr. Dong ließ die Fensterscheibe wieder hochfahren und starrte schweigend in den Regen. Drinnen im Auto herrschte gespannte Ruhe. Plötzlich kicherte der Chinese und sagte: „Die Zigaretten sind scheiße. Passen aber zum Auto."

*

„Suachen Sie wen?"

Die alte, bucklige Frau sah Penny misstrauisch an. Die setzte ihr liebenswertestes Lächeln auf und antwortete: „Ja, den Bojko Schiwkow. Kennen S' den?"

„Ui! Des is a Schlawiner! Das liegt diesen Zuag'rasten[45] im Blut. Man weiß nie, woran man bei denen is."

„Wie meinen S' denn das?"

„Immer war er freundlich. Zuckersiaß sogar. Und dann ... dann hat's bei ihm oben einen Mordsbahö[46] gegeben und er is mit einem Schläger, mit so an großen, der was runde Eck'n hat, durchs Stiagnhaus g'rannt und hat dem armen Herrn Unterrainer a fürchterliche Gosch'n ang'hängt[47]. So san s', die Zuag'rasten."

„Wo wohnt denn der Herr Unterrainer? Glauben S', kann ich mit ihm sprechen?"

Die Alte keuchte neben Penny die Stiegen hinauf. Ihr von Gicht verbogener Zeigefinger deutete auf eine Wohnungstür.

„Da, da, wohnt der Unterrainer. Was wollen S' denn von ihm?"

„Na, ich möchte ihn was fragen."

„Hörn S', Sie sind a ganz a Neugierige! Spionieren Sie am End gar das Haus aus, damit Ihre G'schamsterer[48] dann bei uns einbrechen kommen?"

Sie reckte ihren Gichtfinger in den Himmel. Zorn funkelte in ihren stahlgrauen Augen und plötzlich hatte sie in der anderen Hand ein Handy, mit dem sie den Polizeinotruf wählte. Nach einem Augenblick der Fassungslosigkeit packte Penny vorsichtig die Hand der Alten, die das Handy umklammerte, und unterbrach die Verbindung. Die Alte funkelte sie fuchsteufelswild an und rang nach Luft: „Sie ... Sie ..."

---

[45] Zugereisten
[46] Mordskrawall
[47] jemanden anschnauzen
[48] Kumpane

Penny griff in die Innentasche ihrer Lederjacke, zog ihren Dienstausweis hervor und hielt diesen der Alten unter die spitze Nase.

„Regen S' Ihnen nicht so auf. Ich bin von den Guten. Von der Polizei."

„Von der He! So ... so ...", murmelte die Alte und der Argwohn erlosch in ihren Augen. Neugierde blitzte auf.

„Hat der Schiwkow was ausg'fressen[49]?"

„Na ja ... wir suchen ihn halt."

„Ha! Haben ihn die beiden also doch erwischt, die ihm unlängst aufgelauert haben?"

„Wer hat ihn erwischt?"

„Na die, denen er dann mit dem großen Holzschläger nachg'rannt is. Da hat's ja oben in seiner Wohnung an Mordstrumm Köch[50] geb'n. Da ist das G'schirr g'flogen, die Möbel sind umgestoßen worden, und einer hat vor Schmerz laut g'schrien. I wohn ja gleich unterm Schiwkow. I hab des alles g'hört."

„Und wann war das?"

„Ui ... mein Gedächtnis ... Wissen S', ich bin ja nimmer die Jüngste. Aber warten S', frag ma den Unterrainer. Der weiß das sicher."

Die Alte klopfte an die nächste Wohnungstür und rief durch die Tür hindurch: „Herr Unterrainer? I bin's, die Nemeth von nebenan. Machen S' auf, die Polizei is da. Die will Sie was fragen."

Es dauerte einige Zeit, dann hörte Penny schlurfende Schritte. Die zahlreichen Schlösser der Wohnungstür wurden eines nach dem anderen aufgesperrt. Das ist ja wie in Fort Knox, dachte Penny. Ein Herr Mitte fünfzig

---

[49] verbrochen
[50] Stress, Ärger

öffnete die Tür. Er trug einen schmuddeligen Schlafrock über fein gerippter, nicht mehr ganz weißer Unterwäsche.

„Grüssie, Herr Unterrainer! Schaun S', die fesche Person da is von der Polizei. Die möchte Ihnen gern a paar Fragen stellen."

Als Unterrainer Penny sah, wurde er rot und zog sich eiligst den Schlafrock, der vorher halb offen gewesen war, über seinem Kugelbauch zu. Dann fuhr er sich mit den Fingern durch das wirre, unfrisierte Haar.

„T'schuldigen S', Fräulein ... ich hab gerade ein Nickerchen g'macht ..."

Penny zückte nochmals ihren Dienstausweis, hielt ihn Unterrainer unter die Nase und sagte in sachlichem Ton: „Revierinspektor Lanz, Kriminalpolizei. Ich hab ein paar Fragen zu dem oberhalb wohnenden Bojko Schiwkow."

Unterrainer seufzte und blickte auf den Boden. Dann sagte er leise: „An sich hab ich ihn immer für einen leiwanden Burschen gehalten. Der Bojko war immer freundlich und hilfsbereit. Aber letzte Woche, es muss am Montag oder Dienstag gewesen sein, hat's oben in seiner Wohnung einen Mordskrach gegeben."

„Wann war des ungefähr?"

„So gegen elf in der Nacht. Ich hab mir vorher im Fernsehen die Zeit im Bild 2 angeschaut und bin dabei eing'schlafen. Plötzlich haben mich etliche Pumperer und eine wüste Schreierei in Schiwkows Wohnung oben aufgeweckt. Ganz verschlafen bin ich hinaus auf den Gang getaumelt und da ist der Bojko mit einem Baseballschläger in der Hand zwei Typen nachgerannt. Grantig wie ich war, hab ich einen Streit mit ihm vom Zaun gebrochen und ihn einen Tschuschen geschimpft."

„Und dann?"

„Nix. Dann war a Ruah. Am nächsten Tag hat irgendwer mein altes Steyr Waffenrad aus dem Keller gestohlen. Aber das hat mit dem Bojko nix zu tun. Ja ... ich wollt mich entschuldigen bei ihm, aber der ist schon seit ein paar Tagen nimmer da. Vorgestern in der Früh war wieder so ein Krach bei ihm oben. Da sind sogar Schüsse gefallen. Glaub ich. Ich hab mich jedenfalls in meiner Wohnung verbarrikadiert und hab den Krach ignoriert. Ich misch mich da nicht mehr ein."

„Ja, des stimmt! Vorgestern war wieder so a Krach beim Schiwkow in der Wohnung. Allerdings am Vormittag. Und dann a Stund' später sind Chinesen zu ihm rauf in die Wohnung kommen. Die waren eine Zeit lang oben und haben dann einen langen Sack runtergeschleppt. Seitdem is a Ruah."

*

„Kollegen! Da wir so viele offene Baustellen haben, teilen wir die Arbeit auf. Kollege Ribarski bearbeitet weiter die Killer-Tschick-Todesfälle. Wie viele hamma bis jetzt?"

Ribarski ging zu seinem Arbeitsplatz, tippte auf der Tatstatur seines PC herum und antwortete: „Bis jetzt: sieben."

„Na da schau her! Hamma die Exhumierungen also nicht umsonst machen lassen. Sehr gut. Aber: wir haben noch andere Baustellen. Dieser Schiwkow! Der ist einfach verschwunden. Helmuth, um den kümmerst du dich. Ich möchte, dass du dich umschaust und umhörst. Lass deine Kontakte spielen. Treib mir den Schiwkow auf."

„Geht klar."

„Lanz! Für Sie hab ich eine Spezialaufgabe. Dieser Danzenberger kommt mir nicht ganz koscher vor. Wie wir ja bereits herausgefunden haben, lügt er wie gedruckt und hat ein – ich möchte sagen – ungesundes Naheverhältnis zu diesem chinesischen Gangster Mr. Dong. Für einen honorigen Wiener Kommerzialrat ist das höchst ungewöhnlich. Deshalb möchte ich, dass Sie den Danzenberger beschatten. Schau ma einmal, was der den ganzen Tag so treibt."

Nowak fügte grantig hinzu: „Außer Wein anbauen in China ..."

„Eben. Schau ma einmal, wie eng der Danzenberger mit dem Dong tatsächlich verbandelt ist. Übrigens, Herrschaften, der Dong ist wieder auf freiem Fuß. Sein Anwalt hat ihn herausgeholt. Gegen eine Kaution von 250.000 Euro."

Penny schüttelte ungläubig den Kopf, Ribarski pfiff leise durch die Zähne und Nowak sagte süffisant grinsend: „Ding dong!"

*

Einen ganzen Tag lang beschattete Penny nun schon den fetten Kommerzialrat Danzenberger. Sie hasste es. Ein Job, bei dem sie in erster Linie untätig herumsaß. Und bei dem sie ständig Hunger bekam. Denn Danzenberger bewegte sich von einem Lokal in das nächste. Zu Mittag hatte er im *Do & Co* am Stephansplatz mit Asiaten – wahrscheinlich Chinesen – gespeist, danach ließ er sich zur Konditorei *Sluka* chauffieren, wo er einen Wiener Stadtpolitiker traf, mit dem er über ein Immobilienprojekt mauschelte. Penny hörte diesbezüglich einige Wortfetzen, als sie unerkannt an ihm vorbeihuschte. Im *Do & Co* war sie mit hochgestelltem Kragen und Sonnenbrille nur einmal durchgegangen und hatte so getan, als ob sie jemanden suchen würde. Dabei hatte sie mit ihrem Handy Fotos von den Asiaten geschossen. Asien-Deals, Immobilien-Deals – alles soweit legal. Danzenberger war so in das Gespräch mit dem Ober-Asiaten vertieft, dass er Penny nicht erkannt hatte. Penny gähnte. Sie stand nun schon gute eineinhalb Stunden vor Danzenbergers Büro in der Marc-Aurel-Straße herum. Genauer gesagt lümmelte sie in der Bäckereifiliale, die sich unten am Eck des Bürohauses befand, herum. Mittlerweile hatte sie bereits zwei Kaffee getrunken und ein Vollkornweckerl verzehrt. Ihren Mini hatte sie in der Kurzparkzone nebenan geparkt. Wenn Danzenbergers Jaguar aus der Garage herausrollen würde, könnte sie ihn so ohne Probleme einholen und sich an seine Fersen heften. Aber der Jaguar rollte und rollte nicht heraus. Um 18 Uhr sperrte die Bäckereifiliale und Penny stand auf der Straße. Eine halbe Stunde lang vertrat sie sich die Beine, indem sie die Auslagen der umliegenden Shops anschaute. Schließlich kannte sie jedes Schaufenster und jedes Dekorationsdetail. Neuerlich gähnte sie. Total müde und schlaff beschloss sie, zu ihrem Mini zurückzugehen. Plötzlich sah sie aus den Augenwinkeln den Jaguar. Einen Adrenalinstoß später saß sie im Mini, startete den Motor und nahm die Verfolgung der Danzenberger'schen Luxuslimousine auf.

Die Fahrt führte in den 2. Bezirk, in eine Seitengasse des Volkertmarktes. Vor einem abbruchreifen Haus blieb der Jaguar stehen. Der Chauffeur öffnete seinem Chef den Wagenschlag und der wuchtete mühsam seine Körperfülle aus dem Ledersitz heraus auf den Gehsteig. Dann watschelte er in das völlig abgefuckte Haus, dessen Haustor sperrangelweit offen stand. Nachdem der Chauffeur wieder eingestiegen war und sich in das Studium einer Gratiszeitung vertieft hatte, huschte Penny ebenfalls in die Hausruine hinein. Im Stiegenhaus hörte sie schwere, langsame Schritte und heftiges Schnaufen. Penny grinste. Tja, der Kommerzialrat hatte natürlich Probleme, seine Schwabbelmasse über die Stiegen empor zu befördern. Aus dem ersten Stock hörte sie schließlich ein mehrfaches erleichtertes Durchatmen. Sie lief nun auf Zehenspitzen die geschwungene Treppe hinauf und sah, wie Danzenberger bei Tür Nummer 8 läutete. Die Tür wurde geöffnet, Penny sah das Gesicht einer Asiatin und dann geschah etwas Ungeheuerliches. Danzenberger gab ihr eine brutale

Ohrfeige und drängte sie in die Wohnung hinein. Die Tür fiel hinter ihm ins Schloss. In Penny stieg kalte Wut auf. Sie zückte ihre Pistole, nahm einen kurzen Anlauf und trat die altersschwache Tür ein. Drinnen sah sie, wie der fette, alte Mann der nackten Chinesin brutal in den Unterleib griff. Die laut krachende Tür stoppte ihn. Nach einer Schrecksekunde ließ er das Geschlecht der jungen Frau los und bekam schmale Augen. Er brüllte Penny, die mit ihrer Waffe auf ihn zielte, an: „Du g'schissener Polizei-Trampel! Was erlaubst du dir? Das hier ist mein Haus und meine Wohnung! Ich werde dich wegen mutwilliger Sachbeschädigung und Hausfriedensbruch verklagen!"

„Kusch! Bratzen[51] in die Höhe und umdrehen!"

Danzenbergers Hände zuckten kurz. So, als ob er sich auf Penny stürzen wollte. Mit einer plötzlichen Bewegung nach unten nahm sie nun seine Körpermitte ins Visier, entsicherte die Pistole und fauchte: „Ich mach dir Rührreier!"

Das cholerisch rote Gesicht des Kommerzialrats wurde blass. Langsam drehte er sich um und hob die Hände. Penny steckte die Pistole weg, schnappte die Handschellen und legte sie Danzenberger mit brutalen, ruckartigen Bewegungen an.

„Kommerzialrat Danzenberger, ich verhafte Sie wegen Körperverletzung und versuchter Vergewaltigung."

Dann zwang sie den Dicken, sich mit dem Gesicht voran auf den Boden zu legen. Per Handy rief sie eine Funkstreife, die ihn abführen und in Polizeigewahrsam bringen sollte. Nun erst wandte sie sich an das Mädchen, das den zuvor offenen Schlafrock zugezogen hatte und das Penny mit vor der Brust verschränkten Armen und großen, verängstigten Augen anstarrte. Als Penny sie freundlich an der Schulter berühren wollte, zuckte sie zusammen. Die typi-

---

[51] Hände

sche Reaktion eines Menschen, der in seinem Leben viel zu oft geschlagen worden war. Penny ließ augenblicklich die Hand sinken und lächelte das Mädchen freundlich an: „Komm, gehen wir ins Nebenzimmer."

Die Asiatin zögerte kurz, ging aber dann wortlos voraus. Penny sah, dass hier der Tisch festlich gedeckt war. Wahrscheinlich für den Bladen. Erst jetzt fiel ihr auf, dass es in der ganzen Wohnung köstlich nach Essen roch und dass in der Küche draußen der Herd eingeschaltet war.

„Machst du den Herd aus?"

Die Asiatin nickte, eilte in die Küche, drehte sämtliche Gashähne ab und kam zurück zu Penny. Diese hatte sich inzwischen auf den für Danzenberger vorbereiten Stuhl gesetzt. Sie deutete dem Mädchen, vis-à-vis Platz zu nehmen.

„Wie heißt du?"

„Ai Sung."

„Woher kommst du?"

„China."

„Wie lange bist du schon hier in Österreich?"

„Fünf Jahle."

„Ist das deine Wohnung hier?"

Verneinendes Kopfschütteln.

„Gehört sie ihm?"

Penny deutete mit dem Kopf in Richtung Vorzimmer, die Chinesin nickte.

„Er hat versucht, dich zu vergewaltigen ..."

„Nix Gewalt. Ich so bezahlen Miete."

„Was?"

„Ich so bezahlen Miete. Dafül wohnen in diesel gloße Wohnung alleine."

„Wie viele wohnen denn normalerweise in so einer Wohnung?"

Ai Sung zuckte mit den Achseln. Sie überlegte kurz und sagte „Fünf oder sieben, manchmal zehn."

„Zehn Leute auf Zimmer und Küche?"

Neuerliches Nicken.

„Wo? Hier im Haus?"

Abermaliges Nicken.

„Asylanten?"

„Nul Chinesen."

„Und wo sind die jetzt?"

„Jetzt alle albeiten. In Lestaulants. Jetzt Abendessen. Viele Gäste."

Und obwohl Penny die Antwort plötzlich ziemlich klar war, fragte sie trotzdem: „Wem gehören die Restaurants?"

„Alle gehölen dem ehlenwelten Mistel Dong"

*

Ribarski war müde und hungrig. Endlich hatte er die von Penny angefertigte Liste abgearbeitet. Insgesamt hatte er 15 Exhumierungen initiiert, in neun Leichen war schon eine sehr hohe Dosis von Arsen und Rattengift gefunden worden. Gemeinsam mit den drei von Penny aufgespürten Fällen waren insgesamt zwölf alte Menschen an dem giftigen Zeug gestorben. Ribarski ging das nahe. Wie konnte man aus reiner Profitgier das Leben unzähliger Menschen gefährden? Nachmittags, als er gerade am Fertigstellen seines Berichts an die Staatsanwaltschaft war, hatte Dirnberger ihm die kriminaltechnische Analyse seines Tschick-Stummels auf den Tisch geknallt: „Kollege Ribarski, da haben S' Ihre Gesundheit riskiert. Das war tatsächlich einer von den Killer-Tschick, die Sie da geraucht haben."

Ribarskis Gesicht war bei dieser Nachricht grün geworden. Am liebsten hätte er Dirnberger auf die hochglanzpolierten Schuhe gekotzt.

„Allerdings hamma jetzt wieder eine heiße Spur. Schaun S', dass S' den Typ finden, der Ihnen den Tschick geben hat. Der soll Sie zu dem Verkäufer führen."

Ribarski hatte nur genickt und seinen Bericht fertig geschrieben. Das dauerte dann doch länger, als er gedacht hatte.

Nun war er allein im Büro. Sein Chef hatte heute Opernabend. Ein Fixtermin, den er einmal im Monat mit seiner Frau genoss und den er sich nicht entgehen ließ. Penny beschattete Danzenberger, und Helmuth war mit Franz Wohlfahrt, dem Kriminaltechniker der SOKO, in Schiwkows Wohnung gefahren, um dort vielleicht einen Hinweis auf dessen derzeitigen Aufenthaltsort zu finden. Den Durchsuchungsbeschluss dafür hatten sie kurz nach Mittag bekommen.

Ribarski versandte den Bericht in Form von E-Mails an den Chef, seine Kollegen sowie an den Staatsanwalt, dann drehte er den Computer ab und starrte eine Zeit lang hinaus auf das träge dahinfließende Wasser der Donau. Schließlich erhob er sich, verabschiedete sich von der diensthabenden uniformierten Kollegin und schwang sich draußen auf seine Triumph. Es war ein schöner, milder Frühlingsabend und er verzichtete darauf, den Helm aufzusetzen. Er genoss den Fahrtwind in den Haaren, grinste und dachte: Wenn mich jetzt eine Polizeistreife anhält, zahle ich Strafe ...

Mit mäßiger Geschwindigkeit rollte er zum Freudenauer Hafen, genauer gesagt zum *Donauweibchen*. Sein Herz begann vor Aufregung schneller zu klopfen, als er vor der Imbissbude die chromblitzende Jawa stehen sah. Nun würde es ernst werden. Ribarski stellte seine Triumph neben die Jawa. Er stieg ab und sah, dass Zoltán Ádám ihn mit einer lässigen Handbewegung grüßte. Der Typ war überhaupt ein Bild der Lässigkeit. Er lehnte am schmalen Holztresen des Würstelstandes und trank einen kleinen Schluck von seinem Bier. Er musterte Ribarskis bleiches Gesicht und sagte jovial: „Na ... hast einen harten Arbeitstag gehabt?"

„Bürokram. Den ganzen Tag nur Bürokram. Das schlaucht."

Ribarski lehnte sich ebenfalls an den Holztresen und brummte: „Jetzt brauch ich ein kühles Blondes."

Die kleine, ältere Frau, die hinter der Theke herumräumte, winkte ab: „Tut mir leid, wir ham schon zu. Der Herr da trinkt nur mehr aus."

Ribarski protestierte enttäuscht: „Mensch, ein Bier können Se mir doch geben. Ich brauch kein Glas, ich trink aus der Flasche. Wo ist das Problem?"

„Das Problem is, dass Sperrstund is."

Ádám, der mit ironischem Lächeln der Konversation folgte, griff plötzlich ein: „Gib ihm ein Bier."

„Aber ..."

Ádám zog eine Augenbraue hoch. Das Lächeln auf seinem Gesicht war verschwunden. In gefährlich leisem Ton fügte er hinzu: „Mach keine Tanz[52] ..."

Die Alte zuckte mit der Schulter, öffnete den Kühlschrank und nahm eine Flasche Bier heraus. Sie öffnete sie und knallte sie vor Ribarski auf den Holztresen.

„Macht drei Euro achtzig."

Ádám winkte ab: „Das schreib bei mir an!"

Die Frau zuckte neuerlich mit der Schulter, drehte sich um und machte eine Notiz. Dann griff sie zu einer Spachtel und schob das Fett, das sich im Laufe des Tages beim Braten der Würste gebildet hatte, hin zum Rand, von wo es in eine Plastikbox tropfte. Ribarski nahm sein Bier, prostete Ádám zu und sagte grinsend: „Danke!"

„Keine Ursache. Wir Motorradfahrer müssen zusammenhalten."

Ribarski beobachtete, wie die Alte den Plattengriller reinigte. Sein Magen knurrte.

---

[52] Mätzchen

„Auf so 'ne Bratwurst hätte ich tierisch Bock."

„Da bist du leider eine Viertelstunde zu spät gekommen. Wennst so wie unlängst gekommen wärst, wär das kein Problem gewesen."

„Bist du jeden Tag da?"

„Wenn das Wetter schön ist, ja."

„Irgendwie idyllisch hier ..."

„Ja eh."

Ádám zog ein Packerl Marlboro heraus und bot Ribarski eine an. Der schluckte kurz, griff aber dann doch zu. Scheiße, dachte er sich. Ich muss mich für diese Glimmstängel interessieren, also muss ich rauchen. Scheiße! Nur nicht inhalieren! Schweigend tranken die beiden Männer ihr Bier. Während Ádám genussvoll inhalierte, paffte Ribarski das Giftzeug. Die Frau hatte nun alles zusammengeräumt und sah die beiden Männer bittend an.

„Könnt ihr jetzt austrinken? I möcht heimgehen."

Ádám schüttelte den Kopf und murmelte „Heut bist richtig ungut ...", dann trank er den Rest des Bieres in einem Zug aus. Er klopfte Ribarski auf die Schulter: „Sauf aus. Jetzt fahr ma zum Friedhof der Namenlosen. Da kriegst was zum Essen."

„Beim Friedhof?"

„Genau."

Ribarski trank seine Flasche ebenfalls leer und ging, die Frau und ihre Würstelbude grußlos hinter sich lassend, zu seiner Triumph. Ádám saß bereits auf der Jawa. Er setzte einen Retro-Helm à la Easy Rider auf und rief Ribarski zu: „Fahr mir einfach nach. Es is net weit."

Das Gasthaus zum Friedhof der Namenlosen hatte bereits Gartenbetrieb und so nahmen Ribarski und Ádám unter einem der großen alten Bäume Platz, der über ihnen ein wunderbares Blätterdach bildete. Ribarski war beeindruckt. Nun war er schon fast zehn Jahre in Wien und kannte noch immer nicht alle idyllischen Flecken der Stadt. Das ist der Scheißjob, dachte er sich, der frisst dich auf. Ádám bestellte, ohne ihn zu fragen, zwei Krügeln Bier, dann deutete er auf die Plastikhülle, in der die Speisekarte steckte, und sagte: „Da! Wennst Gusto auf was Wurstiges hast, empfehl ich dir Würsteln mit Saft."

Eigentlich hatte Ribarski Bock auf Currywurst, doch er verkniff sich eine dementsprechende Bemerkung und bestellte Würsteln mit Saft.

„Was hat dich eigentlich nach Wien verschlagen?"

„Das Leben ..."

„Und? Was hackelst du?"

„Ich bin Beamter."

„Wo? Beim Zoll, bei der Finanz oder bei der Kiberei?"

Ribarski sah Ádám überrascht an: „Wie kommst du denn darauf?"

„Unlängst hab ich dich mit so einem bladen Langhaarigen im Hafen beobachtet. Da habt ihr dem Dong seine Container untersucht. Und da du eine ausgesprochen einprägsame Visage hast, hab ich mir dich gemerkt."

Ribarski nahm einen Schluck Bier, lehnte sich zurück, fixierte Ádám und brummte schließlich: „Ich bin Bulle."

Ádám grinste, hob sein Glas und sagte: „Auf unsere Gesetzeshüter."

Ribarski bekam die Würsteln serviert und Ádám wünschte ihm einen guten Appetit. Das war nicht notwendig, denn Ribarski hatte so einen großen Hunger, dass er die Würsteln binnen weniger Augenblicke verschlang. Auch der Gulaschsaft war schnell mit einer Semmel aufgetunkt. Beim Essen überlegte Ribarski fieberhaft, wie er jetzt nach seinem Outing trotzdem Infos über den Lieferanten der Killer-Tschick bekommen könnte. Er entschied sich für den österreichischen Weg und bestellte bei der Kellnerin zwei große Schnäpse, wobei er Ádám die Wahl überließ.

Der entschied sich für Barack. Als sie die Schnäpse getrunken hatten, sagte Ribarski cool: „Jetzt hätte ich gerne noch so 'nen Tschick."

Ádám erwiderte lachend: „Die sind aber illegal. Schmuggelware."

„Scheiß drauf."

Ádám nickte und gab ihm Zigarette und Feuer.

„Bist du Gelegenheitsraucher?"

„Nee. Ich rauche am liebsten die holländische Sorte."

„Welche holländische?"

„Van den Anderen."

*

„Bezilksinspektol Lanz?"

„Hallo, wer spricht?"

„Ai Sung."

Penny erinnerte sich, dass sie der kleinen Chinesin ihre Visitenkarte mit ihrer Handynummer gegeben hatte. Der Anruf jetzt in der Früh überraschte sie.

„Was gibt's, Ai Sung. Kann ich dir helfen?"

„Ai Sung Angst haben."

„Wovor?"

„Vol Stlafe."

„Strafe? Was für eine Strafe?"

„Mistel Dong mich heute sprechen wollen. Wegen Lälm in Wohnung und kaputtel Tül und ..."

„Und?"

„... und weil ich die Ehle seines Fleundes beschmutzt habe. Mit Anzeige bei Polizei. Jetzt Mistel Dong wütend. Will mich bestlafen."

Penny überlegte fieberhaft. Was konnte sie tun? Ai Sung in Schutzhaft nehmen? Dazu war die Suppe zu dünn. Das würde die Staatsanwaltschaft nie genehmigen. Danzenberger hatte auch nur eine Nacht in Haft verbracht. Am nächsten Morgen stand Dr. Zweinetter im Büro der SOKO auf der Matte und holte ihn binnen kürzester Zeit wieder heraus. Nicht einmal eine Kaution musste Danzenberger zahlen! Es war nur Körperverletzung und sexuelle Nötigung, die Vergewaltigung stritt Danzenberger glatt ab. Staatsanwalt Dr. Müllner gab Oberst Dirnberger klar zu verstehen, dass er wegen so banaler Delikte den Kommerzialrat nicht in Untersuchungshaft nehmen werde. Das stünde sich nicht dafür.

„Wo bist du jetzt?"

„Ich jetzt in Wohnung."

„Okay, ich komm vorbei."

Eine halbe Stunde später stand Penny vor Ai Sungs Wohnungstür. Zu ihrer Überraschung war das Schloss schon repariert. Sie läutete, dann geschah eine Zeit lang nichts und schließlich wurde die Tür geöffnet. Ai Sung stand zitternd da, hinter ihr befand sich ein großer, gepackter Koffer.

„Muss weg. Muss velstecken."

Penny nickte und wollte den Koffer nehmen, doch Ai Sung wehrte ab. Sie schnappte das Riesending, stellte es vor die Tür, sperrte ab und lief dann damit die Stiegen hinunter. Obwohl die Chinesin das Gepäckstück schleppte, hatte Penny Mühe, ihr zu folgen. Als die beiden Frauen den Koffer in Pennys Mini verstaut hatten und im Auto nebeneinander saßen, bekam Ai Sung einen Weinkrampf. Penny konnte nicht anders und streichelte ihr beruhigend über den Kopf. Plötzlich bog ein schwarzer Mercedes Van mit verspiegelten Scheiben in die Gasse ein, in der der Mini parkte. Als sie das Fahrzeug sah, rutschte Ai Sung blitzschnell in den Fußraum, wo sie sich zusammenkrümmte. Gefährlich langsam rollte der Van an dem Mini vorbei. Fünfzig Meter weiter hielt er. Zwei Chinesen stiegen aus und verschwanden in dem Abbruchhaus, in dem Ai Sung wohnte. Penny startete den Mini und fuhr betont langsam und entspannt weg. Zwei Gassen weiter sagte sie zu Ai Sung: „Du kannst jetzt wieder auftauchen. Mr. Dongs Männer können dich nicht mehr sehen."

„Sichel?"

„Absolut sicher."

Ai Sung rutschte auf den Beifahrersitz zurück, sah sich nach allen Seiten um und atmete tief durch. Nachdem sie gut fünf Minuten schweigsam neben Penny gesessen war, fragte sie: „Wo fahlen wil hin?"

„Zu mir nach Hause. Dort bist du sicher. Damit rechnet Dong nicht."

„Zu Ihnen?"

„Klar. Was anderes fällt mir nicht ein. Übrigens: Du kannst mich duzen. Ich bin die Penny."

Ai Sung nickte. In Pennys Wohnhaus in der Strehlgasse angekommen, sah Penny die Chinesin das erste Mal lächeln.

„Schöne Wohnung. Sehl schöne Wohnung ...", murmelte sie begeistert. Penny zog die Sitzcouch im Wohnzimmer aus und sagte: „Da kannst du schlafen. Fürs Erste bleibst du jetzt einmal hier."

Die Chinesin fiel vor ihr auf die Knie, faltete die Hände und verbeugte sich tief. Leise und stammelnd sagte sie: „Du ... du ... letten mein Leben."

*

Samstag. Nachmittag. Langsam ließ Ádám auf dem Parkplatz vor der Dopplerhütte seine Jawa ausrollen. Ribarski rollte neben ihn. Beide Motorradfahrer nahmen ihre Helme ab und blickten hinunter in das weite Land des Tullnerfeldes. Ein kräftiger Wind fuhr ihnen in die Haare, Ribarski ging auf die alte, leider geschlossene Gastwirtschaft zu und sagte: „Hier jetzt 'ne Tasse Kaffee trinken, wäre geil."

„Leider sind die Besitzer in Pension gegangen. Nachfolger scheint's keine zu geben."

„Eine Schande so was."

Beide Männer sahen in die Ferne und schwiegen. Ribarski hatte das Gefühl, dass er seit langer Zeit vielleicht wieder einen Freund gefunden hatte. Gut, Helmuth Nowak, war natürlich ein Freund. Aber darüber hinaus auch ein Arbeitskollege. Einen Freund zu finden, der so gar nichts mit seinem Job als Bulle zu tun hatte, das war was Besonderes.

„Was arbeitest du im Hafen?"

„Papierkram ..."

„Was für'n Papierkram?"

„Wird das jetzt ein Verhör?"

„Quatsch! Mich interessiert das."

„Ich bin Geschäftsführer der Orient Spedition."

Risbarski grinste Ádám an: „Nee. Ohne Scheiß? Das hätt ich dir nie zugetraut."

„Nur weil ich in Jeans und Lederjacke herumrenne?"

„Geschäftsführer, das ist für mich immer so 'ne Schickimicki-Chose mit Designeranzug und knarrenden Maßschuhen."

Ádám winkte ab.

„Ich renn so herum, wie's mir passt. Ich hasse die Typen, die sich im Anzug auf ihre Maschin' setzen, ihren Aktenkoffer in einem Motorradkoffer, der wie ein krebsartiges Geschwür ausschaut, verstauen und so in ihr klimatisiertes Büro rollen. Das sind Typen, die alkoholfreies Bier und entkoffeinierten Kaffee trinken, nicht rauchen, mindestens zweimal pro Woche ins Fitnessstudio gehen und sich beim Pinkeln niedersetzen. Auf all das scheiß ich."

„Hast du eine Zigarette?"

Ádám fischte aus seiner Lederjacke ein Päckchen Marlboro Gold heraus und hielt sie Ribarski hin. Der machte große Augen: „Mensch, hast du die Marke gewechselt?"

121

Ádám schüttelte den Kopf: „Ich bleib schon bei den Marlboro. Nur kauf ich sie wieder in der Trafik. Sind die etwas leichteren."

Er gab Ribarski und sich Feuer, inhalierte tief und sagte dann nachdenklich: „Als du mir letztes Mal von der wahnsinnig hohen Arsen- und Rattengift-Konzentration in den illegalen Tschick erzählt hast, ist mir ganz anders geworden. Ich hab sie noch am selben Abend weggeschmissen. Pfui Teufel!"

Ribarski grinste und rauchte schweigend weiter. Die regulären Marlboro schmeckten gar nicht so übel. Jedenfalls kratzten sie nicht so wie die Killer-Tschick. Er sah zu, wie der Wind den von ihm und von Ádám ausgeatmeten Rauch weit hinaus ins Land trieb. So fortfliegen, das wäre schön. Und plötzlich schoss ihm ein Song von Udo Lindenberg ein und er verspürte dort hinterm Horizont so etwas wie Glück. Auf dieser Glückswelle surfend fragte er seinen Freund geradeheraus, was ihm schon seit über einer Woche auf der Zunge lag: „Wer hat dir eigentlich diesen Scheiß verkauft?"

„Willst du ihn verhaften?", fragte Zoltán lachend und Ribarski antwortete gelangweilt: „Wenn's meine Zeit erlaubt ..."

Sie rauchten fertig und sahen noch eine ganze Weile fasziniert zu, wie der Wind die Wolken über den Himmel trieb. Dabei sorgte er für ein Festival des Lichtes. Mal grelle Sonne, dann raffiniert abgeblendet, später zart tastende Sonnenstrahlen zwischen dramatisch schwarzen Wolken, plötzlich nur fahles Frühlingslicht, dann wieder Glanz und Gloria hinter einer gewaltigen Wolkenbank. Abwechslung im Sekundentakt. Schließlich gingen sie zu ihren Maschinen zurück. Bevor sie ihre Helme aufsetzten, sagte Ádám: „Der Portier von Meyer & Wagner handelt mit diesen Killer-Tschick."

„Meyer & Wagner? Kenn ich die?"

„Eine große deutsch-österreichische Spedition. Die haben im Hafen eine Niederlassung. Der Portier dort ist der von dir gesuchte Dealer."

*

Andy Zwertnik, sein Boss, hatte angerufen und ihn für heute Samstag und morgen Sonntag als Securitymann in den Club zitiert. Ein anderer war krank geworden, und Schiwkow musste einspringen. Weil Schiwkow immer einspringen konnte und wollte, war er für Zwertnik wichtig. Deshalb hatte Zwertnik Schiwkow auch mit der Arbeitserlaubnis und all dem anderen bürokratischen Kram geholfen. Und so stand Schiwkow nun in seinem schwarzen Armani-Anzug vor dem Club in der schmalen Gasse im siebenten Wiener Gemeindebezirk. Sein Job war klar: alle, die nett, jung und auf Tanzen aus waren, hineinzulassen. Alle, die schon einiges geladen hatten oder die merkwürdig drauf waren, abzuweisen. Simple as that. Immer wieder kamen Pärchen oder größere Gruppen, die er alle hineinließ. Drinnen hatte sowieso Chris Dienst, der machte hinter der Tür noch einmal eine Gesichtskontrolle. Der Club füllte sich allmählich, und kurz nach Mitternacht kam Chris mit einem doppelten Espresso in der Hand zu Bojko heraus.

„Da, Oida. A bisserl a Aufputschmittel, damit du mir net einschlafst da heraußen vor der Tür."

„Danke, Chris. Einschlafen kannst drinnen net. Sehr laut heute."

Chris winkte gelangweilt ab: „Hearst, i hab schon neben voll aufgedrehten Lautsprecherboxen gemützelt[53]. Das ist alles nur a Frage, wie fertig du bist. Wennst voll streichfähig bist, schlafst auch beim Lärm ein."

---

[53] schlafen

Bojko nippte an dem Espresso und beobachtete, wie ein schwarzer Geländewagen von der Mariahilfer Straße in die schmale Einbahnstraße einbog und rasant näher kam. Er bremste abrupt vor dem Club, zwei Typen sprangen heraus und gafften Chris und Bojko an. Bojko nahm den letzten Schluck Espresso und stellte die Kaffeeschale auf den Gehsteig. Chris schnauzte einen der Kerle an: „Was ist? Ist was?"

Statt zu antworten, stürzten sich beide auf den Bulgaren. Bojko trat dem ersten ins Gemächt und rammte den Schädel des zweiten gegen die Hausmauer. Plötzlich stand der Fahrer des Wagens neben Bojko und schlug ihm mit einem Baseballschläger gegen das rechte Knie. Der Bulgare sackte zusammen. Vor einem weiteren verheerenden Schlag rettete ihn Chris, der mit einem Feuerlöscher aus dem Club herausstürmte und weißen Löschschaum versprühte. Der, den Bojko in die Eier getreten hatte, zückte eine Pistole und schoss mehrmals auf Chris, ohne ihn zu treffen. Dann folgten Gebrüll und Schüsse, die von der Straße her abgefeuert wurden, Bojko kroch auf allen Vieren ins Lokal hinein, Chris gab ihm mit Unmengen von Löschschaum Deckung.

*

Helmuth Nowak hatte sich gründlich umgehört. Er fand heraus, dass Bojko Schiwkow eine Aufenthaltserlaubnis besaß, die ihm eine Größe des Wiener Nachtlebens verschafft hatte. Nowak suchte den Mann auf, der ihm berufsbedingt schon einige Male über den Weg gelaufen war. Er hieß Andy Zwertnik. Ein gar nicht so unebener[54] Typ, der Manieren und Stil hatte. Das bewies auch seine Wohnad-

---

[54] Ein gar nicht so übler Typ ...

resse: ein Penthaus direkt an der Wiener Ringstraße. Kurz
nach 13.00 Uhr läutete Nowak an der Penthaustüre. Es
dauerte eine kleine Ewigkeit, bis er Schritte und danach
ein Gefummel am Guckloch hörte. Schließlich wurden die
zahlreichen Schlösser der massiven Tür aufgesperrt, und
der Besitzer stand im Schlafrock mit zerrauften Haaren
und müden Augen vor ihm. Nowak wurde bewusst, dass er
die Schlafphase seines Gegenübers gestört hatte: „Jessasna! Andy, sei mir nicht bös. Ich wollt dich net aufwecken.
Ich hab gedacht, um ein Uhr mittags kann ich dich schon
besuchen kommen."

„Besuchen kannst mich immer kommen, die Frage ist,
ob ich da bin."

„Darf ich reinkommen?"

„Von mir aus. Jetzt bin ich eh wach. Magst einen Kaffee?"

„Gerne ..."

„Du bist der Nowak, gell? Der Polizei-Major?"

„Oberstleutnant."

„Na servus! Da hamma uns schon lang nimmer g'sehen."

Der Hausherr schlapfte[55] voraus in die Küche, wo er
eine Nespresso-Maschine einschaltete.

„Schwarz, blau oder rot?"

„Seit wann interessierst du dich für Politik, das ist doch
was für Loser."

Andy Zwertnik lachte kurz auf und erwiderte:

„Nix Politik – Kaffee. Schwarz ist der Starke, Blau der
Verlängerte und Rot der Kastrierte. Der mit ohne."

„Ah, der koffeinfreie ..."

„Genau. Also, welchen darf ich dir servieren?"

„Gib mir einen schwarzen. Ich brauch etwas gegen die
Mittagsmüdigkeit."

---

[55] schlurfen

Zwertnik ließ einen wunderbaren Espresso in eine kleine Schale laufen und servierte diese mit einer Portion Kaffeeobers und zwei Zuckersackerln.

„Das ist ja wie im Kaffeehaus bei dir ...“

„Na ja, gelernt ist gelernt.“

„Sag, du hast dich doch dafür starkgemacht, dass ein gewisser Bojko Schiwkow eine Aufenthaltserlaubnis bekommt.“

Zwertnik kratzte sich am behaarten Bein, schlürfte von seinem Großen Braunen einige Schlucke und blinzelte dann Nowak an: „Hat er was ausg'fressen, der Bojko?“

„So genau wiss ma des net. Es hat jedenfalls eine Schießerei in seiner Wohnung gegeben. Mit jeder Menge Blutspuren. Seitdem ist er untergetaucht.“

„Das wundert mich. Weil heute Nacht und auch morgen Nacht hat er wieder Dienst in einem meiner Clubs.“

„Glaubst, kommt er zum Dienst?“

„Sicher. Der Bojko ist absolut verlässlich. Wennst heute um Mitternacht in meinen Club im 7. Hieb[56] vorbeischaust, dann wird er dort vor der Tür stehen und seinen Dienst versehen ...“

Er nahm einen Schluck Kaffee und fügte grinsend hinzu: „... scheiß mich an, das hat sich jetzt gereimt ...“

Helmuth Nowak stand auf und lachte: „Das war's auch schon. Ich dank dir für die Auskunft.“

„Keine Ursache.“

Als Nowak schon fast bei der Tür war, rief ihm Zwertnik nach: „Bitte nah ihn nicht heute Nacht ein[57]. Ich brauch ihn als Türsteher. Bestell ihn zu dir ins Büro. Ich werd dafür sorgen, dass er kommt!“

---

[56] Bezirk
[57] verhaften

Nun musste Nowak grinsen, und er antwortete: „Ist in Ordnung. Wenn er was ausg'fressen hat, nah ich ihn erst bei mir im Büro ein!"

Da er wusste, dass die meisten Clubs frühestens um 22.00 Uhr ihre Pforten öffneten, setzte er sich daheim vor den Fernseher und schlief dabei prompt ein. Als er aufwachte, war es 20 Minuten nach 23.00 Uhr.

„Höchste Zeit für den Nachtdienst", murmelte Helmuth Nowak und richtete sich aus der halbliegenden Position, in der er im Fernsehsessel geschlafen hatte, auf. Er streckte sich, taumelte ins Bad und wusch sich mit kaltem Wasser das Gesicht. Nun war er wirklich munter. Im Vorzimmer schlüpfte er in seine Westernboots sowie in den Schulterhalfter, zog eine Jacke an, griff nach den Wohnungsschlüsseln und verließ seine Wohnung. Kurz überlegte er, ob er sein Auto holen sollte, ließ es jedoch bleiben. Im 7. Hieb in der Nacht gab es keine Parkplätze. Da war es klüger und wahrscheinlich auch schneller, mit der U2 hinzufahren. Er ging das Stück zur U-Bahn-Station Taborstraße und fuhr dann bis zum Museumsquartier. Als er beim Ausgang Mariahilfer Straße aus der U-Bahn kam, war er total überrascht, was hier los war. Im Museumsquartier, auf der riesigen Wiese davor und auf der Mariahilfer Straße, die ja nun eine verkehrsberuhigte Begegnungszone war, wimmelte es nur so von jungen Menschen. Nowak kam sich uralt vor. Nicht nur, dass er nicht gewusst hatte, dass hier an Freitagen und Samstagen in der Nacht die Post abging. Er registrierte auch, dass außer ihm weit und breit kein Erwachsener zu sehen war. Leicht frustriert wanderte er die Mariahilfer Straße hinauf und bog dann in die schmale Gasse ab, in der sich der Club befand. Als er nicht mehr allzu weit von dem Club entfernt war, hörte er hinter sich einen Motor aufheulen, ein schwarzer SUV schoss an ihm vorbei. Mit quietschenden Reifen hielt er vor dem Club, und binnen Sekunden entwickelte sich dort eine Rauferei. Nowak begann zu laufen und als einer der Kerle eine Pistole zog, zog er seine Dienstwaffe, brüllte „Polizei!" und feuerte ein paar Warnschüsse ab. Als er den Eingang des Clubs erreichte, waren die drei Angreifer bereits wieder in ihrem Wagen, gaben Vollgas und verschwanden. Keuchend hielt Nowak inne. Der eine Türlschnapper[58] schaute vorsichtig durch einen Spalt in der Tür. Außen auf der Straße war es gespenstisch ruhig. Außer des Oberleutnants Schnaufen war nichts zu hören. Nowak zückte seinen Ausweis: „Kriminalpolizei. Kommen S' einmal ausse da!"

„Wird eh nimmer geschossen?"

„Nein. Die Typen sind fort. Sagen S', was war das? A versuchter Überfall auf Ihre Disco da?"

„Mir sind a Club."

„Also gut, auf Ihren Club?"

„Die sind mit ihrem Kübel volle Wäsche hergebraust, haben gebremst, sind ausse und haben mit der Prügelei begonnen. Ohne einen Ton zu sagen. Und dann wollt mich einer erschießen."

„Das hab ich g'sehn. Deshalb hab ich ja Warnschüsse abgegeben."

„Ah, Sie waren das? Die Kugeln sind mir nur so um die Ohren gepfiffen. Zwei haben den Feuerlöscher getroffen und sind dann als Querschläger weitergeflogen."

„Darf ich den Feuerlöscher einmal sehen?"

Der Typ nickte, griff hinter sich, packte das Gerät und hielt es Nowak unter die Nase. Im selben Augenblick bog eine Funkstreife mit Blaulicht und Folgetonhorn in die Gasse ein. Nowak besah sich in aller Ruhe die zwei Dellen am Feuerlöscher. Als die Funkstreifenbesatzung aus dem Wagen sprang, zückte er neuerlich seinen Ausweis und

---

[58] Türsteher

rief: „Oberstleutnant Nowak, Sonderkommission. Dreht's das Blaulicht ab und macht's net so an Krach."

Der Dienstälteste der Polizisten musterte Nowaks Ausweis misstrauisch, dann meldete er knapp: „Uns wurde eine Schießerei gemeldet. Deshalb sind wir mit so einem Karacho angerückt."

Nowak winkte ab: „Ist schon gut. Ruft's bitte die Kriminaltechniker. Ich hab zwei oder drei Warnschüsse abgegeben. Einer von den Tätern hat auch drei Mal g'schossen. Da wüsst ich gerne, was das für eine Puff'n[59] war, die der g'habt hat."

Der uniformierte Polizist nickte und ging zum Funkgerät, Nowak wendete sich wieder dem Türlschnapper zu: „Wo ist denn Ihr Kollege? Der war doch vorher bei der Rauferei noch anwesend. Schiwkow heißt er, wenn ich mich nicht täusche ..."

Der Türlschnapper schaute den Oberstleutnant verblüfft an.

„Der ... der ... i weiß net ... ich glaub, der ist heimgegangen. Der hat a Verletzung am Haxen ... deswegen."

„Scheiße!"

Nowak riss die Tür des Clubs auf und ließ seinen Blick über die tanzende Menschenmenge wandern. Eine brutal laute Schallwolke hüllte alle im Raum Anwesenden ein und ihm wurde klar, dass keiner der Gäste irgendwas gehört, geschweige denn gesehen haben konnte. Er wendete sich dem Türlschnapper zu und brüllte: „Wo ist der Hinterausgang, wo der Schiwkow raus ist?"

Der Mann zeigte ihm den Weg, der hinter die Bar führte. Dort gab es einen Abstellraum und von dem ging eine Tür in einen schmalen Hof. Dieser war ziemlich leer. Nur ein paar Mistkübeln standen herum. Und dann war da

---

[59] Pistole

auch noch die Tür, die zu den Stiegen des Hauses sowie zu dessen Haupteingang führte. Nowak sah sich im Hof und im Stiegenhaus um. Und als sich seine Augen an die Dunkelheit gewöhnt hatten, sah er jede Menge Taubenkot, einige am Boden liegende Papierln sowie ein benutztes Kondom samt zerknülltem Papiertaschentuch. Aber von Schiwkow fehlte jede Spur.

*

Bojko hatte sich mit großer Mühe ins Hotel zurückgeschleppt. Das Knie schmerzte höllisch. Zum Glück gab es im *Terminus* eine rund um die Uhr besetzte Rezeption. Hier orderte er einen Kübel Eiswürfel und zwei dünne Handtücher, mit denen er sich oben im Zimmer einen Eiswürfelverband anfertigte. Das brachte eine vorübergehende Linderung der Schmerzen. Im Fernsehen lief irgendein Krimiklassiker. Doch Bojko schlief, nachdem er sich mit seinem Verband aufs Bett gelegt hatte, umgehend ein.

Als er Stunden später aufwachte, lag er im Nassen. Die Eiswürfel waren geschmolzen und hatten einen riesigen nassen Fleck auf dem Bett hinterlassen. Der ursprünglich so herrlich kühle Verband war feucht und hatte Körpertemperatur. Leise fluchend humpelte er zum WC, wo er seine übervolle Blase entleerte. Kurz überlegte er, ob er sich neuerlich Eiswürfel von der Rezeption heraufholen sollte. Doch die Müdigkeit übermannte ihn wieder. Er wankte zu seinem Bett zurück, legte sich vorsichtig auf einem nicht feuchten Stück nieder und schlief sofort ein. Im Traum verfolgte ihn nun die Funkstreife, die vorher mit Blaulicht und Folgetonhorn für so viel Aufsehen gesorgt hatte, dass er sich durch den Hinterausgang unbemerkt aus dem Staub hatte machen können. Dieses Höllengefährt hetzte ihn nun mit Blaulicht durch die

Stadt. Ihn, der ein kaputtes Knie hatte und nicht wirklich schnell laufen konnte. Er flüchtete über die Grenze nach Ungarn, wo er von zwei strengen Grenzpolizistinnen angehalten wurde. Eine der beiden sah aus wie Penny. Er wollte sie gerade ansprechen, als die teuflische Funkstreife auch hier auftauchte. Sie hatte mittlerweile die Größe eines Kampfpanzers angenommen und raste mit Suchscheinwerfern, Blaulicht und Folgetonhorn auf ihn und die beiden Grenzpolizistinnen zu. Als diese das Monster sahen, stiegen sie in ihren Dienstwagen und braust en davon. Bojko blieb nichts anderes übrig, als in einen Graben zu springen. Die Verfolgungsmaschine walzte über ihn hinweg. Er bekam keine Luft, Todesangst. Mit einem Ruck setzte er sich auf. Er war schweißgebadet. Neuerlich humpelte er hinaus ins Bad. Diesmal nicht um Wasser zu lassen, sondern um Wasser zu trinken. Sein Hals war komplett ausgedörrt. Nachdem er einen Zahnputzbecher voll Wasser in sich hineingeschüttet hatte, humpelte er zum Fenster. Draußen wurde es bereits hell. Zurück zum Bett. Wo war das verdammte Handy? Ah ja, das befand sich noch in seinem Anzug. Er fingerte es aus der Hosentasche heraus und sein Magen krampfte sich vor Zorn zusammen. Verdammt, sein schöner Anzug war total versaut. Jetzt musste er ihn wieder in die Reinigung tragen. Er checkte die Zeit auf dem Handy: 6.30 Uhr. Erschöpft ließ er sich zurück aufs Bett fallen, wo er in einen tiefen, traumlosen Schlaf fiel.

Das Läuten seines Handys weckte ihn. Es war 8.10 Uhr.

„Hallo ...?"

„Bojko? Zwertnik spricht. Das war ja eine schöne Scheiße letzte Nacht."

„Tut mir leid, Boss. Wurden überfallen von drei Männern."

„Scheiße!"

„Ja, Boss! Scheiße! Bin verletzt, am Knie. Kann kaum gehen."

„Ein Baseballschläger ... Chris hat es mir erzählt."

„Boss, bis heute Abend ich wieder fit. Ich arbeiten."

„Nein, das kommt nicht in Frage. Ich brauch topfite Türsteher."

„Boss, aber ich will arbeiten!"

Kurze Pause. Bojko hörte, wie Zwertnik einen tiefen Zug von seiner Zigarette machte und danach langsam ausatmete.

„Boss, ich will wirklich ..."

„Na gut. Pass auf: Du kommst am Montag in die Zentrale, in den 2. Bezirk. Mir fehlt dort seit letzter Woche eine Telefonistin. Die, die ich hatte, ist in Karenz gegangen. Traust du dir das zu, als Telefonist zu arbeiten?"

„Selbstverständlich, Boss. Wann soll ich Montag in Zentrale sein? Um acht Uhr oder halb neun?"

„Neun Uhr reicht. Meine Sekretärin, die Shahinaz, wird dich einweisen."

„Danke, Boss ..."

Aber Zwertnik hatte schon aufgelegt.

*

„Bojko, komm in mein Büro!"

Schiwkow zuckte zusammen. Seit 9:00 Uhr in der Früh saß er nun da, hob fleißig den Hörer ab, machte Notizen und verband zu Shahinaz oder in die Produktion. Ja, Zwertnik hatte nicht nur zwei Clubs und ein Laufhaus in Wien, sondern auch eine gut gehende Catering-Firma, die vom belegten Brötchen bis zum gekochten Hummer alles für Feste und Veranstaltungen lieferte. Und nun war sein Boss ohne ein „Guten Morgen" einfach so an ihm vorbeigerauscht und zitierte ihn ins Büro. Hatte er etwas falsch gemacht? Oder hatte die samstägliche Gewaltorgie ein Nachspiel? Mühsam stand er von seinem Bürosessel auf und humpelte in das Vorzimmer des Chefbüros. Shahinaz winkte ihn einfach nur durch und so betrat er mit klopfendem Herzen Zwertniks Büro. Der saß inzwischen an seinem PC und hämmerte wie wild auf sein Keyboard ein. Ohne aufzusehen sagte er zu Bojko: „Nimm Platz ..."

Er schrieb wie ein Wilder weiter, begann aber gleichzeitig, mit Bojko zu reden: „Ich hab mich wegen des Vorfalls am Samstag umgehört ..."

Also doch, dachte sich Bojko.

„Merkwürdigerweise habe ich nichts, rein gar nichts in Erfahrung bringen können. Eines scheint aber sicher zu sein: Der Überfall hat nicht dem Club gegolten. Ich hab dann noch einmal mit Chris geredet und der hat mir bestätigt, dass sich alle drei Kerle auf dich gestürzt hätten. Also ..."

Nun hielt Zwertnik mit dem Schreiben inne und sah Bojko forschend an: „Was hast du ausgefressen?"

„Ni... nichts Boss, gar nichts ..."

„Lüg mich nicht an! Was hast du ausgefressen?"

„Boss, ich weiß nicht ..."

„Was weißt du nicht?"

„Ich weiß nicht ... Aber seitdem mein Freund Jimmy Lee tot ist, werd ich verfolgt. Er wurde umgebracht."

„Von wem?"

„Ich weiß nicht!"

„War das der erste Anschlag auf dich?"

„Nein, Boss ... der vierte."

„Was? Scheiße! Und wer will dich da unbedingt ausschalten?"

„Chinesen. Familie von Jimmy Lee. Und ..."

„Und?"

„Noch jemand. Gestern, das waren Unbekannte."

„Scheiße."

Zwertnik lehnte sich zurück, schloss die Augen und dachte nach. Nachdem er einige Zeit so verharrt hatte, sagte er: „Pass auf, Bojko. Du weißt, ich mag dich, und ich hab dich auch immer gefördert. Aber jetzt scheinst du in etwas hineingeraten zu sein, das dich den Kopf kosten kann. Da ich meine Leute nicht hängen lass, schlag ich dir Folgendes vor: Du ziehst noch heute Abend zu Chris in das Haus. Weil deine Wohnung ist nicht mehr sicher."

„Im Prater das Haus? Das gehört dir?"

„Bingo. Ich regle das mit Chris. "

„Ich wohn eh in Hotel ..."

„Bist daheim auch schon überfallen worden?"

„Drei Mal."

Zwertnik pfiff durch die Zähne und ließ sich dann die Überfälle sowie die Entführung durch die Chinesen in allen Details schildern.

„Okay, du kannst ab sofort im Schrebergartenhaus bei Chris wohnen. Du brauchst mir vorläufig keine Miete bezahlen, dafür überschreibst du mir deine Wohnung im 20. Bezirk. Das ist der Deal."

Ohne zu zögern ging Bojko auf das Angebot ein: „Danke, Boss ..."

„Du hast ja ein Weitergaberecht in deinem Mietvertrag?"

„Ja, Boss."

„Gut. Dann ist das fix."

„Danke, Boss ..."

„Keine Ursache. Ich werde mit dem Chinesen reden. Mit dem Mr. Dong."

Bojko nickte.

„Ich werde mit ihm von Unternehmer zu Unternehmer reden. Der kann nicht einfach einen meiner Angestellten verfolgen. So geht das nicht. Und wenn Dong das nicht einsehen will, werden ein paar tote Chinesen die Donau hinunterschwimmen ..."

*

Kurz nach sieben Uhr morgens am Naschmarkt. Zwertnik hatte gerade seinen Club im 7. Bezirk abgerechnet und abgesperrt. Dann war er mit Chris, der heute für den Club verantwortlich gewesen war, über die Fillgraderstiege am *Café Sperl* vorbei zum Naschmarkt spaziert. Die beiden nahmen unter dem Wärmestrahler eines gerade öffnenden Lokals Platz. Ein junges Mädel kam und fragte höflich: „Was darf's sein?"

„Wo ist Dimitrij? Ich will ihn sprechen."

Das Mädel machte riesengroße Augen und stammelte: „Augenblick ..."

Ein junger, dunkelhaariger Typ kam an Zwertniks Tisch und beschied unwirsch: „Dimitrij ist nicht da."

Zwertnik schlug mit der flachen Hand auf den runden Alutisch, dass der Glasaschenbecher schepperte: „Dann ruf ihn gefälligst!"

„Wer bist du?"

„Zwertnik."

Der Typ zückte sein Handy, tippte eine Kurzwahl ein und sagte kurz und schnell etwas auf Russisch. Er lauschte, nickte und sagte dann: „Da!"

Er steckte das Handy weg und sagte in höflichem Tonfall: „Dimitrij kommt in fünfzehn Minuten. Er möchte Sie inzwischen auf ein Frühstück einladen. Was wollen Sie trinken? Tee? Kaffee?"

Zwertnik bestellte einen großen Braunen, Chris einen Schwarztee. Das junge Mädel servierte ein üppiges Frühstück und Chris brummte zufrieden: „Da sollt ma öfters frühstücken hergehen ..."

Zwertnik war in Gedanken versunken und nickte nur. Nach circa zwanzig Minuten kam ein kahlköpfiger, älterer Mann mit graumeliertem Bart um die Ecke. Zwertnik stand grinsend auf und umarmte Dimitrij.

„Danke, dass du so rasch gekommen bist ..."

„Ach, musste sowieso auf den Naschmarkt. Zwertnik, wie geht es dir? Hat das Frühstück geschmeckt?"

„Es war fabelhaft. Der Chris, mein Mitarbeiter, meinte, wir sollten hier öfters frühstücken ..."

Dimitrij lachte und nahm sich einen Aluminium-Sessel, dem jungen Mädel rief er auf Russisch etwas zu. Sie brachte eine Kanne schwarzen Tee. Dimitrij goss sich ein, nippte am heißen Getränk, stellte die Schale auf den Tisch und fragte: „Wie gehen die Geschäfte ..."

„Ach, man kann nicht genug jammern. Aber sonst: Danke gut."

„Bei mir ist es ähnlich. Steuern, Gewerbebehörde, Marktamt – überall Schwierigkeiten ..."

„Ja, Schwierigkeiten ... deswegen möchte ich mit dir sprechen. Wie lange machen wir schon Geschäfte miteinander?"

„Fünfzehn Jahre?"

Zwertnik nickte und fuhr fort: „Wir haben immer für Ruhe gesorgt. Kein Aufsehen, keine Öffentlichkeit und auch keine Polizei."

Der Russe nickte.

„So haben wir es in Wien immer gehalten. Und wir sind gut gefahren mit dieser Strategie. Nun scheren aber die Chinesen aus."

„Was? Mr. Dong macht Zores?"

„Der tote Chinese im Prater vor zwei Monaten war Dongs Ziehsohn."

„Man hat mir berichtet. Danach gab's sogar eine Schießerei in Dongs Büro. Und dann seine Festnahme. Ich hab mich gewundert. So was tut man nicht."

„Du sagst es, Dimitrij. Aber das ist noch nicht alles. Dong hat einen meiner Mitarbeiter entführt. Der konnte sich befreien, danach ist ein Rollkommando von Chinesen in seine Wohnung gekommen. Es hat neuerlich eine Schießerei gegeben. Mein Mitarbeiter konnte fliehen."

„Das ist nicht gut. Das ist gar nicht gut."

„Am Samstag wurde mein Mitarbeiter vor meinem Club von drei Männern überfallen. Keine Chinesen. Weiße."

Dimitrij verzog das Gesicht zu einer verärgerten Grimasse.

„Ich wollte dich bitten, dass du dich einmal umhörst, wer diese Typen waren. Tschetschenen, Moldawier, Ukrainer ..."

„Können auch Slowaken, Ungarn oder Serben sein ..."

Zwertnik schüttelte den Kopf: „Ich hab mich auch schon umgehört. Slowaken oder Serben waren es definitiv nicht. Übrigens, was du auch wissen solltest: Mein Mitarbeiter war mit Jimmy Lee, dem Ziehsohn von Dong, eng befreundet. Seit der tot ist, wird mein Mitarbeiter verfolgt."

„Merkwürdig. Sehr merkwürdig."

Dimitrij faltete die Hände vor seinem Gesicht und starrte ins Leere. Nach einiger Zeit seufzte er: „Ich glaube, wir werden mit Mr. Dong reden müssen ..."

*

Bojko genoss das Wohnen im Grünen. Das Zusammenleben mit Chris gestaltete sich alles in allem viel angenehmer, als Bojko es sich gedacht hatte. Chris war ein manischer Heimwerker. Obwohl ihm das Schrebergartenhaus nicht gehörte, werkelte er dauernd daran herum. Ständig besserte er etwas aus, renovierte und pflegte das kleine Anwesen. Einmal strich er den Zaun, dann schmierte er alle knarrenden Türangeln, ein anderes Mal sorgte er dafür, dass der Abfluss in der Dusche wieder funktionierte, oder er arbeitete im Garten. Und wenn absolut nichts zu tun war, schwang er sich auf das alte Waffenrad, das Bojko ihm verkauft hatte, und fuhr auf der Donauinsel oder im Prater spazieren. Auch Chris' Liebesleben störte Bojko nicht. Chris hatte einen Hang zu jungen Mädchen. Und so schleppte er hin und wieder an einem Samstag- oder Sonntagmorgen, nach der Sperrstunde des Clubs, das eine oder andere dieser naiven Dinger zu sich nach Hause ab. Das geschah in der Regel mit einem Taxi. In diesen Fällen hörte Bojko gegen fünf Uhr morgens das Brummen eines Dieselmotors vor der Schrebergartentür. Bojko dachte sich dann immer: „Jetzt bringt er seinen Hormonspiegel in Ordnung", drehte sich um und schlief weiter. Zu Mittag, wenn Chris nach einer Nachtschicht aufwachte, machte Bojko ihm stets den Morgenkaffee. Wenn Chris mit dem Taxi gekommen war, machte er automatisch zwei. Denn nach dem Morgenkaffee setzte Chris die Mädchen gnadenlos vor die Tür. Da konnten sie noch so schmollen oder weinen, Chris blieb hart. Nach einem besonders tränenreichen Hinauswurf grummelte Chris: „Stell dir vor, so eine Funsn[60] hast täglich 24 Stunden am Hals. Da wirst narrisch ..."

Bojkos Liebesleben war derzeit nicht existent. Hatte er früher hin und wieder eines der Clubbing-Hühner meistens im Hinterhof des Clubs stehend zwischen den Mülltonnen gefickt, so hatte er im Moment weder Gelegenheit noch Lust auf einen Quickie. Im Gegenteil, wenn er manchmal in dem Schrebergarten auf der alten, knarrenden Hollywoodschaukel lag und die milde Wärme der Frühlingssonne genoss, kam ihm diese attraktive Polizistin in den Sinn, die er vor Monaten kennengelernt und im Prater wieder getroffen hatte. Ein seltsames Kribbeln kroch da durch seinen Bauch, und er begann, tagzuträumen. Wie er mit ihr laufen und Rad fahren gehen würde. Wie er den wunderbaren Geruch ihres Schweißes, den er damals im

---

[60] Schimpfwort für ein weibliches Wesen; eigentliche Bedeutung: kleines Licht

Prater geschnuppert hatte, immer wieder aufs Neue riechen würde. Wie er sie umarmen und in ihre Aura eintauchen würde. Diese Phantasien waren so beglückend, dass er dabei meistens einschlief.

Sein neuer Job als Telefonist gefiel Bojko. Zwertnik und auch dessen rechte Hand Shahinaz waren total überrascht, wie schnell er sich einlebte. Bojko notierte alle Anrufe penibel, vergaß nie, etwas auszurichten, war hilfsbereit und höflich und wirkte am Telefon mit seinem leichten slawischen Akzent und seiner weichen, sonoren Stimme ausgesprochen sympathisch. Und so wurde sein Lohn nach oben angepasst. Nicht mehr eine Pauschale von 20 Stunden pro Woche, sondern einen regulären 40-Stunden-Verdienst konnte Bojko nach dem ersten Monat seiner Telefonisten-Tätigkeit mit nach Hause nehmen. Das bremste auch seine Lust, Fahrräder zu stehlen. Sein Spezialwerkzeug samt Spezialhalfter lag unbenutzt in seinem Koffer, den er unter das schmale Bett geschoben hatte, das ihm zur Verfügung stand. Die Platzverhältnisse in dem einstöckigen Schrebergartenhaus waren ausreichend: Im Erdgeschoss gab es ein großes Wohnzimmer samt offener, geräumiger Küche sowie WC und Bad. Außerdem führte eine ziemlich steile Treppe ins Obergeschoss, wo sich links und rechts des Treppenaufgangs jeweils ein kleines Schlafzimmer befand. So konnten sich Bojko und Chris jederzeit zurückziehen, falls einer der beiden Lust auf Alleinsein hatte. Da Chris keinerlei Ahnung von Kochen hatte, Bojko aber bei seiner Großmutter aufgewachsen war und von ihr eine Fülle bulgarischer Gerichte kochen gelernt hatte, kamen sich die beiden Männer auch in der Küche nicht in die Quere. Im Gegenteil: Chris aß gerne mit, wenn Bojko kochte. Und neulich brummte er sogar anerkennend: „Das war echt guat ... Das ewige Pizzafressen und der in der Mikrowelle aufgewärmte Tiefkühlschas sind mir eh schon auf die Nerven gegangen."

Jetzt, wo es auch in den Morgenstunden nicht mehr grausam kalt war, verlegte Chris seine sexuellen Aktivitäten auf die Hollywoodschaukel im Garten. Das alte Ding ächzte dabei immer ganz heftig und Bojko, der das oben in seiner Dachkammer natürlich hörte. musste stets grinsen. Sex im Grünen. Warum nicht? Das dachte er sich auch an diesem warmen Sonntagmorgen, als er zuerst ein Motorgeräusch und dann heftiges Ächzen der Hollywoodschaukel sowie Keuchen und Fluchen und einen unterdrückten Schrei aus dem Garten hörte. Fluchen und schreien? Plötzlich war er hellwach.

Splitternackt, wie er geschlafen hatte, springt Bojko auf, blickt beim Fenster hinaus und erstarrt. Im morgendlichen Dämmerlicht sieht er zwei Typen, die Chris auf der Hollywoodschaukel zu fixieren versuchen. Ein Dritter will ihn mit dem Kissen, das auf der Schaukel liegt, ersticken.

„Chris!"

Die Treppe knarrt. Bojko reißt die Tür auf. Ein kurzhaariger Kerl mit hässlichen Tattoos an Hals und Schädel stapft die Treppe herauf. Bojko holt mit dem Fuß weit aus. Sein Tritt landet in der hässlichen Fresse. Der Tätowierte wankt. Bojko tritt neuerlich hin. Diesmal trifft er den Kehlkopf. Der Hässliche macht gurgelnde Geräusche. Kollert die Treppe hinunter. Bojko ihm nach. Die letzten drei Absätze springt er. Krachend landen 120 Kilo Lebendgewicht auf dem Tätowierten. Ein spitzer Schrei. Gurgelndes Ringen nach Luft. Bojko splitternackt hinaus in den Garten. Der Typ mit dem Polster, ein Kerl mit langem, blondem Pferdeschwanz, lässt von Chris ab. Zieht eine Pistole. Bojko zurück ins Haus. Das Ploppen schallgedämpfter Schüsse. Auf dem Gasherd beginnt die Bialetti-Kaffeemaschine zu blubbern. Chris wollte Kaffee ...

Der Pferdeschwänzige stürmt herein, Bojko schleudert ihm die brennheiße Kaffeemaschine mit kochendem Inhalt ins Gesicht. Schmerzensschreie. Er taumelt auf Bojko zu. Der packt ihn bei seinem Pferdschwanz und drückt den Schädel auf die brennende Flamme des Herdes. Der Pferdeschwänzige brüllt wie besessen. Er wehrt mit dem Arm die Flammen ab. Das Plastik der Bomberjacke fängt Feuer. Die zwei anderen Typen stürzen herein, einer ebenfalls mit einer schallgedämpften Waffe. Er feuert. Bojko benutzt den brennenden Kerl als lebenden Schutzschild. Projektile schlagen in dessen Körper ein. Blut spritzt. Bojko stürzt sich auf den Pistolero. Tritt ihm die Waffe aus der Hand. Rammt dessen Schädel gegen die Zarge der Eingangstür. Der dritte Mann zückt ein Messer. Plötzlich trifft ihn etwas. Er bekommt große, fragende Augen. Geht in die Knie. Hinter ihm Chris schwer atmend mit einer blutigen Spitzhacke. Der Brennende greift sich eine Pistole. Schießt wild schwankend in der Gegend herum. Bojko nimmt den Typ, dessen Schädel gegen die Zarge knallte, als Schutzschild. Nun sieht er Chris' staunendes Gesicht. Scheiße! Eine Kugel reißt eine blutende Wunde in seine Brust. Eine weitere zerfetzt seinen Bauch. Dann noch eine und noch eine! Das Magazin ist leer. Der Pferdeschwanz ist nun eine menschliche Fackel. Er wälzt sich am Boden. Der Teppich fängt Feuer. Zwei Vorhänge brennen schon. Aus dem Herd strömt Gas. Bojko springt aus dem Haus. Packt dabei den wankenden Chris und macht einige große Sätze mit ihm. Wirft sich nieder, dann bebt die Erde. Ein Feuerball. Trümmer des Schrebergartenhauses fliegen durch die Gegend. Für Sekunden verliert Bojko die Besinnung. Als er wieder zu sich kommt, steht das gesamte Haus in Flammen. Splitternackt klettert er auf dem von Chris liebevoll zusammengezimmerten Blumenspalier, das an die Hausfassade montiert war, zu seinem Schlafzimmerfenster empor. Dieser Teil des Hauses war zum

Glück nicht vom explodierenden Gasherd zerstört worden. Er schnappt seine Jeans, sein T-Shirt, seine Schuhe, seinen Koffer. Wirft alles beim Fenster hinaus. Dichter Rauch. Flammen. Ein brennender Balken kracht herunter. Streift Bojkos Oberarm, Oberkörper und Schenkel. Höllischer Schmerz. Bojko hat nur ein Ziel. Das Fenster. Höllisch heiße Gase. Nichts wie hinaus! Sprung hinunter. Landung am weichen Rasen. Aufrappeln, anziehen. Jeans, T-Shirt und Schuhe. Koffer schnappen und weg. Sieht Chris in der Wiese. Kniet neben ihm nieder. Puls? Negativ. Atem? Negativ. Plötzlich feuchte Augen. Bojko muss sich zusammenreißen. Scheiße, Mann. Kurzes Zögern. Greift dann in Chris Lederjacke. Pass und Brieftasche. Einstecken und weg! Nichts wie weg! Vorbei an Nachbarn. Lauter ältere Leute. Sie starren ihn an. Ihn und das Inferno. Aus der Ferne Folgetonhörner.

*

„Chris ist was?"

„Tot."

„Wo bist du?"

„In den Praterauen. Das Haus brennt"

„Was?"

„Dein Haus brennt, Boss."

„Was war da los?"

„Überfall. Vier Typen."

„Scheiße."

Kurze Pause.

„Du kommst jetzt sofort zu mir her."

„Wohin, Boss?"

„In mein Büro, im Laufhaus."

„Triester Straße?"

„Genau. Wann bist da?"

„Ich muss zu U-Bahn ..."

„Gut. Fahr U-Bahn. Für das letzte Stück brauchst eh ein Taxi.“

„In Ordnung, Boss.“

„Noch was: Bist du verletzt?“

„Verbrannt. Links. Schulter ... Oberkörper ... Schenkel.“

„Ich werd einen Arzt rufen.“

„Danke, Boss.“

*

„Dong!!!“

Bojko zuckte zusammen. So hatte er Zwertnik noch nie schreien gehört. In dem chinesischen Restaurant war es augenblicklich mucksmäuschenstill.

„Dong!!!“, brüllte Zwertnik neuerlich und trat gegen einen Tisch, auf dem ein Vorspeisenbuffet aufgebaut war. Krachend und klirrend brach es in sich zusammen. Zwertnik gab seinen Leuten mit dem Kopf einen Wink und eine Orgie der Zerstörung begann. Einer der Köche stellte sich Zwertniks Männern entgegen. Mit Kung-Fu-Tritten versuchte er, einen der Typen zu attackieren. Leider waren Zwertniks Leute alle kampferprobte Mitglieder eines Mixed Martial Arts-Club, den Zwertnik seit Jahren finanzierte und dessen Mitglieder ihn dafür bei Aktionen wie dieser unterstützten. Plötzlich ging eine Seitentür auf und Dong stürzte sich gemeinsam mit zwei Leibwächtern in das Kampfgetümmel. Zwertnik rührte keinen Finger. Mit steinerner Miene beobachtete er den topfitten Dong beim Kämpfen. Er brachte tatsächlich einen der Mixed Martial Art-Kämpfer – einen Riesen von zwei Meter Körpergröße – in Bedrängnis. Auch die anderen beiden Chinesen waren Meister der Kampfkünste. Trotzdem: Die Mixed Martial Arts-Kämpfer waren in der Überzahl. Bojko, dem seine Brandwunden total schmerzten, stand neben Zwertnik, der ihn von Anfang an zurückgehalten hatte. An ihnen vorbei flüchteten sämtliche Gäste des Lokals. Ein chinesischer Ober lief ihnen nach und versuchte, die Konsumation zu kassieren. Er hatte keine Chance. Die Gäste beschimpften ihn und das Lokal, schüttelten ihn ab und verschwanden. Als nur noch Kämpfer im Restaurant waren, brüllte Zwertnik: „Dong!!!"

Dimitrij stand plötzlich neben Zwertnik. Hinter den beiden drängten russische Schläger in das Lokal. Alle erstarrten. Dimitrij räusperte sich und sprach Dong direkt an: „Ich wünsche Ihnen einen guten Abend, Mr. Dong. Was machen Sie da? Ich glaube, Sie verwechseln unser schönes Wien mit Hong Kong. Ich dachte immer, Sie sind Unternehmer. Aber vor mir sehe ich hier den Darsteller eines zweitklassigen Kung Fu-Films."

Dong verbeugte sich mit eisiger Miene vor Dimitrij. Zwertnik ergriff nun das Wort: „Die Verwüstung Ihres Lokals ist die Vergeltung für das, was Sie meinem Mitarbeiter Schiwkow – hier – angetan haben. Außerdem haben Sie ein Haus, das mir gehört, abgebrannt. Dafür sind Sie mir ebenfalls noch etwas schuldig."

Dong antwortete mit wutbebender Stimme: „Mister Dong hat kein Haus abgebrannt. Und Schiwkow haben wir auch nicht mehr verfolgt."

„Sie geben also zu, dass Sie meinen Mitarbeiter verfolgt haben?"

„Das wissen alle. Sogar die Polizei. Das ist aktenkundig."

Plötzlich ertönten Polizeisirenen. Zwei Mannschaftstransporter mit Einsatzpolizisten hielten quietschend vor dem Restaurant. Blaulicht zuckte. Die Uniformierten drängten ins Lokal. Ein Polizeioffizier betrachtete mit kritischem Blick das Schlachtfeld.

„Wer ist der Besitzer des Lokals?"

Dong trat vor, verbeugte sich und sagte leise: „Das ist mein Lokal."

„Wurden Sie überfallen?"

Dongs Gesicht glich einer Maske: „Nein. Das hier ist eine Feier."

„Was? Eine Feier soll das sein?"

„Chinesischer Junggesellenabschied. Der wird mit viel kaputten Tellern und Tassen gefeiert. Chinesischer Brauch."

„Sind Sie sicher, dass Sie nicht überfallen wurden?"

„Absolut sicher. Das sind alles Freunde."

Mr. Dong klatschte in die Hände und rief: „Maotai Schnaps für alle!"

Zwertnik klatschte in die Hände und rief: „Hoch lebe Mister Dong!"

Dimitrij, Bojko und alle anderen stimmten ein. Den Polizisten blieb nichts anderes übrig, als die Personalien der Versammelten aufzunehmen und sich danach zu verabschieden. Als die Mannschaftsbusse der Polizei weg waren, zogen sich Dong, Dimitrij, Zwertnik und Bojko in einen hinteren Raum des Restaurants zurück. Dort redeten sie lange und ausführlich. Zwertnik wies darauf hin, dass die Unruhe, die Dongs Attentate in Wien gestiftet hatten, ihm und auch Dimitrij ein Dorn im Auge seien. Dong nahm das zur Kenntnis und schwor Stein auf Bein, dass er weder den Überfall auf Zwertniks Club noch jenen auf dessen Gartenhaus in Auftrag gegeben hatte. Schlussendlich äußerte Dong gegenüber Zwertnik eine Vermutung, die diesen sehr nachdenklich machte. Bojko hörte mit, aber es kratzte ihn kaum. Seine Schmerzen wurden immer schlimmer. Als sie aufbrachen und Zwertnik sah, dass Bojko ganz weiß im Gesicht und total schweißgebadet war, brummte er: „Ich bring dich jetzt ins Lorenz Böhler-Unfallkrankenhaus. Vorher müssen wir noch deine Identität ändern, weil die Bullen dich suchen. Du hast g'sagt, dass du Chris' Pass hast?"

Bojko nickte.

„Gut. Wir färben deine Haare blond und dann bringen wir dich mit seinem Pass und seiner Sozialversicherungsnummer im Lorenz Böhler unter. Wir sagen, dass das ein Grillunfall war ..."

*

„Servus, Herr Kommerzialrat."

„Herr Doktor, meine Verehrung!"

Danzenberger erhob sich ächzend aus dem Kaffeehaussessel, um dem Rechtsanwalt Zweinetter die Hand zu schütteln.

„Ich bitt dich, bleib sitzen. Mach dir keine Umstände."

„Schön, dass wir schon heraußen sitzen können."

„Ja, unter den Arkaden ist es immer ein bisserl geschützter. Außerdem dürf ma da rauchen."

Wie auf Kommando griffen die beiden Herren zu ihren Zigarettenpackerln und zündeten sich jeweils einen Glimmstängel an. Zweinetter bestellte auf Danzenbergers Empfehlung hin Roastbeef mit Solospargel und Salatgarnitur.

„Das ist zum Lunch gerade richtig. Und man hat nachher noch Platz für eine der süßen Köstlichkeiten."

Die beiden saßen unmittelbar neben dem Wiener Rathaus unter den Arkaden eines prachtvollen Gründerzeithauses, in dem sich die 1891 gegründete Konditorei *Sluka* befand.

„Stell dir vor, gestern war ich mit dem Herrn Polizeipräsidenten Mittagessen. Ich wollt ihn ins *Hilton Plaza* einladen, aber das hat er glatt abgelehnt. Na ja, dann war ma halt im *Rebhuhn*. Das war auch net schlecht."

„Und was hast mit ihm besprochen?"

„Besprochen? Beschwert hab ich mich!"

„Aber geh! Über wen denn?"

„Na, über diese ganze unverschämte SOKO-Partie. Und ganz besonders über das Mensch. Über diese Revierinspektorin Lanz."

„Und? Hat's was gefruchtet?"

„Geh! Überhaupt nicht! Auf diesem Ohr war der Herr Polizeipräsident komplett taub. Der hat nur g'meint, dass die Kollegen und die Kollegin von der SOKO hervorragende Arbeit leisten. Und dass, wo gehobelt wird, halt auch Späne fliegen. Kannst du dir das vorstellen?"

„Na ja ... Schleißig arbeiten s' ja wirklich nicht bei der SOKO. Wenn sich die in einen Fall verbeißen, na dann gute Nacht. Die lassen nicht locker."

„Aber ich bitt dich, das geht doch nicht. Wir sind doch in Wien."

„Was glaubst, warum die einen Piefke in ihren Reihen haben?"

Danzenberger rührte mit dem Löffel nachdenklich in seinem großen Braunen, trank einen Schluck und schaute dann den Rechtsanwalt grantig an: „Aber der Chef von denen, der Oberst Dirnberger, ist ja auch so. Total verbissen. Kein bisserl locker. Stell dir vor, der hat mich unlängst sogar aus seinem Büro rausgeschmissen."

„Was wolltest denn vom Dirnberger?"

„Na, für den Dong, wollt ich intervenieren. Wie s' ihn das erste Mal verhaftet haben."

„Den haben s' übrigens schon wieder verhaftet. Aber ich hab ihn gegen eine Kaution von 250.000 Euro rausbekommen."

Danzenberger pfiff leise und murmelte: „250.000 Euro ..."

„Den Dong hat dein Schatziputzi, die Revierinspektorin Lanz, übrigens unlängst ganz arg beleidigt. Zuerst hat sie seinem Leibwächter in die Schulter geschossen. Und dann war's auch noch saufrech beim Verhör. Na, mehr hat's nicht gebraucht. Der Dong, der alte Macho, hat sie eine Fotze und eine Frustbuchtel genannt."

Danzenberger lachte laut auf.

„Das ist aber net wahr!"

„Doch, doch. Was glaubst, wie ich mich zusammenreißen musste, um ernst zu bleiben."

„Das kann ich mir vorstellen. Ich hab gar nicht gewusst, dass mein alter Freund Dong Lu zu solchen Wutausbrüchen fähig ist."

„Das war blanker Hass. Der hat auf diese Lanz einen Pick[61], das kannst du dir gar nicht vorstellen."

„Ah so? Na, dann werd ich einmal mit ihm reden. Vielleicht finden wir einen Weg, wie wir ihr das große Maul stopfen können. Mit der hab ich nämlich auch noch eine Rechnung offen."

„Du sprichst von einer Polizistin."

„Na und?"

„Also bitte! Das hab ich aber jetzt nicht gehört!"

„Ich hab auch nichts gesagt, Herr Doktor."

*

Penny gähnte mehrmals. Gott, wie sie diesen Job hasste! Observation. Sie saß nun schon fünf Stunden in ihrem Mini und beobachtete den Pförtner der Spedition Wagner & Meyer. Ribarski hatte keinen Blödsinn erzählt. Zu dem Pförtner kamen tatsächlich immer wieder Menschen, die ihm Geldscheine zusteckten, worauf er ihnen eine oder mehrere Stangen Zigaretten aushändigte. Der Kerl sollte eine Trafik aufmachen ...

Penny musste pinkeln. Auf ihrem Handy überprüfte sie die Serie von Fotos, die sie von den Tabakgeschäften des Pförtners geschossen hatte. Okay, das würde reichen, dass

---

[61] einen Groll hegen

der Staatsanwalt einen Durchsuchungsbefehl für die Spedition Wagner & Meyer unterschrieb. Wie groß wohl das Lager an Killer-Tschick war? Wenn der Pförtner täglich zwischen 25 und 50 Kunden versorgte, dann müsste das wohl ganz erheblich groß sein. Penny startete ihren Mini, klopfte den ersten Gang hinein und gab Gas. Mit quietschenden Pneus fuhr sie davon und suchte verzweifelt den Imbissstand, von dem Ribarski erzählt hatte. Ah, da war er! Sie bremste sich auf dem Schotterparkplatz ein, sprang aus dem Wagen, versperrte ihn und rief der Frau, die gerade einem Kunden eine Käsekrainer aufschnitt, zu: „Ich krieg auch a Eitrige[62]! Und ein Cola!"

„Siaß oder schoaf?[63] Mit an Semmerl oder einem Buckel[64]?"

„Scharf! Mit an Buckel!"

Und schon war sie auf der Toilette verschwunden, wo sie sich erleichterte. Als sie danach entspannt zur Theke des Würstelstandes schlenderte, grinste sie ein Typ an, der dort lehnte, und fragte: „Na, hammas schon sehr eilig gehabt? Is was ins Hoserl gegangen oder is das Hoserl trocken geblieben?"

Wenn Penny nicht einen Bärenhunger gehabt hätte, wäre sie nun grußlos zurück zu ihrem Mini geschlendert und einfach weggefahren. So aber stellte sie sich neben den Mann und trat ihm mit dem Absatz ihrer Cowboyboots auf die Zehen. Der Kerl schrie auf. Penny schaute ihn mit unschuldiger Miene an und sagte: „T'schuldigung! Jetzt ist mir wirklich was danebengegangen ..."

*

---

[62] Käsekrainer: eine mit Käsewürfeln bestückte Bratwurst. Wenn die Haut der Wurst beim Braten aufplatzt, rinnt der Käse aus. Sieht aus wie Eiter.
[63] Süßen oder scharfen Senf?
[64] Brot

Gegen 20 Uhr bog ein Sattelschlepper von der Ostauto-
bahn in Richtung Wiener Hafen ab. Zehn Minuten später
befand er sich vor dem verschlossenen Tor der Spedition
Wagner & Meyer. Nach mehrmaligem Hupen erschien der
Nachtportier.

„Was stört mich beim Fernsehen? Ich darf niemand
reinlassen. Komm morgen wieder!"

„Das sein Spezialauftrag von Chef. Von Till Meyer!"

„Was? Der Chef hat dir einen Spezialauftrag gegeben?
Kannst das beweisen?"

„Hier Papiere. Hier Fax. Von Meyer selbst unterschrieben. Dass du mich reinlassen musst."

„Ich muss gar nix. Außer sterben ..."

„Hier Fax von Chef. Ich extra fahren heute noch weg,
weil super dringend. Da schau!"

Der Fahrer war inzwischen von seinem LKW herunter-
geklettert und hielt nun dem Nachtportier das Fax sowie
einen Stapel Frachtpapiere unter die Nase. Der Pförtner
besah sich das Fax, das tatsächlich die Unterschrift von
Till Meyer, dem Geschäftsführer der Spedition Wagner &
Meyer, trug. Mühsam entzifferte er den Text – Lesen war
nicht gerade eine seiner Stärken. Er entnahm ihm so viel,
dass er den ungarischen Sattelschlepper heute Abend unbedingt noch hereinlassen müsse. Die Fracht war wichtig,
der LKW-Fahrer würde den Hänger abkuppeln und sofort
wieder fahren.

„Du bringst also nur die Fracht da her?"

„Genau, Kollega! Ich reinfahren, Hänger abkuppeln und
wieder wegfahren. Ich nix da bleiben."

„Na, wenn du net am Gelände übernachten willst, dann
ist das eh kein Problem. Komm rein."

Der Nachtportier machte das Tor auf und der Sattelschlepper fuhr auf das Speditionsgelände. Danach beobachtete er mit Argusaugen, wie der LKW-Fahrer den Hänger abkuppelte und danach sofort wieder zurück zum Tor

fuhr. Lachend sagte er aus dem Fahrerhausfenster: „Das war's schon, Kollega. Nix müssen Sorgen machen. Alles okay."

Der Pförtner antwortete: „Das Fax und die Frachtpapiere behalt ich. Die geb ich morgen an die Direktion weiter."

„Supa, Kollega. So mach ma das. Tschüss!"

„Hawedehre ...", brummte der Nachtportier, öffnete das Tor und sah versonnen der Zugmaschine nach, die in Richtung Osten in der Dunkelheit verschwand.

*

„Was zum Henker soll das?", brüllte Till Meyer am nächsten Tag, als ihm die Frachtpapiere samt dem Fax von seiner Sekretärin auf den Tisch gelegt worden waren. Zuerst hatte er Wichtigeres zu tun gehabt und den Stapel deshalb auf die Seite geschoben. Aber jetzt, kurz vor dem Mittagessen, hatte er sich den Stoß hergenommen und war verwundert. Und auch verärgert. Denn eines war klar: Gestern hatte er sicher kein eigenhändig unterschriebenes Fax abgeschickt. Und auch vorgestern nicht. Wenn er was von seinen Mitarbeiterinnen und Mitarbeitern wollte, dann sandte er ihnen eine E-Mail. Ins Ausland verschickte er manchmal Faxe. Prüfend betrachtete er die Unterschrift, die tatsächlich seiner eigenen sehr ähnlich war. Er hatte aber diesen Scheiß nicht unterschrieben! Wütend schlug er mit der Faust auf den Schreibtisch und brüllte: „Jennifer! Kommen Sie!"

Einige Sekunden später wurde die Tür des Büros geöffnet und die rothaarige Chefsekretärin betrat mit gefasster Miene die Höhle des Löwen.

„Herr Doktor Meyer, was gibt's denn?"

„Nennen Sie mich nich' andauernd Doktor. Ich hasse das. Ärzte sind Doktoren. Ich bin Wirtschaftswissenschafter und Geschäftsführer dieses Saftladens hier. Mensch!"

„Bitte sehr, Herr Doktor, wie Sie wünschen", antworte-te sie in mütterlichem Tonfall. „Was regt uns denn so auf?"

„Uns? Ihr Ösis mit eurem merkwürdigem Deutsch! MICH regt dieser olle Wisch hier auf. Ist meine Unter-schrift drauf. Hab ich aber nich' unterschrieben."

Mit ernster Miene nahm Jennifer Kwista dem Chef das Fax aus der Hand und studierte es. Dann murmelte sie: „Das ist aber merkwürdig ... Sieht aus, als wenn es aus un-serem Büro hier käme. Mysteriös ..."

„Sag ich doch!", Meyer schlug neuerlich mit der Hand auf den Schreitisch. Diesmal war's die flache Hand, da-durch zitterte der Tisch weniger. Grollend fügte er hinzu: „Und da soll ich mich nicht aufregen ..."

Leise klopfte es an der Tür. Meyer und Kwista schau-ten irritiert. Die junge Praktikantin, die unten im Empfang aushalf, öffnete die Tür einen Spalt und stammelte: „Ent... entschuldigen Sie die ... die Störung, aber die Po... Polizei ist da und will Sie sprechen."

Till Meyers Kopf wurde wieder rot. Er brüllte: „Die Bullen? Was haben die hier verloren?"

Die Tür wurde nun ganz geöffnet und Dirnberger trat in Begleitung von Penny ein.

„Sind Sie der Herr Dr. Meyer, der Geschäftsführer von Wagner & Meyer?"

„Der bin ich. Und wer sind Sie?"

„Oberst Dirnberger, Leiter der Sonderkommission. Wir haben hier einen Hausdursuchungsbefehl für Ihre Spedi-tion."

„Einen Hausdurchsuchungsbefehl? Sie ticken wohl nicht richtig?"

„Brüllen S' net herum und mäßigen Sie Ihre Ausdrucks-weise. Sonst nehmen wir Sie gleich mit. Wegen Behinde-rung einer Amtshandlung, Verschleierungs- und Verdun-kelungsgefahr."

„Ich glaub, ich bin im falschen Film."

„Nein, nein, wir sind hier schon im richtigen Film. Wir haben Ihre Firma observiert. Da wird ja munter mit Schmuggelzigaretten gehandelt."

„Mensch, ich bin Nichtraucher!"

„Macht ja nix! Deswegen können S' ja trotzdem mit dem Giftzeug handeln. Kollegin Lanz, holen Sie bitte die Kollegen, die sollen hier sämtliche Unterlagen, den PC und alles, was sonst noch herumkugelt, mitnehmen."

„Jennifer, rufen Sie unseren Anwalt. Das lass ich mir nicht bieten. Die können mir nicht einfach meinen Computer wegnehmen."

Penny eilte aus dem zweiten Stock, wo sich die Direktion befand, hinunter ins Erdgeschoss. Hier, in der Eingangshalle, warteten bereits mehrere uniformierte Kolleginnen und Kollegen auf Einsatzbefehle.

„Der Oberst hat g'sagt, ihr sollt's raufkommen und mit der Beschlagnahmung von Unterlagen beginnen. Holt's zuerst die Kisten für den Abtransport aus den Autos und dann geht's los. Zu zweit jeweils in jedem Stockwerk."

„Mach ma, Frau Revierinspektor!"

Penny trat vor das Verwaltungsgebäude und spähte über den Parkplatz der Spedition. Hier herrschte reges Treiben. Zwei Gabelstapler fuhren hin und her, es wurde auf- und abgeladen. Penny schlenderte zum Portiershäuschen, wo ein völlig blasser Portier saß. Neben ihm holten zwei Polizistinnen aus allen möglichen Stauräumen und Kästen, die es in diesem winzigen Gebäude gab, stangenweise Zigaretten hervor. Penny grinste zufrieden.

„Na, da hamma ja ein kleines Warenlager entdeckt ... jetzt werden wir schau'n, ob es auch noch ein größeres gibt."

„Die Kollegen von der Operativen Zollaufsicht müssen jeden Augenblick eintreffen."

„Ist schon gut. Wir haben Zeit."

Ein entladener LKW rollte zur Ausfahrt. Penny stoppte ihn und bat die eine Kollegin: „Gehen S', könnten S' bei dem da eine Fahrzeugüberprüfung machen? So genau wie möglich. Papiere, Tachograf, Profilstärke der Reifen et cetera. Ich möchte an diesem LKW auch unseren Suchhund schnüffeln lassen."

Die Polizistin grinste: „Geht in Ordnung, Frau Kollegin."

Fünf Minuten später, Penny hatte mittlerweile auch einem zweiten LKW die Ausfahrt verboten, kam die Operative Zollaufsicht mit dem Suchhund. Zuerst wurden die beiden LKW aufs Genaueste von dem Hund untersucht. Da er nichts fand und die Überprüfungen nichts Verdächtiges ergaben, durften sie schließlich fahren. Nach einer kurzen Pause nahm der Suchhund in dem riesigen Areal seine Arbeit auf. Penny dokumentierte mit einer Kamera den Zigarettenfund im Pförtnerhaus. Es handelte sich in Summe um 137 Stangen Marlboro. Die sichergestellten Zigaretten und den Pförtner ließ sie aufs Revier bringen. Da der Kerl hartnäckig schwieg, sollte er vorerst einmal in der Zelle ein bisschen Zeit zum Nachdenken bekommen. Plötzlich hörte Penny lautes Hundegebell. Sie sah, wie der Diensthund vor einem im Hof abgestellten Hänger anschlug. Penny eilte über den Hof, ein Beamter der Operativen Zollaufsicht hatte inzwischen die Versiegelung aufgebrochen und die Plane geöffnet. Auf der Ladefläche standen Paletten mit frischem Gemüse. Der Hund hörte nicht zu bellen auf. Also holten die Beamten einen Staplerfahrer her, der die vorderen Paletten ablud. Dahinter sahen dann alle das, was der Hund witterte. Paletten voll mit Zigaretten. Penny zückte ihr Handy und rief Dirnberger an: „Chef, wir haben gefunden, was wir gesucht haben. Wie viel? Na ja ... im Pförtnerhaus waren es 137 Stangen. Hier im Hof kann ich es noch nicht abschätzen. Es sind etliche Paletten. Das reicht auf alle Fälle, um den Piefke zu verhaften."

Dirnbergers Antwort zauberte einen Grinser auf ihr Gesicht. Sie antwortete in zuckersüßem Tonfall: „Ja, Chef. Ich weiß. Piefke sagt man nicht."

*

„Die Frau lügt! Lügt wie gedruckt!"

Penny bekam einen roten Kopf und knallte die von ihr gemachten Überwachungsfotos auf den Tisch.

„Und was ist mit diesen Fotos? Die habe ich während eines Tages vor Ihrem Einfahrtsportal geschossen. Im Pförtnerhaus Ihrer Firma ist es ja zugegangen wie in einer Tabaktrafik!"

„Tabaktrafik! Ihr Ösis mit euren Ausdrücken. Nee! Ich habe keinen Kiosk mit illegalen Zigaretten betrieben."

Ribarski beugte sich zu Till Meyer vor: „Jetzt einmal unter uns Piefkes: Kollegin Lanz hier hat die Observation erst begonnen, nachdem ich einen Tipp von einem Informanten erhalten hatte. Von einem Raucher, der sich in Ihrem Werkskiosk regelmäßig mit illegalen Zigaretten eingedeckt hatte."

„Also bitte!", schaltete sich nun Buchenseder, ein sehr bekannter, älterer Anwalt ein, der Meyer vertrat. „Werkskiosk ist eine Unterstellung, Herr Major. Ich bitte Sie, dass Sie solche verbalen Untergriffe unterlassen. Wir wollen doch korrekt bleiben."

„Sie haben Recht, es war kein Werkskiosk, da der Pförtner im Verhör zugab, diesen Zigarettenvertrieb ohne Zustimmung der Geschäftsleitung aufgezogen zu haben und dass er hinter dem Rücken von Till Meyer dutzende Stangen für seinen Privatverkauf gestohlen hatte. Auch das gab er zu Protokoll. Also, was lernen wir daraus, Herr Anwalt? Dass es bei Meyer & Wagner illegale Zigaretten in Überfluss gab. So viele, dass der Portier für seinen Privatverschleiß regelmäßig stehlen konnte, ohne dass es auffiel", Ribarski schlug mit der flachen Hand auf den Tisch und knurrte: „Und das, das ist ein Beweis!"

„Verdammt noch mal! Ich bin unschuldig. Von Zigaretten weiß ich nichts!"

Penny entgegnete cool: „Und der LKW-Hänger, den wir auf Ihrem Hof durchsucht haben? Der hatte 100.000 Zigaretten geladen. Ich hab's mit eigenen Augen gesehen und fotografiert."

Penny legte die Fotos auf den Tisch. Meyers Gesicht war kalkweiß geworden. Schweiß rann ihm über die Stirn. Er beugte sich nun ebenfalls über den Tisch und zischte: „Wissen Sie, was Sie sind? Ein Flintenweib sind Sie. So eine war Rosa Luxemburg auch. Aber die hat man ..."

Buchenseder unterbrach seinen Klienten:

„Herr Dr. Meyer, bittschön, reden S' keinen Blödsinn. Sie wollen doch nicht eine Polizeibeamtin bedrohen?"

„Lust dazu hätte ich schon ..."

„Bitte halten S' jetzt den Mund."

Meyer sprang auf und schrie: „Ich sag gar nichts mehr! Überhaupt nichts mehr."

Und plötzlich schwang er den Sessel, auf dem er unmittelbar zuvor noch gesessen hatte, in der Luft. Wie besessen schlug er damit auf die am Tisch liegenden Fotografien ein. Penny betätigte die Alarmglocke, zwei uniformierte Polizisten stürmten herein und bändigten den tobenden Meyer. Ribarski verkündete trocken: „Für heute brechen wir die Vernehmung ab."

*

„Servus, Herr Kollege."

„Grüß dich, mein Lieber."

„Jetzt hab ma uns aber schon lang nicht mehr g'sehn ..."

„Weißt, die Arbeit, die Arbeit frisst mich auf. Aber dir geht's ja genauso. Hättest ja auch einmal anrufen können ...“

„Es tut mir leid. Aber weißt eh, die Arbeit ...“

„Ja, die Arbeit ... Wegen der Arbeit hab ich mich, wie du dir vielleicht denken kannst, auch gemeldet. Ich vertrete Till Meyer, den Geschäftsführer der Spedition Meyer & Wagner.“

„Was den, den's jetzt wegen den illegalen Tschick aufgeklatscht haben?“

Buchenseder nickte und Zweinetter zündete sich eine Zigarette an.

„Magst auch eine?“

„Nein, danke. Rauchen tu ich seit beiläufig zehn Jahren schon nimmer.“

„Bumm! So lang sind wir nicht mehr beisammen g'sessen?“

„Schaut so aus.“

„Na, bei Gericht hamma uns wenigstens regelmäßig gesehen ...“

„Wegen den Tschick hab ich dich übrigens angerufen. Einer deiner Mandanten ist doch dieser Lu Dong? Auch Mr. Dong genannt.“

„Ja, und?“

„Na, den hat doch die SOKO verhaftet. Wegen geschmuggelter Tschick.“

„Ah so? Woher weißt du denn das?“

„Ich bitte dich! Das pfeifen in Wien die Spatzen von den Dächern.“

„Ah so? Na bitte. Lu Dong hat für seine Lokale illegale Zigaretten importiert. Gar nicht so schlechtes Zeug. Da sind sie ihm draufgekommen, und jetzt gibt es halt ein Zollstrafverfahren gegen ihn. Eigentlich hat die SOKO, die ihn auffliegen hat lassen, irgendwelche Killer-Tschick gesucht. Die sollen hochgiftig sein und eine ganze Reihe älterer Menschen dahingerafft haben.“

„Deswegen haben S' jetzt meinen Mandanten eing'naht. Der hat allerdings wirklich die Killer-Tschick auf seinem Werkgelände gelagert. A blöde G'schicht ..."

„War des auch die SOKO?"

„Ja. Die haben diesen Killer-Tschick-Fall in der Reiß'n[65]. Die Kleine von der SOKO ist besonders ungut. Du kannst dir gar nicht vorstellen, wie mein Mandant die hasst."

„Lu Dong würde sie am liebsten liquidieren lassen. Er traut sich nur nicht."

Buchenseder lachte laut auf.

„Das muss ja eine ganz Arge sein. Auch Till Meyer würde ihr liebend gern das Licht ausblasen ..."

*

Ein wunderbarer Morgen. Die Sonnenstrahlen blitzten zwischen den Jalousien beim Fenster herein und kitzelten Pennys Unternehmungslust. An solchen Morgen joggen zu gehen, war nicht nur eine Freude, sondern ein Genuss. Mit einem Ruck stand sie auf, absolvierte die morgendlichen Notwendigkeiten und war dann auch schon im Jogging-Outfit draußen vor der Haustür. Es ging die steile Strehlgasse bergauf, wobei ihre Muskeln noch nicht so richtig mittun wollten. Oben bei der Ottingerwiese angekommen, schnaufte sie heftig. Doch das waren nur die Anfangsschwierigkeiten. Sie zwang sich, mehrmals tief auszuatmen und dann zu einem regelmäßigen Atemrhythmus überzuwechseln. Durch die Wiese lief sie zum Neustifter Friedhof hinauf und dann immer die asphaltierte Straße weiter, die entlang der Friedhofsmauer führte. Penny hatte nun ihren Laufrhythmus gefunden und trabte entspannt dahin. Sie genoss die wunderbare Aussicht auf das unter

---

[65] sind ... zuständig

ihr im Tal liegende Neustift und auf die Weinberge vis-à-vis. Frische Waldluft strömte in ihre Lungen, ihr Hypothalamus löste einen Endorphin-Sturm aus. Auf den Flügeln der Euphorie bog Penny am Ende des Friedhofs nach links in den steil ansteigenden Michaelerwaldweg ab. Nun wieder keuchend lief sie den steil ansteigenden Waldpfad bis zur Anhöhe hinauf, wo sie links einem breiten Forstweg folgend in Richtung Wasserturm lief.

Nach dem Turm ging es durch den Wald leicht abwärts. Ihr Lauf führte sie zu der Gärtnerei, die sich beim dritten Tor des Neustifter Friedhofs befand. Von dort lief sie nun die Salmannsdorfer Höhe im lockeren Trab hinunter. So muss ein Morgen beginnen, dachte sich Penny. So und nicht anders. Über die Ottingerwiese ging es nun zur Kreuzung Neustift am Walde und Strehlgasse. Die letzten Meter hinunter zur ihrer Wohnung schwebte Penny auf Wolke sieben. Bei der Straßenverengung knapp vor dem Heurigen *Nierscher* begann sie, das Tempo zu drosseln und auszulaufen. Sie atmete tief durch. Die frische Morgenluft schoss in ihre Lungen und über die Blutbahn ins Gehirn. Wunderbar.

Plötzlich heult ein Motor auf. Reifen quietschen. Aus den Augenwinkeln nimmt sie einen rostigen Kastenwagen wahr. Der mit Vollgas auf sie zurast. Sie versucht, zur Seite zu springen. Brutaler Stoß gegen ihr rechtes Bein. Kopf kracht gegen Betonpfeiler. Brüllender Schmerz. Schwarz vor den Augen. Der Kastenwagen beschleunigt bis zur nächsten Quergasse. Bremst, biegt ein und verschwindet. Penny krümmt sich vor Schmerz. Kann den Fuß nicht bewegen. Alles dreht sich. Blut tropft in den Straßendreck. Blut und Tränen. Ihre Finger krallen sich in ein Büschel Unkraut. Blackout auf dem Asphalt des Gehsteiges. Vogelgezwitscher.

*

„Penny ... hallo ... aufwachen ...“

Eine fremde, sanfte Stimme, die sie von irgendwoher kannte. Grelles Tageslicht blendete sie. Sie sah die Silhouette eines Männerkopfes. Penny blinzelte. Au! Was war das? Warum schmerzte sie der Kopf? Warum konnte sie das rechte Bein nicht bewegen? Und dann waren da direkt vor ihr zwei dunkle, freundliche Augen, die sie anstrahlten.

„Großer Zufall, dass ich dich hier wiedersehe.“

Penny war total verwirrt. In ihrem Kopf schwirrten tausend seltsame Eindrücke. Wo war sie? Wieso lag sie in einem Bett und war so unbeweglich? Wer sprach da mit ihr? Sie versuchte, sich aufzusetzen. Plötzlich überkam sie Übelkeit und sie ließ sich in die Kissen zurückfallen. Rundum wurde alles schwarz.

Lärm und Geklapper. Stimmen kamen näher. Eine weibliche, sehr dominante Stimme sagte plötzlich direkt neben ihrem Ohr:

„Aufwachen! Guten Morgen!“

Penny erschrak und riss die Augen auf. Gleißend helles Tageslicht blendete sie und eine Frau in Schwesterntracht schaute sie prüfend an.

„Na? Sind wir unter die Lebenden zurückgekehrt? Dann ist es ja gut. Dann können wir ja den Katheter entfernen.“

Eine energische Hand griff unter ihre Decke. Penny krampfte alle Muskeln zusammen.

„Nicht aufregen, ganz ruhig. Ich nehm nur den Katheter raus. Dann können wir wieder ganz normal Pipi machen.“

Penny entspannte sich ein bisschen und plötzlich war die kalte Hand an ihrer Scheide. Ein Ruck, ein leichtes Brennen. Die Schwester lachte ihr ins Gesicht: „Na, war ja net so schlimm.“

Penny beobachtete, wie die Schwester den Katheder wegräumte und etwas großes Silbernes unten aus dem Schwesternwagerl hervorholte.

„So, und jetzt den Popo heben, für die Leibschüssel."

Mit größter Anstrengung gelang Penny das Heben des Beckens.

„Nein! Net Sie! Sie können den Hintern unten lassen. Sie haben eh einen Katheder gehabt. Die Frau Simacek da, die hebt den Popo. So ist's brav."

Die uralte Frau, die neben Penny im Nachbarbett lag, lächelte matt. Dann schloss sie die Augen und ließ den Dingen ihren Lauf. Penny hatte sich mittlerweile orientiert. Sie lag im Spital in einem Zweibettzimmer. Ihren linken Fuß konnte sie kaum bewegen. Erstens weil jede Bewegung schmerzte und zweitens weil der weit über das Knie hinaufgehende Gips äußerst hinderlich war. Das Letzte, woran sie sich erinnern konnte, war eine morgendliche Jogginrunde. Danach hatte sie einen Filmriss. Nach einiger Zeit kam die Schwester wieder, entfernte nebenan die Leibschüssel und verkündete mit der fast überschwappenden Schüssel in der Hand: „Gleich kommt das Frühstück."

Penny nahm dies voll Ekel zur Kenntnis. Der Ekel legte sich nicht, als das Frühstück vor ihr stand. Ein übelriechender, brennheißer Kaffee und zwei weiche Semmeln, die sich beim Angreifen gummiartig anfühlten. In diese zähe Masse hineinzubeißen, davor graute Penny. Auch das Päckchen Butter, die abgepackte Industriemarmelade, die verpackte Streichwurst und der ebenfalls abgepackte Honig regten nicht ihren Appetit an. Lauter bunte Päckchen, die mehr vortäuschten, als sie geschmacklich erfüllen konnten. Penny schob das Frühstück von sich fort. Vor allem diesen widerlichen Kaffeegeruch wollte sie nicht in der Nase haben. Mit enttäuschtem Gesicht servierte die Schwester das Frühstück ab, brachte ihr aber eine Flasche Mineralwasser, aus der Penny gierig trank. Dann übermannte sie Müdigkeit.

Diese Augen! Dunkle, sympathische Augen, die sie mitfühlend ansahen. Penny blinzelte. Woher kannte sie dieses

Gesicht? Wer war dieser Fremde, der ihr merkwürdigerweise nicht fremd vorkam? Litt sie an Gedächtnisverlust? Ihr Kopf schmerzte noch immer.

„Penny ... wie geht's dir?"

„Wer bist du?"

Breites, stilles Lachen auf diesem sympathischen Männergesicht. Ein massiger Schädel mit kurzem, blondem Haar. Trotz aller Robustheit fein geschnittene Züge.

„Ich bin's! Bojko ... Bojko Schiwkow."

Breites Lächeln, dann beugte sich der Mann ganz nahe zu Penny und flüsterte: „Ich freu mich, dich wiederzusehen."

„Bojko! Die Polizei sucht dich. Wir waren in deiner Wohnung. Da gab's jede Menge Blutspuren. Hast du wen umgebracht?"

Bojkos Augen wurden ernst.

„Ich werde gejagt. Chinesen mich entführt, dann überfallen in Wohnung. Ich nur gewehrt. Dann andere mich versucht zu töten. Deshalb neue Identität."

Er strich mit einer Hand über seinen Kopf und fügte lächelnd hinzu: „Und neue Haare ..."

Sanft nahm er ihre Hand.

„Warum du hier?"

Penny zuckte mit den Achseln.

„Weiß nicht. Unfall wahrscheinlich ..."

Lautes Klopfen an der Tür, Bojko ließ Pennys Hand erschrocken los und stand auf. Die Tür wurde vorsichtig geöffnet und dann sah Penny das bärtige Antlitz ihres Vaters. Der trat laut grüßend ein, Bojko grüßte ebenfalls und verschwand. Ihr Vater griff nach einem Besucherstuhl und setzte sich.

„Penelope, wie geht es dir?"

„Ging schon besser ..."

„Hast Glück im Unglück gehabt."

„Wieso?"

„Hab mit den Ärzten gesprochen. Du hast einen nicht allzu komplizierten Unterschenkelbruch und eine mittelschwere Gehirnerschütterung. Nichts, was nicht wieder gut wird."

So wie Bojko zuvor griff auch er nach ihrer Hand und drückte sie.

„Ich hab mit deinen Kollegen gesprochen. Was die mir sagten, gefällt mir gar nicht. Der Dicke mit dem Bart und den langen Zotteln ... der ..."

„Helmuth Nowak ..."

„Genau der. Der meinte, dass das ein Attentat war. Ich hab dann mit deinem Vorgesetzten, diesem Oberst Dirnberger, gesprochen. Der sieht das nicht so. Ich wollte unbedingt eine Bewachung deines Zimmers durchsetzen, doch da hab ich auf Granit gebissen. Die Polizei ist derzeit personell unterbesetzt. Die haben einfach niemanden, der auf dich aufpasst. Deshalb mein Vorschlag: Komm zu mir nach Hause. Ich kann eine private Securityfirma anheuern. Da passen wir auf dich auf."

„Geh Papa! Jetzt übertreibst du aber!"

*

Das Handy summte. Immer und immer wieder vibrierte es leise auf dem Schreibtisch. Schließlich wurde abgehoben.

„Ja ..."

„Sie hat's überlebt."

„Hm ..."

„Liegt im Lorenz Böhler-Krankenhaus. Bruch des Unterschenkels und Gehirnerschütterung. Ich hab mir mehr erwartet."

„Hm ..."

„Einen Versuch wär's noch wert. Weiße Mäntel anziehen und rein ins Spital. Zimmer 321."

Schweigen. Knistern in der Leitung. Atmen. Verkehrsgeräusche aus dem Hintergrund. Schließlich erklang ein kurzes „Okay" und dann war die Leitung tot.

*

Penny schlief schlecht, Alpträume quälten sie. Am Morgen wachte sie zeitig auf und hatte mörderischen Hunger. Als das Frühstück endlich da war, verschlang sie die zwei Gummisemmeln gierig. Eine mit Butter und Honig, die andere mit Streichwurst. Heute hatte sie sich Tee bestellt. Der war zwar ätzend heiß, aber einigermaßen genießbar. Sie verbrannte sich die Lippen. Danach überkam sie ein wohliges Sättigungsgefühl. Penny rutschte im Bett hin und her, um eine bequeme Liegeposition zu finden. Als ihr dies gelungen war, fielen ihr die Augen zu.

Die beiden Männer in den weißen Mänteln schritten zügig zum Lift und fuhren in den dritten Stock. Dort war einiges los. Morgenvisite. Ungerührt sahen sie sich um und schritten dann auf das Zimmer 321 zu. Leise öffneten sie die Tür und schlüpften hinein. Die alte Frau schaute neugierig. Penny atmete im Schlaf leise und regelmäßig. Aus der Außentasche seines weißen Kittels nahm einer der beiden eine Spritze. Vorsichtig ergriff er Pennys Arm. Dann entfernte er von der Nadel die Schutzhülle und drückte kurz auf den Kolben. Einige Tropfen schossen aus der Nadel. Der Typ nickte zufrieden. Penny begann, sich zu bewegen und aufzuwachen. Der zweite Typ packte ihre Gurgel. Die andere Hand presste er ihr auf Mund und Nase. Da öffnete sich die Tür und Bojko trat ein. Nach einer Sekunde der Überraschung stürzte er zu Pennys Bett und trat dem Typ mit der Nadel ins Kreuz. Der flog quer über Pennys Bett. Die Spritze schlitterte über den Boden. Den zweiten erwischte Bojkos Faust mitten im

Gesicht. Das Nasenbein krachte. Blut spritzte. Der Kerl ließ Pennys Gesicht los, Bojko schlug ihm in den Solarplexus. Nach Luft schnappend taumelte der Riese auf den nicht minder großen Bojko zu und verpasste ihm einen Bodycheck, der Schiwkow von den Füßen riss. Das nützte der Typ, der zuvor die Spritze gezückt hatte, aus, um gemeinsam mit dem Riesen fluchtartig das Zimmer zu verlassen. Langsam stand Bojko auf. Penny starrte ihn entsetzt an.

„Der wollte mir was spritzen ...“

„Bleib ruhig. Ich sofort wieder kommen.“

Und schon war Schiwkow aus dem Zimmer draußen. Drei Türen weiter sah er einen Pfleger ein Krankenbett überziehen. Dahinter stand die Tür einer Wäschekammer offen. Er betrat mit größter Selbstverständlichkeit diesen Raum, sah sich um und schnappte sich einen weißen Mantel in seiner Größe. Mit dem übergezogenen weißen Mantel eilte er zurück in Pennys Zimmer, löste die Bremse ihres Spitalbettes und rollte mit Penny und dem Bett hinaus auf den Gang in Richtung Lift. Pennys Bettnachbarin sah dem Treiben fassungslos zu und zeterte dann den beiden hinterher: „Grüßen tun die jungen Leut’ heut’ überhaupt nimma. Verschwinden aus dem Zimmer wie ein lauwarmer Schas.“

Glück, das er hatte, ergatterte Bojko sofort eine ins Erdgeschoss fahrende Kabine. Dort schob er Pennys Bett zu dem Ausgang, bei dem Patienten aus- und eingeladen wurden. Zwei Ambulanzwägen befanden sich unmittelbar vor dem Krankenhausausgang. Beide waren belegt. Etwas abseits stand ein weiterer Wagen. Dessen Fahrer stand gelangweilt vor dem Rettungswagen und rauchte. Bojko steuerte auf ihn zu, schlug ihn mit einem gewaltigen Fausthieb nieder. Dann hob er Penny wie ein Kind von ihrem Krankenbett hinüber auf die Bahre des Krankentransporters. Er fixierte sie dort, nahm dem noch immer

bewusstlosen Fahrer die Autoschlüssel ab, klemmte sich
hinter das Steuer und brauste davon.

*

War das g'scheit? Dass sie sich so einfach aus dem Kran-
kenhaus entführen hatte lassen? Noch dazu von einem
Wildfremden? Na ja, so fremd war ihr der Bulgare auch
nicht. Der gemeinsam verbrachte Sonntagvormittag im
Prater hatte doch so etwas wie Vertrautheit aufgebaut.
Aber vertraute sie da dem Richtigen? Bojko war doch
untergetaucht. Die Blut- und Kampfspuren in seiner
Wohnung ... Eigentlich hätte sie ihn verhaften müssen.
Stattdessen flüchteten sie gemeinsam aus dem Spital.
Ob er überhaupt wiederkam. Sie war völlig hilflos. Mit
dem riesigen Gips, der bis über das Knie ging, war sie
mehr oder minder schwer behindert. Davonlaufen? Davon konnte derzeit keine Rede sein. Sie war ihm ausge-
liefert. Ein unangenehmer Gedanke. So völlig abhängig
von einem Mann zu sein. Noch dazu von einem polizeilich Gesuchten. Pennys Puls begann zu rasen, und sie
war knapp davor, in dem engen Rettungswagen, in dem
sie auf der Pritsche festgeschnallt war, eine Panikatta-
cke zu bekommen. Mit höchster Konzentration begann
sie, ihre Atmung zu kontrollieren. Statt hysterisch vor
sich hin zu hecheln zwang sie sich, langsam und tief
ein- und auszuatmen. Einatmen. Ausatmen. Ja, das half.
Nach einiger Zeit hatten sich Herzschlag und Puls beruhigt, und Penny konnte wieder klar denken. Bojko hatte
ihr das Leben gerettet. So viel stand fest. Was immer
sich in der Spritze befand, die dieser Gangster gezückt
hatte, es wäre ihr nicht wohlbekommen. Selten hatte sie
solche Angst gehabt wie in diesem Augenblick, in dem
sie aus ihrem Vormittagsschläfchen aufgewacht war
und der Typ ihr brutal den Mund zuhielt. Dann spürte

sie seine groben Hände, wie sie ihren Arm entblößten, und dann sah sie nur mehr die Nadel der Spritze vor sich. Wenn Bojko da nicht dazwischengefahren wäre – na Mahlzeit!

Wo bleibt er nur so lange? Hoffentlich macht er sich nicht mit meinen Sachen aus dem Staub. In meiner Geldbörse sind fünfzig Euro drinnen. Das lohnt sich nicht. Und der Autoschlüssel? Ich hab ihn noch extra darauf aufmerksam gemacht, dass er den ja nicht liegen lassen soll. Was ist, wenn er meinen Mini stiehlt? Wie viel er für den Mini wohl in Bulgarien bekommen würde? Quatsch! Nur weil er Bulgare ist, ist er noch lange kein Autodieb. Der Typ hat mir das Leben gerettet. Wir müssen gemeinsam untertauchen. Irgendwer will mich kaltmachen. Schrecklich. Nur nicht wieder hyperventilieren. Ganz ruhig atmen. Einatmen. Ausatmen. Einatmen. Ausatmen. Ich hätte auf meinen Vater hören sollen. Dem war sofort klar, dass da wer hinter mir her ist. Dass dem Dirnberger das nicht klar war? Oder war es ihm einfach egal? Ich hab mich immer als geschätzte Mitarbeiterin gefühlt. Vielleicht war das alles nur Theater. Warum haben mich aber Helmuth und Carl im Stich gelassen. Wenn Bojko nicht gewesen wäre, wäre ich jetzt tot. Daran darf ich nicht denken. Einatmen. Ausatmen. Wenn man so richtig in der Scheiße sitzt, lassen einen alle hängen. Wurscht. Jetzt hab ich Bojko als Leibwächter. Bei ihm fühl ich mich sicher. Der Kerl ist stark wie ein Bär. Hat mich vorhin wie ein Pupperl in das Auto gehoben. War total vorsichtig. Richtig besorgt und liebevoll. Mein Gott, wo bleibt er nur?

*

Nowak fuhr, Ribarski starrte beim Fenster hinaus. Der Gästeparkplatz des Lorenz Böhler-Krankenhauses war knallvoll, Nowak fluchte. Schließlich parkte er völlig illegal neben dem Portierhäuschen. Der Portier raunzte ihn sofort an:

„Hern S', schleichen S' Ihnen da! Des is ka Parkplatz."

„Wer sagt das?"

„Na, i sag das. I ruf die Polizei!"

Ribarski, der mittlerweile neben dem grantigen Portier stand, zückte seinen Ausweis: „Major Ribarski, Kriminalpolizei. Mein Kollege hier ist Oberstleutnant Nowak. Also, was können wir für Sie tun?"

„Wegfahren da ..."

„Jetzt hören Sie mal gut zu, Mann: Wir sind von der Sonderkommission und haben da drinnen in dem Hospital was Dringendes zu erledigen. Kapiert?"

„Na guat. Wenn des so is ... Aber! Bitte! A Frage noch: Warum sind Sie als Piefke bei unserer Polizei?"

Nun schaltete sich Nowak ein: „Pass auf, Depperter! Wennst zu meinem Kollegen noch einmal Piefke sagst, hast a Klage wegen Ehrenbeleidigung am Hals."

„Is scho guat ... Tut mir leid."

Ribarski und Nowak gingen. Der Portier maulte halblaut hinterher: „Net einmal Piefke darf man mehr sagen ..."

Als Ribarski und Nowak das Zimmer 321 betraten, sahen sie eine alte Frau, die ängstlich unter ihrer Bettdecke hervorlugte. Der Platz, wo Pennys Bett gestanden hatte, war gähnend leer. Diverse Anschlüsse und Kabeln ragten aus der Mauer oder lagen auf dem Boden. In einem Eck des Zimmers lag eine Spritze.

„Was ist hier los, Mensch? Wo ist Penny?"

„Auf jeden Fall net da."

„Das gefällt mir nicht."

„Mir auch nicht. Sagen S', gnädige Frau, wissen Sie, wo Ihre Zimmernachbarin ist?"

Die Alte blinzelte Nowak misstrauisch an und sagte schließlich mit zitternder Stimme: „I waß nix. I hab nix g'hört und a nix g'sehen."

„Helmuth, ich gucke mal, ob ich hier so 'ne Art Aufsicht finde."

Nowak nickte und Ribarski verschwand aus dem Zimmer. Er nahm einen Stuhl und setzte sich zu der Alten ans Bett. Mit leiser, begütigender Stimme begann er die Konversation mit ihr: „Sie brauchen Ihnen nimmer zu fürchten. Wir sind von der Kriminalpolizei. Da, schaun S', da is mein Ausweis."

Die Alte beäugte den Ausweis lange und ausgiebig. Dann seufzte sie: „Man kennt sich nimmer aus. Heutzutage gibt es ja fast nur mehr Pülcher[66] und keine ehrlichen Leut."

„Ja, aber jetzt sind wir da. Uns von der Polizei können Sie vertrauen."

Argwohn blitzte in den Augen der Alten: „Ah so? Na, da hab i aber auch schon andere Sachen gehört."

Nowak atmete tief durch und dachte sich: Die Alte ist eine harte Nuss. Es klopfte leise an der Tür. Sie wurde geöffnet und ein riesiger Kerl in einem weißen Mantel kam herein. Nowak sprang auf: „Sind Sie ein Pfleger?"

„Ja, wieso?"

„Ich such die Penelope Lanz, die bis vor kurzem da gelegen ist."

„Ah! Die liegen jetzt woanders."

„Seit wann."

„Seit kurzem. Ich bringen ihr ihre persönlichen Sachen."

„Und wo liegt sie jetzt?"

„Zimmer 463. Nächste Stock. Ich gleich mit ihren Sachen nachkommen."

„Sehr gut. Dankeschön!"

---

[66] Verbrecher

Nowak verließ eilig das Zimmer, ohne sich von der Alten zu verabschieden. Schiwkow aber, der innerlich über die Wirkung des weißen Arbeitsmantels lachen musste, sperrte Pennys Kasten auf, stopfte ihre Habseligkeiten in ein Plastiksackerl und verließ schleunigst das Zimmer. Die Alte schimpfte ihm nach: „Das is a Krankenzimmer und kein Durchhaus. Grüßen könnten S' wenigstens, wenn's da schon aus- und eingehen!"

Aber das hörte Schiwkow nicht mehr. Er nahm bewusst nicht den Lift, sondern eilte die Stiegen in den zweiten Stock hinunter, wo er ein Zimmer mit einem bosnischen Bauarbeiter, der vom Gerüst gefallen war und sich einen Beckenbruch eingehandelt hatte, teilte.

„Milo, mich haben s' gerade entlassen!"

„Warum du tragen weißen Mantel?"

Schiwkow sperrte seinen Schrank auf, holte seinen Koffer unter dem Bett hervor und gab alles, was er hatte, hinein.

„Den Mantel hab ich mir ausgeborgt. So da, mein Koffer is fertig. Milo, alles Gute. Tschüss!"

Und schon war er aus dem Zimmer draußen. Auch diesmal nahm er nicht den Lift, sondern rannte durchs Stiegenhaus hinunter zum Hinterausgang. Auf der Straße mäßigte er seinen Schritt. Beim Rettungswagen angelangt, fand er Penny völlig aufgeregt vor: „Hast du alle meine Sachen?"

„Logo."

„Auch den Autoschlüssel von meinem Mini?"

Bojko reicht ihn ihr. Sie atmete erleichtert auf.

„Super. So, jetzt fahr ma mit dem Krankenwagen zu mir in den 19. Bezirk. Dort steig ma auf meinen Mini um. Und dann tauch ma unter."

Bojko nickte grinsend: „In Ordnung, Scheffe!"

*

„Haben s' euch allen ins Hirn g'schissen?", brüllte Nowak den Oberarzt an, der sich begleitet von zwei Schwestern und einer Assistenzärztin vor Pennys Zimmer eingefunden hatte. Ribarski setzte in ruhigem Ton fort: „Das darf doch nicht wahr sein, dass eine Patientin samt Krankenbett aus 'nem Krankenhaus entführt wird. Also, wie konnte es dazu kommen?"

Betretenes Schweigen.

„Und wie kommt man bei euch zu so einem weißen Mantel?"

„Des is ka Kunststück", brummte die Stationsschwester, deren Mundwerk ein furchterregender Damenbart zierte. „So einen Mantel kann sich praktisch jeder aus der Wäschekammer oder aus einem der Aufenthaltsräume holen."

Nowak nickte, dann schlug er sich auf die Stirn und fluchte: „So ein Schas!"

Ribarski sah seinen Kollegen verwundert an, der flüsterte ihm zu: „Ich glaub, der Kerl im weißen Mantel vorhin, war der Schiwkow. Der hat sich jetzt die Haare blond gefärbt."

„Is nich wahr!"

„Doch. Ich erinnere mich jetzt an das Foto, das ich von ihm gesehen habe. Das war er."

„Okay, Leute. Die Lage ist folgende: Wir vermuten, dass unsere Kollegin Lanz von einem polizeilich Gesuchten entführt worden ist. Dieser Typ ist über 1,90 groß, athletisch, kräftig und hat ganz kurzes, blondes Haar. Ich möchte, dass der Sicherheitsdienst alle Ausgänge besetzt und keinen, der so oder so ähnlich aussieht, aus dem Spital hinauslässt. Als Tarnung ist er mit einem weißen Mantel bekleidet und sieht demnach wie ein Mitarbeiter des Krankenhauses aus."

Der Oberarzt nickte, griff zum Telefon und instruierte den hauseigenen Sicherheitsdienst.

„Mein Kollege Ribarski und ich durchkämmen jetzt persönlich sämtliche Stockwerke. Vielleicht find ma den Kerl und die Penny. Komm Carl, gemma's an!"

*

„Herrschaften, wir befinden uns in einer Krise. Deshalb hab ich das ganze Team zusammengerufen, inklusive Wohlfahrt und Dr. Beck. Kurz zusammengefasst: Unsere Kollegin Lanz ist entführt worden, nachdem ein Mordanschlag zuvor offensichtlich fehlgeschlagen ist."

Oberst Dirnberger machte eine kurze Pause.

„Ich gebe zu, dass ich ursprünglich den Mordanschlag auf die Kollegin für einen banalen Unfall – für einen Zufall – gehalten habe. Eine Fehleinschätzung meinerseits, die ich bedauere."

Schweigen. Schließlich räusperte sich Franz Wohlfahrt, der Kriminaltechniker des Teams und sagte leise: „Ich würde sogar von zwei Mordanschlägen ausgehen ..."

„Wieso?"

„Na ja ... die Spritze, die wir in Pennys Krankenzimmer gefunden haben, ist mit Insulin gefüllt. Wenn Penny die Lösung injiziert bekommen hätte, könnten wir jetzt für einen Kranz für ihr Begräbnis sammeln."

Nun schaltete sich Nowak ein: „Die Alte, ihre Bettnachbarin, hat mir nach vielem Hin und Her erzählt, dass zwei Typen in weißen Mänteln reingekommen sind. Einer hat die Penny gehalten und der andere hat die Spritze gezückt. Plötzlich ist ein Riese ins Zimmer gestürzt und hat die beiden niedergeschlagen. Die Spritze ist in eine Ecke des Zimmers gerollt, und die beiden Attentäter haben sich aus dem Staub gemacht. Darauf ist der Riese kurz verschwunden und mit einem weißen Mantel bekleidet wiedergekommen. Dann hat er Pennys Bett geschnappt und aus dem Zimmer geschoben."

„Und du bist dir sicher, dass der Riese dieser Schiwkow
war?"

„Ja. Ich hab ihn ja selber g'sehen. Der hat vor meinen
Augen Pennys Habseligkeiten in ein Plastiksackerl g'stopft
und ist damit abgehauen. Das musst du dir einmal vorstellen. Der Kerl hat eine unglaubliche Kaltblütigkeit und
Frechheit."

„Was mich irritiert, ist die Tatsache, dass er Pennys Sachen noch geholt hat. Wenn er sie einfach nur entführen
wollte, hätte er das nicht riskiert."

„Da haben Sie Recht, Ribarski. Wenn er sie nur entführen hätte wollen, hätt er auf ihr Zeug gepfiffen."

„Es schaut fast so aus, als ob Penny ihn noch einmal
raufgeschickt hätte ..."

„Richtig. Aber dann ist das keine Entführung. Dann stecken die beiden unter einer Decke."

Nun schaltete sich erstmals Dr. Beck in die Diskussion
ein: „Ich dachte ursprünglich, das ist reine Zeitverschwen-
dung, dass ich bei diesem Meeting dabei bin. Aber offensichtlich weiß ich etwas, was ihr alle nicht wisst: Penny
hat Bojko schon eine Zeit lang vor dem Spitalsaufenthalt
gekannt."

Dirnberger fuhr auf: „Was soll das heißen?"

„Na, dass Penny den Bojko ein paar Mal getroffen hat,
bevor er untergetaucht ist."

„Und davon hat sie uns nix erzählt?"

„Warum auch? Das hat sie mir als Freundin erzählt. So
was erzählt man sicher nicht im Büro."

Dirnberger schnaufte empört: „Frauen!"

Nun schaltete sich Nowak ein: „Geh bitte, Otto! Red
nicht so von der Penny. Darf sie kein Privatleben haben?
Die hackelt rund um die Uhr. Na, und wenn sie sich mit
dem großen Kerl ein paar Mal getroffen hat, was ist schon
dabei?"

„Das ist a Krimineller."

„Wer sagt das? Für mich ist er ein ehemaliger Leistungssportler aus dem Ostblock, der sich jetzt als Türsteher seine Brötchen verdient. Und der sich bisher ja auch nichts zuschulden kommen hat lassen."

Ribarski sekundierte seinem Kollegen: „Helmuth hat Recht. Kollegin Lanz kann in ihrer Freizeit tun, was sie will."

„Trotzdem ist sie derzeit untergetaucht."

„Otto, die Penny ist verletzt. Unterschenkelbruch."

„Liegegips!", ergänzte Frau Dr. Beck.

„Sie ist verletzt. Und: Nachdem man zwei Mordanschläge auf sie verübt hat, sicher auch verängstigt. Also ist sie mit diesem Schiwkow, den sie eh schon eine Zeit lang kennt, untergetaucht. Für mich stellen sich drei Fragen: Erstens, wer steckt hinter den Mordanschlägen. Zweitens, was hat Schiwkow mit dieser ganzen Sache zu schaffen und drittens, wo hält sich Penny versteckt."

Dirnberger nickte und brummte: „Okay, die Kollegin Lanz hat drei ausgewiesene Gegner. Den Chineser Dong, seinen Busenfreund, den Kommerzialrat Danzenberger, sowie Till Meyer, den Zigarettenschmuggler. Einer von den dreien steckt hinter den Mordanschlägen."

„Ich hab da aber noch einen Ansatz ...", brummte Nowak.

„Und der wäre?"

„Der Zwertnik."

„Was, der alte Hurentreiber?"

Nowak lachte laut auf: „Geh bitte! Da sieht man, dass du ein echter Bürohengst geworden bist."

„Ich verbitte mir solche plumpen Vertraulichkeiten!"

„Brauchst ja nicht gleich eing'schnappt zu sein. Der Zwertnik ist jedenfalls schon lange nicht mehr der Rotlichtkönig, der er einmal war. Heute ist er ein seriöser Geschäftsmann, der zwei Clubs hat ..."

„Also doch Blashütt'n[67]!"

„Otto! Das sind ganz normale Tanzlokale, wo sich die Jungen einen abshaken. Verstehst? Keine Animierbars. Außerdem hat er eine ziemlich große Cateringfirma. Der beliefert laufend alle möglichen Schickimicki-Events mit Futter und Getränken. Ja, und ein Laufhaus betreibt er auch noch."

„Na bitte! Doch a Hurentreiber!"

*

Nach dem Ende der Besprechung, beim Hinausgehen, raunzte Ribarski:

„Mensch, hab ich 'nen Kohldampf."

„Mir knurrt auch der Magen."

„Fahr ma zum *Donauweibchen*?"

„Wo ist'n das?"

„Im Hafen, die Imbissbude, wo ich den Zoltán Ádám kennengelernt habe."

„Ah ja, deinen Biker-Freund."

„Genau den."

*

„'nen Hähnchen-Döner!"

Die freundliche, ältere Dame, die im *Donauweibchen* das Mädchen für alles spielte, servierte Carl Ribarski einen wunderbaren Hühner-Kebab. Da er einen Döner bestellt hatte, musste er den Spott seines Kollegen einstecken: „Alter, in Wien heißt das Hendl-Kebab!"

„Fuck you!"

„Also bitte, Herr Kollege! Ein bisserl mehr Charme, wenn ich bitten darf."

---

[67] Animierbar

„Charme, das ist was für euch Wiener. Für Jungs wie mich, die aus dem Ruhrpott kommen, ist das einfach nur schmierig."

Nowak grinste: „Schmierig ... das is das Stichwort", er wandte sich zu der Frau hinter der Selbstbedienungstheke und bestellte eine Burenwurst. Die Angesprochene protestierte: „Also schmierig is meine Burenwurst nicht. Schön fett is sie. Wie sich's g'hört. So dass es ordentlich spritzt, wenn man hineinbeißt."

„Genau das meinte ich, Gnädigste. Einen schönen fetten Burenhaxen hätt ich gern."

„Wie viel?"

„Na ja, a Portion für Erwachsene. So 25 Deka ..."

Sie zog mit einer Holzzange aus einem Heißwasserbehälter die Meterwurst heraus, nahm Maß und schnitt ein ordentliches Stück davon ab. Wie versprochen spritzte das Fett.

„Na, was sagen S'? Is des a Augenmaß?"

24,5 Deka zeigte die Waage, und Helmuth Nowak nickte zufrieden. Noch zufriedener wurde sein Gesichtsausdruck, als er in die stark paprizierte Wurst hineinbiss und sein Bart rund um den Mund fett zu glänzen anfing. Mit vollem Mund murmelte er: „Siehst Carl, das is was für richtige Männer. A dicke, fette Burenhaut. Da kannst dich mit deinem Hühnerficker-Kebab über die Berge hau'n."

Ribarski achtete nicht auf das Geschwätz des Kollegen, denn er sah seinen Freund Zoltán auf der Jawa vorfahren. Zoltán Ádám fuhr ohne Helm, und als er grinsend auf Ribarski zukam, empfing ihn der ultracool: „Ohne Helm fahren? Das wird eine Anzeige geben ..."

„Oh, entschuldigen Sie, Herr Oberwachtmeister. Wusste nicht, dass Sie im Dienst sind."

Beide fingen zu lachen an und umarmten einander.

„Helmuth, ich möchte dir Zoltán vorstellen. Ein Freund, mit dem ich Motorrad fahre."

„Servus, i bin der Helmuth."

„Zoltán, servus."

Ádám bestellte sich eine Frucade und ebenfalls eine Burenwurst.

„Wollen wir uns nicht an einen Tisch da im Freien setzen? An der Theke wird's sonst a bisserl eng."

„A gute Idee ...", bemerkte Nowak mit vollem Mund und ließ sich an einem der Tische nieder. Als sich Ádám mit seinem Essen dazusetzte, waren die anderen beiden schon fertig.

„Wo habt ihr euch eigentlich kennengelernt?"

Ribarski grinste und klopfte auf den Holztisch: „Ob du es glaubst oder nicht. Hier an diesem Tisch. Zuerst haben wir über Motorräder gefachsimpelt, dann hat mir Zoltán eine Zigarette gegeben. Am Wochenende darauf haben wir eine Motorradtour gemacht."

Nowak, der den lässigen Typ in Jeans und Lederjacke nicht wirklich einordnen konnte, blinzelte misstrauisch.

„Du bist a Ungar?"

Zoltán Ádám strich sich über die graumelierten Haare und über den sorgfältig gestutzten Oberlippenbart. Lächelnd bemerkte er: „Hab ich so einen starken Akzent?"

Nowak grinste jetzt.

„Na, überhaupt net. Sprachlich gehst als Wiener durch. Aber bittschön zeig mir einen Wiener, der Zoltán heißt ..."

„Der sitzt vor dir. Ich bin Anfang der 1980er Jahre aus Ungarn abgehaut. Hier hab ich dann 1986 die Staatsbürgerschaft bekommen. Leben tu ich in Wien, also bin ich Wiener."

„Prost, Zoltán. Ich bin der Helmuth. Ich bin a ka geborener Wiener. Aber da aufgewachsen."

Ribarski murmelte: „Möchte mal 'nen geborenen Wiener kennenlernen ..."

„Die Stadt wimmelt nur so von Deutschen. Irrsinnig viele Studenten, Mitarbeiter bei Behörden, Kellner in Lokalen ... Und dann sind da auch noch Wirtschaftstreibende wie Till Meyer."

„Jetzt übertreib mal nicht, Mann."

„Da hat der Helmuth aber schon Recht, wenn ich mich einmischen darf ... Rein statistisch gesehen sind die Deutschen die größte Einwanderergruppe in Österreich. Weit vor den Türken. Und den Ungarn ..."

Bei der letzten Bemerkung zwinkerte er mit dem Auge und fügte hinzu: „... wennst ins südliche Niederösterreich oder gar ins Burgenland fahrst, hast fast in jedem Lokal, egal ob Top-Restaurant oder Heuriger, eine ungarische Bedienung. Allerdings fahren die meisten von denen nach der Arbeit heim."

Ribarski wandte sich nun an Nowak: „'ne kleine Randnotiz: Den Tipp bezüglich Meyer & Wagner hab ich von Zoltán bekommen."

Zoltán lächelte bescheiden und winkte ab: „Ich hab dort ja nur meine Tschick gekauft. Erst als Carl mir erzählt hat, wie schädlich die sind, hab ich die Finger von diesem Dreck gelassen."

„Du hast die Killer-Tschick wirklich geraucht?"

Ádám hob abwehrend die Hände: „Ich bitt dich, hör auf! Mir wird jetzt noch ganz übel, wenn ich daran denk, was ich da inhaliert hab. Übrigens: Einer meiner Frächter hat mir erzählt, dass ein Kollege von ihm weiterhin illegale Tschick nach Österreich schmuggelt. Angeblich immer noch zu Meyer & Wagner."

*

„Nein! Nein! Bitte nix tun ... bitte, bitte nicht töten! Ich alles, alles machen!"

Bojko erstarrte. Wer war dieses weibliche Wesen, das da in Pennys Wohnung um Gnade bettelte? Wusste Penny, dass sie hier war? Verwirrt stand er da und betrachtete das ängstlich zitternde Häufchen Mensch, das unter dem Tisch kauerte und das den Kopf zwischen den Beinen versteckt hatte. Das dichte dunkle Haar erinnerte ihn an eine Asiatin. Eine Asiatin in Pennys Wohnung? Waren vielleicht die Chinesen da? Bojkos Körper war plötzlich angespannt. Er schlich durch die gesamte Wohnung riss die Türen zum Schlafzimmer, zum Bad und zum WC auf. Dann öffnete er sämtliche Schränke. Erst als er absolut sicher war, dass sich nirgendwo ein chinesischer Angreifer versteckte, ging er zu dem Mädchen zurück. Er räusperte sich und sprach so sanft wie möglich: „Ich Bojko. Ich Freund von Penny. Ich dir nix tun."

„Bojko?"

Das weibliche Wesen lugte nun ängstlich und äußerst verwirrt unter dem Tisch hervor. Bojko glaubte, seinen Augen nicht zu trauen. Das war Ai Sung, die da unterm Tisch saß. Er reichte ihr die Hand, die sie ergriff und sich hervorziehen ließ. Dann musterte sie Bojko eindringlich und fiel ihm schließlich um den Hals. Er machte sich frei und brummte: „Wir müssen weg hier. Pack dein Zeug!"

„Wieso? Penny sagen, ich kann bleiben."

„Wohnung nicht mehr sicher. Penny hat Attentat nur knapp überlebt. Männer mit Spritze wollten sie töten. Davor wollten sie sie mit Auto tot machen."

„Deshalb Penny nicht heimkommen?"

„Ja, deshalb. Pack deine Sachen. Ich pack, was Penny braucht."

Bojko holte aus einem Schrank eine Reisetasche, packte eine Jeans, Sneakers, T-Shirts, eine Kapuzenjacke, Socken, Pennys Kosmetik und Zahnbürste sowie ihre Dienstwaffe ein. Als er alles beisammen hatte, war auch Ai Sung fertig. Bojko versperrte sorgfältig die Wohnungstür, dann eilten die beiden hinaus zum Krankenwagen. Penny stieß einen Fluch aus, als Ai Sung mit ihrem Koffer zur ihr hinten einstieg: „Scheiße! Ich hab ganz vergessen, dass du bei mir wohnst."

„Ai Sung sich solche Solgen machen, wo Penny bleiben."

Die Chinesin packte Pennys Hände und sagte: „Du wiedel gesund welden. Ai Sung dich pflegen."

Penny lächelte müde. Bojko hatte den Krankenwagen gestartet und ließ ihn langsam durch die Starkfriedgasse rollen. Bis er Pennys Mini sah. Er hielt an, sperrte den Mini auf und klappte den Beifahrersitz um. Dann hob er Penny aus dem Ambulanzwagen und schob sie vorsichtig über den umgelegten Vordersitz auf den Rücksitz des Mini. Ai Sung verstaute inzwischen ihren Koffer und den von Bojko im Kofferraum, Pennys Tasche nahm sie zu sich auf den Schoß. Sie saß hinter Bojko und direkt neben Penny. Als Bojko losfuhr, hob er zu einer kurzen Erklärung an: „Ai Sung war Freundin von Jimmy Lee. Haben manchmal zusammengesessen und geplaudert. Er hat mit Ai Sung in USA abhauen wollen. Musste zuvor aber viel Geld machen. Mit Schmuggelzigaretten. Aber wie kommt Ai Sung in deine Wohnung?"

„Ich hab sie vor Mr. Dong und seinen Leuten versteckt."

Als Penny das sagte, ergriff Ai Sung ihre Hand. Pennys eiskalte Finger waren in den gut durchbluteten Händen der Chinesin bestens aufgehoben. Sie lehnte sich an Ai Sung und murmelte: „Jetzt muss ich mich ebenfalls verstecken ..."

*

Der Hund bellte laut und heftig. Ribarski und Nowak sahen einander an und lächelten. Uniformierte Kollegen begannen, den Container zu öffnen. Der Suchhund war nicht zu beruhigen. Es zog ihn in den Container, in dem sich Kartons mit bulgarischen Pharmazeutika befanden.

Wie besessen versuchte der Hund, sich durch die Kisten durchzuwühlen. Der Hundeführer beruhigte ihn, und die Kollegen schlichteten die Kisten mit Pharmazeutika weg. Hinter zwei Lagen von Medikamenten gab es dann nur mehr illegale Zigaretten. Marlboro.

„Na, da haben wir ja 'ne weitere Killer-Tschick-Ladung entdeckt ...", murmelte Ribarski. Nowak zückte sein Handy und rief Dirnberger an.

„Ja, servus Otto. Du, wir sind jetzt in dem Außenlager ... weißt eh, in Wiener Neudorf ... ja, bei Meyer & Wagner ... Wir haben gerade einen Container mit Killer-Tschick entdeckt. Ja ... dokumentieren und ins Labor schicken lassen ... eh klar. Ich wollt dich nur gleich informieren. Dass du das dem Untersuchungsrichter und der Staatsanwaltschaft weitergibst ... dass die den Till Meyer keinesfalls auf Kaution frei lassen. Ja, Otto, die Aktion ist ein voller Erfolg. Servus."

Als sich die beiden in Nowaks Opel setzten, um über die Südautobahn wieder zurück nach Wien zu rollen, bemerkte Nowak anerkennend: „Das war ein goldrichtiger Tipp vom Zoltán. Wir hätten wahrscheinlich noch eine Zeit lang gebraucht, um in den Meyer & Wagner-Unterlagen auf das Zweitlager zu stoßen."

„Mensch, der Zoltán ist aus der Branche. Der kennt seine Konkurrenten und Mitbewerber. Das war'n echtes Glück, dass ich den kennengelernt habe."

„Den sollten wir zumindest auf ein Bier einladen ..."

„Nee, den laden wir zu mir auf die Daubelhütte[68] ein und machen 'ne leckere Grillerei. Das Wetter soll ja schön werden."

„Super Idee. Das hast du mir ja schon letzten Sommer versprochen."

---

[68] Eine auf Pontons schwimmende, mit dem Ufer fix verbundene Fischerhütte

„Mensch, Scheiße. Wir eiern ununterbrochen durch die Gegend. Immer hinter irgendwelchen Ganoven her. Da vergisst man so etwas glatt. Aber morgen Abend machen wir das. Versprochen."

„Schade, dass Penny nicht dabei ist …"

„Helmuth, morgen setzen wir Himmel und Hölle in Bewegung. Wir müssen Penny finden. Dass sie abtauchen muss aus Angst vor Gangstern, das geht nicht. Nee, das geht gar nicht."

*

Hell und scharf funkelte die Schneide des Papier- und Kartonschneiders. Zwertniks kleiner Finger wurde in den Spalt geschoben, der zwischen Klinge und der metallenen Basisplatte des Schneidgerätes klaffte. Er wollte sich wehren, doch sein ganzer Körper fühlte sich an wie Pudding. Ein windelweich geprügelter Organismus voll höllischer Schmerzen.

Zwertnik hatte Buchhaltung zu machen gehabt. Gemeinsam mit einem seiner Bodyguards war er nach Dienstschluss in der Zentrale im 2. Bezirk geblieben. Rechnungen kontrollieren, Ein- und Ausgänge, eine Liste der zu Mahnenden zusammenstellen und per Online-Banking die eine oder andere Rechnung, die bereits überfällig war, begleichen. Die Zeit verging wie im Flug, draußen war es mittlerweile dunkel geworden. Joe, der Bodyguard, hatte es sich auf der Besuchercouch bequem gemacht und schnarchte laut. Plötzlich war draußen im Flur Krach zu hören, so als ob jemand die Eingangstüre, die natürlich versperrt war, aufgesprengt hätte. Joe sprang auf, griff zu seiner Pistole und fragte verschlafen: „Boss, was war das?"

Zwertnik zuckte mit der Achsel und sagte: „Schau nach, was da los ist."

Kaum war Joe bei der Bürotür draußen, fiel das Licht aus. Zwertnik saß verwirrt im Dunkeln und begann, in seinem Schreibtisch nach einer Taschenlampe zu suchen. Als er von draußen dumpfe Schläge und Stöhnen hörte, begann er zu zittern. Scheiße, wo war die Taschenlampe? Wo war seine Pistole? Verzweifelt wühlten seine Hände in der riesigen Schreibtischlade, ohne jedoch fündig zu werden. Plötzlich wurde die Tür zu seinem Büro aufgerissen und der grelle Strahl einer Lampe traf ihn mitten im Gesicht. Schützend riss er die Arme hoch.

„Da hamma ihn ja, den Zwertnik."

Zwei weitere Handscheinwerfer folgten dem ersten in den Raum. Zwertnik, total geblendet und verwirrt, wurde von groben Händen aus seinem Bürosessel gerissen. Seine Arme wurden von zwei kräftigen Kerlen hinter seinem Körper fixiert. Ein Handscheinwerfer strahlte ihm aus wenigen Zentimetern Abstand ins Gesicht. Zwertnik musste die Augen schließen.

„So, Zwertnik. Raus mit der Sprache: Wo steckt der Schiwkow?"

„Im Lorenz Böhler ... wieso?"

Ein Baseballschläger landete krachend auf seinem Brustkorb. Zwertnik glaubte zu implodieren. Husten. Keuchen. Nach Luft ringen.

„Ich stell hier die Fragen. Wo steckt Schiwkow?"

„Im Lorenz Böhler-Unfallkrankenhaus."

Grobe Hände rissen Zwertnik das maßgeschneiderte Hemd vom Leib. Zischend wurde eine brennende Zigarette auf seiner linken Brustwarze ausgedämpft. Zwertnik brüllte vor Schmerz.

„Dort ist er nicht mehr. Wo ist Schiwkow?"

Eine weitere Zigarette wurde auf seinem nackten Oberkörper abgetötet.

„Ich weiß es nicht! Ich weiß es wirklich, wirklich nicht! Das letzte Mal, als ich ihn gesehen habe, hab ich ihn mit ziemlich argen Verbrennungen ins Lorenz Böhler gebracht. Das war vor rund einer Woche."

„Verbrennungen? Die hat er sich geholt, als er dein Haus abgefackelt und ...", der Mann, der das sagte, nahm einen tiefen Zug von seiner Zigarette, „... vier meiner Leute umgebracht hat. Dieser Scheißkerl. Wo ist er?"

Zischend wurde eine Zigarette auf Zwertniks rechter Brustwarze ausgedrückt. Zwertnik schrie wie ein Verrückter, sein Oberkörper bäumte sich auf. Er riss sich los, doch ein brutaler Schlag mit dem Baseballschläger brach ihm mehrere Rippen. Weinend sackte er zusammen.

„Wo ist Schiwkow?"

Zwertnik wand sich vor Schmerzen. Er schrie wie ein Tier. Ein Handscheinwerfer irrte durch den Raum, dann kam das Kommando: „Bringt ihn dort rüber!"

Zwertnik wurde aufgehoben. Rasende Schmerzen im Brustkorb. Man schleppte ihn zu einem Seitentisch. Dann wurde seine linke Hand gepackt und unter was Kühles, Scharfes gelegt. Nein, nicht die Papierschneidemaschine!

„Neeeeeein!"

„Wo ist Schiwkow?"

Mit einem harten Ruck wurde das riesige Messer heruntergerissen. Zwertnik verspürte einen aberwitzigen Schmerz in seiner linken Hand. Ihm wurde schwarz vor Augen. Dann war Sendepause.

Ein eiskalter Schwall Wasser holte ihn in die Realität zurück.

„Wo ist Schiwkow?"

Zwertnik flüsterte: „Ich weiß nicht ..."

„Boss, sollen wir ihm mit diesem Ding die Eier abschneiden?"

„Nein. Ein Mann soll mit seinen Eiern sterben."

Dann hörte Zwertnik erneut das Fallbeil niedersausen. In seiner Hand explodierte neuerlich der Schmerz.

Ich kann nur mehr Mittelfinger, Zeigefinger und Daumen bewegen, war sein letzter Gedanke, bevor er wieder das Bewusstsein verlor.

*

Helmuth Nowak ärgerte sich. Er kreiste nun schon eine halbe Stunde durch den 2. Bezirk und fand keinen Parkplatz, der auch nur annähernd in der Nähe seiner Wohnung gelegen war. Schließlich hatte er aber Glück. Vor ihm parkte ein Wagen aus, ein riesiger schwarzer SUV. Dem Zufall dankbar, parkte der Oberstleutnant seinen auch nicht gerade kleinen Opel Rekord in der geräumigen Parklücke ein. Der SUV erinnerte ihn an den Wagen, mit dem der Club im 7. Bezirk überfallen worden war. Hätte er ihm folgen sollen? Quatsch! Endlich ein ausreichend großer Parkplatz, dachte er sich und schloss sein Auto ab. Um es am nächsten Morgen auch sicher zu finden, musterte er die direkt neben dem Parkplatz liegende Toreinfahrt, die mit einer Reihe Firmentafeln vollgepflastert war. *Deluxe Catering* las er, *Event & Clubbing Ges.mb.h.* sowie *Zwertnik Liegenschafts- und Immobilienmanagement.* Nowak stutzte. Dann erinnerte er sich, dass Zwertnik ihm vor Jahren erzählt hatte, ein Haus samt Bäckerei im 2. Bezirk erstanden zu haben. Das war also diese Hütte. Nowak trat zwei Schritte zurück und musterte die Fassade, die erstklassig renoviert war. Das Haus machte einen grundsoliden, gepflegten Eindruck. Er ging auf das breite Tor zu, in dem es eine kleinere Tür für die aus- und eingehenden Parteien und Kunden gab. Probehalber und weil er ein neugieriger Mensch war, drückte Nowak gegen diese kleine Tür – und siehe da: Sie ging auf. Vorsichtig betrat er die Toreinfahrt. Von der Höhe und Breite her merkte man, dass hier früher Kutschen und Pferdegespanne aus- und eingefahren waren. Links und rechts führten einige

Stufen zu jeweils einem Hauseingang. Nowak tastete sich an der Wand entlang und suchte einen Lichtschalter. Als er ihn endlich fand, war er enttäuscht. Das Licht funktionierte nicht. Komisch, dachte er sich. Das Haus ist in einem picobello Zustand, aber das Licht in der Einfahrt war ausgefallen. Er nahm sein Handy und schaltete die Taschenlampenfunktion ein. Nun sah er, dass die Stufen links zu Zwertniks Catering-Firma führten. Geradeaus – vor Nowak – lag ein großes Metalltor mit Glasfenstern. Dort las er *Warenanlieferung*. Rechts hingegen ging es zum Büro der Event & Clubbing Ges.m.b.H. und der Liegenschaftsverwaltung. Nowak wollte schon kehrtmachen, da fiel ihm ein in die Wand eingelassener Sicherungskasten auf, der sperrangelweit offen stand. Nowak kam das merkwürdig vor. Er ging hin, leuchtete in den Kasten hinein und sah, dass der FI-Schutzschalter heruntergeklappt war. Da stimmte etwas nicht. Er beherrschte sich gerade noch, den Schalter mit bloßen Händen einzuschalten. Grummelnd kramte er ein Paar durchsichtige Plastikhandschuhe aus seiner Sakko-Innentasche, streifte sie über und drückte den Schalter nach oben. Augenblicklich wurde es hell. Als Nowak sich dann zu Zwertniks Büro bewegen wollte, stutzte er. Im Gang vor dem Büro lag ein baumlanger Kerl mit dem Gesicht nach unten. Eine Glock-Pistole lag ein Stück weiter am Boden, auf dem sich eine riesige Blutlache ausgebreitet hatte. Jetzt sah Nowak Fußabdrücke, die aus dem Büro kommend durch die Lacke hin zu der kleinen Tür führten, durch die er in die Toreinfahrt geschlüpft war.

„Scheiße ...“

Nowak lehnte sich an die Mauer und atmete mehrmals tief durch. Er war hundemüde und hatte nicht die geringste Lust, einen Tatort zu untersuchen.

„Ich Oasch ...“, schrie er, „ich blödes Oaschloch muss ausgerechnet da reingehen! Statt einfach heimzugehen ...“

Dann wählte er die Handynummer von Franz Wohlfahrt. Der saß gerade beim Abendessen, versprach aber, sofort vorbeizukommen. Als nächstes wählte er die Nummer von Frau Dr. Beck, doch die hob nicht ab. Schließlich rief er Ribarski an. Der meldete sich mit verschlafener Stimme. Als er hörte, dass Nowak im Büro von Zwertnik auf eine Leiche gestoßen war, war er plötzlich hellwach und schimpfte: „Mensch, den Zwertnik wollten wir doch morgen aufsuchen. Machst du jetzt Fleißaufgaben, du Streber?"

„Carl, red bitte keinen Schas ... Ich bin da reingestolpert."

„Man darf dich nicht allein lassen. Kaum eierst du allein durch die Stadt, baust du Mist. Scheiße."

Ähnlich erfreut reagierte Dirnberger: „Hearst Helmuth, weißt du, wie spät es ist? I lieg schon im Bett. Morgen, 9.00 Uhr in meinem Büro, berichtest du mir. Und jetzt gib a Ruah, gute Nacht."

Nowak schüttelte den Kopf. Er kam sich wie der letzte Trottel vor.

„Wenn i noch einmal auf die Welt komm, werd ich alles andere, nur net Kiberer", grantelte er. Dann setzte er sich auf die Stufen links und wartete. Gerade, als er eingedöst war, weckte ihn das Motorengeräusch von Carls Triumph. Der Motor wurde abgestellt, die Tür ging auf und Carl schlurfte mit total zerknittertem Gesicht herein und murmelte als Begrüßung: „Mann, siehst du Scheiße aus ..."

„Irrtum. Scheiße sieht der Typ aus, der da im Flur liegt."

Nun hielt ein Wagen vor der Einfahrt, Wohlfahrt kam mit dem Spurensicherungskoffer.

„... Abend die Herren! Na, mach ma heute eine Nachtschicht?"

Als ihm weder Nowak noch Ribarski antworteten und nur in den rechten Gang deuteten, warf er einen Blick hinein. Mit bitter-ironischem Ton fuhr er fort: „Und ob das a Nachtschicht wird. Helmuth, ich dank dir recht narrisch. Heut war eh nix im Fernsehen. Mir wär daheim fad geworden."

Er öffnete seinen Koffer und warf den beiden jeweils ein Paar hellblaue Plastiküberzieher hin, die sie sich über die Füße streiften. Wohlfahrt tat es ihnen gleich. Als Erstes fotografierte er alle Fußabdrücke in der Einfahrt sowie in der Blutlache. Dann kam der Tote im Flur an die Reihe. Schließlich durften Nowak und Ribarski die Leiche umdrehen. Nowak murmelte: „Ich glaub, ich kenn ihn. Wenn ich mich nicht täusche, dann ist das einer von Zwertniks Leibwächtern. Jack oder Joe oder so ..."

Wohlfahrt schoss eine weitere Serie von Fotos, dann gab er den Weg ins Büro frei: „So, jetzt könnt's weitergehen ..."

Nowak ließ Ribarski den Vortritt. Dieser öffnete die Bürotür und erstarrte.

„Boah ... 'n Splattermovie ist Kinderkram gegen!"

Nowak, der nun auch in das Büro hineinsah, hatte dem nichts hinzuzufügen.

*

„Guten Morgen, Otto! Ich hab ein paar Tatortfotos zusammengestellt. Damit du siehst, was du gestern Abend versäumt hast."

„Morgen, die Herren. Na, schau ma, was ma da haben ..."

Dirnberger setzte die Brille auf und begann den Stapel Fotos durchzublättern. Seine Gesichtsfarbe wurde blass, er lockerte sich die Krawatte, schluckte mehrmals und warf schließlich den Stapel vor sich auf den Schreibtisch.

„Täusch ich mich oder sind die Folterspuren denen auf Jimmy Lees Leiche ähnlich?"

Ribarski schnappte sich einige Fotos und betrachtete sie eine Zeit lang, während Nowak in seinem Kaffeehäferl umrührte und dann laut schlürfend daraus trank.

„Da können Sie schon Recht haben, Chef. Ist mir gestern am Tatort gar nicht aufgefallen."

„Und was sagst du, Helmuth?"

„Das hab i mir noch net überlegt. Was i mir überlegt hab, ist: Die Saukerle, die das dem Zwertnik angetan haben, die schnapp ich. Die kommen mir net aus."

„Was? Die verstümmelte Leich ist der Zwertnik?"

Nowak nickte düster. Ribarski kratzte sich den Bart und brummte: „Wir suchen den Schiwkow, weil der mit dem Jimmy Lee befreundet war. Helmuth will den Schiwkow in Zwertniks Club verhaften, da kommen so Ballermänner und mischen alles auf. Schiwkow taucht unter. Dann treffen wir Schiwkow im Lorenz Böhler mit blond gefärbten Haaren. Wie wir aus unseren Ermittlungen wissen, wurde er mit mittelschweren Verbrennungen eingeliefert. Angeblich ein Grillunfall. Könnte aber ein weiterer Anschlag auf Schiwkow gewesen sein. Schiwkow türmt mit Penny, auf die ebenfalls zwei Mordanschläge verübt worden sind. Gemeinsam tauchen beide unter. Jetzt versuchen die Typen, die hinter Schiwkow her sind, aus Zwertnik herauszubekommen, wo der sich aufhält. Da Zwertnik keine Ahnung hat, wird er zu Tode gefoltert. Was schließen wir daraus?"

„Dass Penny und Schiwkow in Lebensgefahr sind."

„Und dass das alles mit dem toten Jimmy Lee zusammenhängt. Meine Herren, was tu ma?"

„Mir is was aufg'fallen ..."

„Und was?"

„Wir ham noch immer nicht dem Jimmy Lee seine Kraxn g'funden."

„Du meinst den schwarzen Mercedes Viano mit verspiegelten Scheiben und auffälligen Alufelgen?"

„Genau den."

„Meine Herren, wir haben doch – gleich nachdem wir Jimmys Lees Sachen im Dong'schen Wohnhaus beschlag-

nahmt und die Fotos von diesem Kübel gefunden haben –
eine Suchmeldung hinausgegeben. Der Wagen hätte uns
längst ins Netz gehen müssen."

„Da gibt's nur zwei Erklärungen für. Entweder der Viano wurde in der Donau versenkt oder er steht am Arsch
der Welt – in Simmering[69]."

„Kollege Ribarski, das is a g'scheite Idee."

Dirnberger sprang auf und rief ins Büro hinaus: „Ich
brauch den Wohlfahrt! Sofort!"

Dirnberger hatte sich noch nicht wieder gesetzt, als
Wohlfahrt schon in der Tür stand.

„Wohlfahrt, lassen Sie alles liegen und stehen und
schaun S' auf der Stelle auf den Abschleppplatz Simmering. Schaun S', ob S' den schwarzen Viano vom Jimmy
Lee finden. Wenn ja, dann untersuchen S' ihn gleich kri-
minaltechnisch."

„Ist in Ordnung, Chef."

„Und ihr beide schaut's jetzt sofort hinaus nach Klosterneuburg zu Pennys Vater. Der hat a Riesenvilla. Dort könnten sich die Kollegin Lanz und der Schiwkow versteckt
halten. Sicher sind s' dort nicht. Weil wenn die Partie, die
den Zwertnik gestern in die Mangel genommen hat, in der
Villa einfällt, dann gute Nacht meine Herren."

*

Es wurde Sturm geläutet. Pennys Vater, der gerade mit Penny, Schiwkow und Ai Sung Kriegsrat hielt, stand bedächtig
auf und ging zur Hausüberwachungsanlage. Auf dem Bildschirm sah er Nowak und Ribarski. Seine Miene verdüsterte
sich. Er stieg hinunter ins Erdgeschoss und öffnete.

„Die Herren wünschen?"

---

[69] Autoabschleppplatz der Stadt Wien

„Grüssie, Herr Doktor Lanz. Oberstleutnant Nowak. Das ist Major Ribarski. Wir sind Kollegen von Ihrer Tochter. Dürfen wir einen Augenblick reinkommen?"

„Nein. Dürfen Sie nicht."

„Mann, stellen Sie sich nicht so an. Wir sind Kollegen Ihrer Tochter. Sie befindet sich in Lebensgefahr."

„Dieser Umstand ist mir schon wesentlich länger bewusst als euch. Euer Oberst hat ihr keinen Polizeischutz gewährt. Sie wäre im Krankenhaus um ein Haar von Killern liquidiert worden!"

„Woher wissen Sie das?"

„Es geht Sie zwar nichts an, aber der ärztliche Leiter dort ist ein alter Schulfreund von mir. Der hat mir die ganze Malaise bis ins Detail geschildert. Also, was wollen Sie?"

„Mit Penny sprechen und sie in Schutzhaft nehmen."

„Meine Tochter? Die ist nicht hier."

„Sind Sie sicher?"

„Glauben Sie, ich bin senil? Wenn ich sage, dass sie nicht hier ist, dann ist sie nicht da. Und jetzt belästigen Sie mich nicht weiter. Guten Tag!"

Er knallte die Tür vor den beiden Kiberern zu und stieg mit hochrotem Gesicht in den ersten Stock hinauf. Im Arbeitszimmer angekommen, polterte er: „Ich trau diesen beiden Arschgesichtern nicht."

„Also Papa, bitte! Das sind Kollegen von mir."

„Kollegen? Die haben keinen Finger gerührt, als du schutzlos im Lorenz Böhler gelegen bist. Wenn Bojko dich nicht gerettet hätte, wärst du jetzt mausetot."

„Die zwei können nichts dafür!"

„Ich trau denen nicht. Sie wollten unbedingt reinkommen und herumspionieren. Jetzt werden sie andere Wege suchen. Ihr müsst weg. Alle drei. Hier seid ihr nicht mehr sicher. Denn wenn die beiden sich hier herumdrücken, kommen früher oder später auch die Gangster, die Penny und Bojko verfolgen. Und das kann tödlich enden. Also, was mach ma?"

Keiner antwortete, stattdessen breitete sich drückende Stille aus.

Eine Mischung aus Ratlosigkeit, Angst, Belagerungsgefühl und Paranoia schwebte wie eine dunkle Wolke über den vier Menschen in der Villa. Durch Penny wogte eine Hasswelle. Sie hasste ihr eingegipstes Bein. Und sie hasste diese Arschlöcher, die ihr das angetan hatten und die sie nun verfolgten. Am allermeisten aber hasste sie ihre eigene Hilflosigkeit. Am liebsten wäre sie aufgesprungen, hinaus zu ihren beiden Kollegen geeilt und hätte mit ihnen die Lage besprochen. Danach hätten sie gemeinsam Maßnahmen ergriffen. So aber war sie total unbeweglich und extrem verletzbar. Außerdem war sie sich nicht einmal sicher, wie weit sie ihrem Dienstgeber, und damit meinte sie vor allem Dirnberger, trauen konnte. Die beiden da draußen würden für sie durchs Feuer gehen. Aber Dirnberger? Warum hatte er den Polizeischutz für sie abgelehnt? Diese Ungewissheit nagte an ihr. Und so saß sie da und brütete vor sich hin, ohne einen Ton zusagen. Schließlich brach Bojko das Schweigen: „Wir uns hier verschanzen und verteidigen."

Penny blickte ihn fragend an und er fuhr fort: „Dr. Lanz haben Jagdwaffen, Gewehre. Ich ganz guter Schütze. Er und ich schieben bewaffnet Wache. Penny, du hast Dienstwaffe. Trag sie immer bei dir und Ai Sung. Ihr beide bleibt immer zusammen."

Dr. Lanz kraulte seinen eisgrauen Bart und brummte: „Genug Waffen und Munition hab ich im Haus ..."

„Papa! Ich bitte dich! Das kommt überhaupt nicht in Frage. Ich werde nicht zulassen, dass du und das Haus hier zur Zielscheibe irgendwelcher mafiöser Angreifer werdet. Ich bin dafür, dass Bojko, Ai Sung und ich schnellstens hier verschwinden."

„Solange ich hier bin und dich beschütze, bist du sicher. Außerdem ist Bojko ...“

„Hör sofort auf mit diesem Blödsinn! Wir sind hier nicht sicher. Hier kann uns jeder Depp finden.“

„Da hast du natürlich Recht.“

„Wir müssen in ein Versteck, das niemand kennt. Und auf das niemand durch Recherche, Nachdenken oder sonst wie kommen kann. Wir brauchen einen völlig anonymen Unterschlupf.“

„Ihr könnt euch in meinem Revier in der Jagdhütte verstecken.“

Penny verzog den Mund und maulte: „Wenn uns hier wer sucht und nicht findet, wird er schau'n, ob du nicht sonst noch irgendwo einen Zweitwohnsitz oder eine Jagdhütte hast. Und dann sitzen wir erst recht in der Falle.“

Neuerliches Schweigen. Schließlich warf Bojko ein: „Nach drittem Überfall in meiner Wohnung ich bin gegangen in Hotel. Kleines Hotel in Mariahilf, völlig unauffällig. Dort ist Ruhe. Dort könnten wir untertauchen.“

„Auch das ist riskant. Wenn es der Zufall will, laufen wir gerade dort unseren Verfolgern ins Messer.“

Ai Sung, die bisher geschwiegen hatte, stand plötzlich auf und ging in ihr Zimmer. Wenig später kam sie zu den drei schweigend dasitzenden Personen zurück und klimperte mit zwei großen altmodischen Schlüsseln.

„Ai Sung wissen Velsteck.“

„Was?“

„Wo soll das sein?“

„Gehört es Dong?“

„Nein. Velsteck gehölen Jimmy Lee. Wenn el und ich allein sein wollten, dann dolt.“

„Ist das eine Wohnung, die Jimmy Lee gemietet hat?“

„Ein Haus. Jimmy Lee immel sagen, es ist unsel Liebesnest ...“

Ai Sung wurde knallrot. Penny schmunzelte und Bojko war verwundert: „Hat er mir immer nur von Lager erzählt, irgendwo in Niederösterreich. Ich dachte, das sein Lagerhalle."

„Nein. Altes Haus."

„Findest du dorthin?"

Ai Sung nickte und Penny kommandierte: „Okay. Wir ziehen dorthin. Wenn nicht einmal Bojko, der ja Jimmy Lees bester Freund war, das Haus kennt, dann ist es das perfekte Versteck. Jetzt müssen wir uns nur noch überlegen, wie wir hier rauskommen, ohne dass uns Helmuth und Carl folgen."

*

Pennys Mini schoss wie eine Rakete aus der Doppelgarage der Lanz'schen Villa. Als Nowak seinen Opel Rekord gestartet hatte, war der Mini in dem Labyrinth von Seitengassen, Einbahnstraßen und Fahrverbotsschildern, die so typisch für Klosterneuburg sind, verschwunden. Nowak fluchte und fuhr wie wild durch das Netz von Gässchen, ohne auch nur einen Augenblick den Mini zu sehen. Frustriert brachen er und Ribarski die Beschattung des Lanz'schen Anwesens ab und fuhren zurück ins Büro. Inzwischen parkte Dr. Lanz Pennys Mini ganz entspannt am Klosterneuburger Marktplatz ein und schlenderte zufrieden grinsend in die nächste Kaffeekonditorei.

Voll Wut schlug Nowak mehrmals mit der Faust aufs Armaturenbrett, was Ribarski zu der Bemerkung veranlasste: „Wenn du jetzt deine Karre zertrümmerst, müssen wir zu Fuß laufen."

„Mein Opel ist deutsche Wertarbeit. Der hält das aus."

Finster starrte er vor sich hin und fuhr dann fort: „Was ich aber nicht aushalte, ist, dass Penny uns ausgebremst hat. Das gehört sich unter Kollegen nicht. Wir wissen, dass sie nach dem Krankenhaus mit ihrem Vater telefoniert hat. Und dass sich ihr Handysignal nach Klosterneuburg zur Villa ihres Vaters bewegt hat. Dann kommen wir und wollen ihr Polizeischutz bieten, und der Alte wimmelt uns ab. Als Anwalt weiß er, dass wir nur mit einem richterlichen Durchsuchungsbefehl in sein Haus hineindürfen. Und den bekommen wir nicht. Blöd und gutmütig wie wir sind, warten wir vor der Villa, um mit ihr oder Schiwkow zu sprechen. Was macht sie? Sie hängt uns eiskalt ab und taucht unter. Ich versteh das nicht. Wir hätten sie in Schutzhaft genommen und Tag und Nacht auf sie aufgepasst ..."

„Die hat doch nur Angst, Mensch. Du und ich haben sie nicht beschützt, als sie unseren Schutz gebraucht hätte. Jetzt misstraut sie uns. Ich versteh das."

„Ich nicht. Außerdem war das der Otto, der ihr keinen Polizeischutz gewährt hat. Nicht wir."

„Kapierst du's immer noch nicht? Die ist verletzt, hat 'nen Gipsfuß und 'ne Scheißangst. Ende der Durchsage."

*

Im Büro wurden sie schon von Franz Wohlfahrt erwartet. Er klimperte mit einem Paar alter Schlüssel. Dunkle Dinger in zwei verschiedenen Größen mit geschwungenem Schlüsselbart und altmodischer Form.

„Die hab ich in Jimmy Lees Viano gefunden. Im Handschuhfach."

Ribarski nahm das Schlüsselpaar in die Hand und glotzte ungläubig.

„Sehen aus wie von Omma."

„Carl, in Wien sagt man Ooooma."

„Sagte ich doch: Omma."

„Jetzt streitet euch nicht wegen Carls Deutsch. Das ist doch lächerlich. Faktum ist, dass diese Schlüsseln zu zwei alten Schlössern gehören. Und wo findet man so alte Schlösser?"

„Na, in alten Häusern ..."

„Gewonnen! Also, macht euch an die Arbeit. Der Jimmy Lee hat irgendwo ein altes Haus gemietet oder gekauft. Weil Wohnungsschlüssel sind das nicht."

„Und wie sollen wir diese Bude finden?"

„Recherchieren, Carl, recherchieren ...", replizierte Wohlfahrt mit einem zynischen Grinser und ging. Ribarski und Nowak sahen einander verzweifelt an.

„So a Schas ..."

Ribarski ging zu seinem Arbeitsplatz und schaltete seinen PC ein. Er klickte Google Maps an, gab Wien ein und klickte dann auf das Satellitenbild der Stadt und ihrer Umgebung. Er meditierte eine Zeit lang über dem Bild.

„Okay. Fangen wir im Süden von Wien an. Jimmy Lees Ziehvater hat seine Firmenzentrale im 23. Bezirk. Da er ja auch für seinen Ziehvater diverse Jobs machen musste, gehen wir von der Annahme aus, dass er im Süden Wiens dieses alte Haus gemietet oder gekauft hat."

„Der Süden von Wien? Na gut. Kalksburg, Rodaun, Perchtoldsdorf, Brunn am Gebirge und Mödling scheiden aus, das ist a Gegend für G'stopfte. Weiter südlich und östlich sind das lauter Industriegründe beziehungsweise Shopping Plazas rund um die SCS. Das können wir alles streichen."

„Okay, das mit den Industriegegenden und Einkaufszentren kapiere ich. Aber wieso nicht Mödling oder Percht ... Perchtolddorf oder wie das heißt?"

„Weil das super Wohngegenden sind wo so a altes Haus für einen Normalverdiener unerschwinglich ist. So viel Geld hat der Jimmy Lee nie gehabt. Außerdem: Die alten Häuser dort sind alle pipifein saniert oder wurden einfach weggerissen und durch sauteure Reihenhäuser oder Neureichen-Villen ersetzt. Diese Häuser haben alle nicht solche Steinzeit-Schlösser. Die haben hochmoderne Sicherheitsschlösser."

„In Ordnung. Schau ma uns mal Vösendorf an ..."

Ribarski zoomte auf den Ort und murmelte: „Okay, lauter moderne Häuser, Wohnbauten, renovierte alte Häuser, wieder Wohnbauten, Einfamilienhäuser, Reihenhaussiedlung, Industrie, Äcker, Reihenhäuser ... und wir sind schon in Hennersdorf. Scheiße. Auch da alles erste Sahne. Kein einziges vergammeltes Althaus."

Helmuth, der seinem Kollegen bei der Suche über die Schulter sah, murmelte: „Du sagst es, Carl. Kein einziges vergammeltes Haus. Scheiße. Wir sind in der falschen Gegend. Was täte ich an Jimmy Lees Stelle?"

Carl Ribarski lehnte sich zurück, starrte eine Zeit lang hinaus auf die Donau und murmelte dann:

„Ich bin jung ... habe nicht viel Knete ... will meinem Ziehvater ausweichen ... habe was zu verstecken ... brauche einen Unterschlupf ... miete ein uraltes, vergammeltes Haus. Einen Sanierungsfall. Mit altem Tor, alten zugigen Fenstern, abblätterndem Putz, und innen mit einer windschiefen altmodischen Eingangstür ins Haus ..."

Helmuth Nowak nahm den größeren der beiden altmodischen Schlüssel und fuhr fort: „... das ist der Schlüssel für die Toreinfahrt. Der kleinere ist der für das Wohnhaus. Die weiteren Gebäude hinten im Hof haben kein Schloss. Die werden ganz altmodisch verriegelt. Mehr Schlüsseln brauchte man nicht. Weder für einen Briefkasten noch für einen Sicherungsschrank. Der Briefkasten ist ganz simpel aus Holz oder Blech, die Sicherungen sind hinter einem Holztürl. So ein altes, bäuerliches Gebäude suchen wir ..."

Sie suchten nun per Google Maps alle Gemeinden im Süden und Südosten von Wien ab. Einige markierten sie.

Dort, wo sie alte Häuser vermuteten. Sie fertigten eine Liste an. Dann druckten sie ein Bild von Jimmy Lee und von seinem schwarzen Mercedes Viano aus. Damit machten sie sich auf den Weg. In Helmuths Opel grasten sie die Ortschaften auf der Liste ab, läuteten bei Nachbarn solcher Objekte, gingen in Dorfwirtshäuser und Cafés, doch keiner kannte ein altes Haus, in dem seit einiger Zeit ein Chinese ein- und ausging. Jimmy Lee und auch sein Viano wurden nirgendwo erkannt.

*

Bojko, Penny und Ai Sung verließen im 5er BMW von Dr. Lanz in aller Ruhe die Villa und rollten in Richtung Wien. Sie fuhren jedoch nicht in die Stadt hinein, sondern bogen bei Nussdorf hinüber zur Donaubegleitautobahn ab. Penny lag ausgestreckt auf der Rückbank des BMW und war total erschöpft. Schöne Scheiße, dachte sie sich. Mit diesem verdammten Liegegips, der fast bis zum halben Oberschenkel hinaufreichte, wurde auch die kleinste Bewegung zur mühevollen Leibesübung. Um zu dem BMW zu gelangen, hatte sie sich auf Bojko gestützt und war auf einem Bein hingehüpft. Das Bein mit dem Liegegips immer sorgsam in der Luft haltend und nur ja nicht belastend. Und in so einem eingeschränkten Zustand begebe ich mich auf die Flucht. Ich bin bescheuert! Ich sollte darauf bestehen, dass Bojko mich ins Büro fährt. Dort würden Helmuth und Carl schon auf mich aufpassen. Andererseits, wenn der Chef mir neuerlich keinerlei Schutz gewähren würde, wäre das lebensgefährlich. Bisher hatte sie Dirnberger immer geschätzt. Jetzt fühlte sie sich von ihm verraten und verkauft. Tränen traten ihr in die Augen. Bojko drehte das Autoradio auf. Leise, klassische Klaviermusik erklang. Ach ja, Pennys Vater hörte ja immer Öl. Die Musik beruhigte Penny und sie schlief ein.

„Penny, aufwachen!"

Was war los? Was war geschehen? Wo war sie? Mühsam setzte sie sich auf und bemerkte, dass ihr das Kreuz saumäßig weh tat. Wieso saß sie auf der Rückbank des Autos ihres Vaters? Sie gähnte, und nach und nach kam die Erinnerung zurück.

„Wo sind wir?"

„Tuttendölfel."

„Da hatte Jimmy Lee seinen Unterschlupf?"

„Ja, Untelschlupf. Da vol uns, altes Haus."

Penny sah ein ebenerdiges Haus mit einer großen, schon etwas verfallenen Toreinfahrt. Sehr einladend sah das alles nicht aus.

„Na gut, dann schau ma es uns einmal an!"

Bojko half Penny beim Herausklettern aus dem Fond des BMWs, Ai Sung sperrte inzwischen das Tor auf. Auf Bojko gestützt hüpfte Penny mit ihrem gesunden Fuß in ihr neues Domizil. Der Hof war total verwildert, überall rankte Efeu.

„Ganz schön romantisch hier ..."

Ai Sung nickte lächelnd.

„Jimmy Lee das auch sagen. Haus sehl lomantisch."

Ai Sung hatte inzwischen die Eingangstür zum vorderen Teil des Hauses aufgesperrt. Penny fiel jedoch auf, dass durch das hohe Gras und Unkraut, das im Innenhof wucherte, ein Trampelpfad zu einem hinteren Gebäude führte.

„Wohin führt eigentlich dieser Weg?"

„Da geht's zu Lagel von Jimmy Lee."

„Sein Zigarettenlager?"

Ai Sung nickte und sagte eifrig: „Komm! Ich dil zeigen."

Mit Hilfe von Bojko schaffte Penny es, in den nächsten Minuten zu dem hinteren Gebäude zu hüpfen. Interessanterweise war der Eingang hier nicht mit einem Schloss, sondern nur mit einem einfachen Metallriegel versperrt.

Ai Sung öffnete ihn, und als Penny hineinspähte, glaubte sie, ihren Augen nicht zu trauen. Vor ihr befand sich ein Lager von mehreren zehntausend, wenn nicht sogar hunderttausenden Zigaretten.

Später, sie lag in einem Liegestuhl im Hof und hatte das Gipsbein auf einem alten Schemel hochgelagert, genoss sie die milde Nachmittagssonne. Sie befand sich nun allein in dem märchenhaften Ambiente des verwilderten Innenhofs. Was störte, war dieses penetrante Jucken unterhalb des Gipses. Am liebsten hätte sie eine Stricknadel oder einen Kleiderbügel aus Draht genommen und wäre damit zwischen Gipsverband und Haut hin und her gefahren. Das würde den Juckreiz stillen. Da sie aber allein war, Ai Sung und Bojko waren nach Korneuburg Lebensmittel einkaufen gefahren, konnte sie weder aus dem Liegestuhl aufstehen noch irgendjemanden um Hilfe bitten. Sie war eine Gefangene. Eine Gefangene ihres Liegegipses. Um sich abzulenken, schloss sie die Augen und zählte nach, wie lange sie den Gips schon hatte. Da sie sich an die ersten Tage im Spital nicht so genau erinnern konnte, rechnete sie einige Male hin und her. In Summe kam sie immer wieder darauf, dass sie den verdammten Gips schon eine Woche oben hatte. Das musste doch genügen. Allmählich war es Zeit für einen Gehgips. Damit würde sie ihre Bewegungsfreiheit wiedererlangen. Wo war ihr Handy? Fuck! Es lag drinnen im Haus am Tisch. Wen wollte sie überhaupt anrufen? Den behandelnden Arzt im Lorenz Böhler-Krankenhaus, einen gewissen Dr. Rust? Oder war das zu riskant? Sie schloss neuerlich die Augen und grübelte. Schließlich schlummerte sie ein. Als sie aufwachte, hörte sie Ai Sung und Bojko in der Küche werken. Und plötzlich war ihr klar, was sie zu tun hatte. Nicht mehr heute. Heute würde sie Ai Sungs Abendessen genießen – es roch schon fantastisch aus der Küche.

Aber morgen würde sie sich dieses lästigen Liegegipses entledigen. Morgen war Action angesagt.

*

Drei Männer saßen vor Ribarskis Daubelhütte am träge dahinfließenden Strom. Im Westen verschwand die Sonne in Form eines schönen, aber keineswegs spektakulären Sonnenuntergangs. Drei Männer, die auf offenem Feuer Fleisch grillten und dazu Bier tranken. Endlich hatte es geklappt, dass alle drei Zeit hatten. Nach dem äußerst frustrierenden Tag, der mit Pennys Verschwinden in Klosterneuburg begonnen und mit der Suche nach der Nadel im Häuser-Heuhaufen rund um Wien ergebnislos geendet hatte, saßen Helmuth und Carl gemeinsam mit Zoltán am Lagerfeuer und grillten Käsekrainer sowie Fleischscheiben vom Schweinebauch. Zischend tropfte immer wieder etwas Käse oder Fett in die Flammen. Dann roch es fantastisch. Ja, das haben wir uns nach diesem bekackten Tag verdient, dachte Carl, nahm einen Schluck Bier und rülpste verhalten. Die Dunkelheit breitete sich wie ein Samtvorhang über die drei, und das Züngeln der Flammen bekam etwas Mystisches.

„Ich hab heut den ganzen Tag an einer Kalkulation gearbeitet. Ich bin fix und foxi."

„Was haste gerechnet?"

„Ich plane, einen Teil von Meyer & Wagner zu übernehmen."

Carl pfiff durch die Zähne und Helmuth konnte sich folgenden Zynismus nicht verkneifen: „Das kam dir ja gerade recht, dass wir den Till Meyer verhaftet haben und ihm den Schmuggel und die Verteilung der lebensgefährlichen Tschick sowie die fahrlässige Tötung von mindestens zwölf Menschen nachweisen konnten."

Zoltán sah ihn kurz prüfend an, dann verzog sich sein Mund unter dem gepflegten Oberlippenbärtchen zu einem

Lächeln: „Wollt ihr eine Prämie? Kein Problem, wenn die Übernahme geklappt hat."

„Nee, Zoltán. Das würde verdammt nach Bestechung riechen."

„Du könntest uns aber auf ein piekfeines Abendessen einladen, wenn alles geklappt hat ..."

„Das hätte ich sowieso gemacht. Weil Erfolge gehören gefeiert. Und mit wem feiert man? Mit seinen Freunden. Prost!"

Zoltán erhob seine Bierflasche und stieß mit Carl und Helmuth an.

„Auf uns!"

„Auf uns ..."

Mit einem ziemlich lauten „Plopp" platzte die Haut einer Käsekrainer und ein Gemisch aus Fett und Käse tropfte zischend in die Flammen. Helmuth fischte sie mit einer Gabel vom Grillrost.

„Ah! Das ist meine. Schön knusprig. Die hab ich mir heute nach diesem Oaschtag verdient."

„Wieso? Was war denn los?"

Helmuth antwortete nicht, sondern verzehrte konzentriert seine Käsekrainer. Ribarski wollte nicht unhöflich sein und brummte: „Zuerst ist uns unsere Kollegin Penny gemeinsam mit einem Kleinkriminellen namens Schiwkow durch die Lappen gegangen und dann haben wir die Nadel im Heuhaufen gesucht."

„Was? Die beiden habt ihr gesucht?"

„Nee. So 'ne alte Bude haben wir gesucht, in der Jimmy Lee offensichtlich einen Unterschlupf gehabt hat."

„Jetzt versteh ich Bahnhof ..."

„Wir haben Jimmy Lees Wagen gefunden, und im Handschuhfach war ein Schlüsselbund mit zwei Schlüsseln. Völlig veraltetes Zeug. Wie von Omma. Deshalb können sie nur von so 'nem alten Schuppen sein. Und diese Absteige haben wir erfolglos gesucht."

Zoltán holte sich ein Stück Bauchfleisch vom Grill. Das Fett am oberen Rand war eine Kruste, die herrlich knirschte, als er hineinbiss. Kauend erhob er sich, stapfte zu seiner Jawa und holte aus einer Satteltasche eine Schnapsflasche hervor.

„In Ungarn trinkt man zum fetten Essen immer einen Pálinka. Einen Schnaps."

„Ui! Jetzt will er uns mit so einem ungarischen Industrieschnaps vergiften. Was ist das? Ein Barack? Oder ein Cseresznye?"

„Cseresznye stimmt. Es ist ein Kirsch. Allerdings nicht aus Ungarn, sondern aus der Schweiz. Und damit vergifte ich dich sicher nicht. Da, probier einmal!"

Helmuth griff zu der dargebotenen Schnapsflasche und machte als erster einen Schluck. Er ließ ihn über den Gaumen rollen, seine Augen wurden groß, er schluckte und stöhnte: „Ah! Der ist ein Erlebnis!"

Er nahm noch einen Schluck und gab die Flasche an Carl weiter, der ebenfalls kostete und im unsteten Licht des Feuers das Etikett zu entziffern suchte: „Zu ... Zu ... ger Kirsch ..."

„Du sagst es Carl. Zuger Kirsch. Hab ich von einem Schweizer Geschäftsfreund geschenkt bekommen. Ist was ganz Feines. So was trinkt man nur mit guten Freunden."

Die Flasche war nun zu Zoltán zurückgekehrt, und auch er machte einen kräftigen Schluck. Dann knabberte er an seinem kross gebratenen Bauchfleisch weiter. Jetzt redete sich auch Helmuth seinen Frust von der Seele. Welche Sorgen er sich um Penny machte und wie sie verzweifelt versuchten, mehr über Jimmy Lee und seinen Tod zu erfahren. Deshalb durchstreiften sie mit seinem Foto und dem seines Viano Vans die Kaffee- und Wirtshäuser der Ortschaften rund um Wien. Ihre Überlegung war, dass ein Chinese mit einem schwarzen Mercedes Van in einem kleinen, niederösterreichischen Ort auffiel. Vor allem, wenn er sich eine alte, baufällige Bude im

Dorf gemietet hatte. Irgendwo musste diese verdammte alte Hütte zu finden sein, zu der die zwei altmodischen Schlüssel passten.

*

„Franziska?"

„Penny, bist du das?"

„Ja. Und ich brauch deine Hilfe."

„Wie geht's dir? Ich hab mir schon solche Sorgen gemacht. Du kannst doch nicht einfach aus dem Spital abhauen! Das geht gar nicht."

„Ach was! Unkraut vergeht nicht. Und im Spital war ich nicht mehr sicher. Da wollten mir zwei Typen eine tödliche Spritze verpassen."

„Penny, ich weiß. Ich hab das Zeug analysiert. Wie ich dem Dirnberger sagte, dass da Insulin drinnen war, ist er ganz weiß im Gesicht geworden."

„Franziska? Bitte! Ich möcht das gar nicht hören! Ich möchte nur, dass du mir den Scheißliegegips runternimmst und mir einen Gehgips verpasst."

„Aber ich bin Pathologin ..."

„Du bist meine Freundin und du musst mir helfen. Wenn ich zurück ins Lorenz Böhler gehe, warten dort die Killer auf mich. Also was ist, hilfst du mir oder nicht?"

„Okay, okay. Ruf mich in zwanzig Minuten noch einmal an. Ich checke das."

*

Penny musste bis zum Abend des nächsten Tages warten. Erst während der Nachtschicht würde sie ihren Gips loswerden. Und zwar im Hanusch-Krankenhaus. Dort kannte Franziska Beck einen Oberarzt. Einen Unfallchirurgen. Es war eine mühsame Fahrt vom Tuttendörfl über die Donaubegleitautobahn und die Nordbrücke, dann den Gürtel entlang und schließlich die Hütteldorfer Straße stadtauswärts. Der Gürtel schien von einem einzigen kilometerlangen Stau blockiert zu sein, und auch auf der Hütteldorfer Straße ging es erst nach der Kreuzung Johnstraße etwas flotter dahin. Mit einer Viertelstunde Verspätung erreichten sie schließlich das Hanusch-Krankenhaus. Sie fuhren beim Haupteingang hinein und dann links um einen beträchtlichen Teil des Spitals herum. Bis sie plötzlich den Pavillon 4, die Notaufnahme, vor sich hatten. Dort zwängten sie sich in eine Parklücke.

Penny zückte ihr Handy und rief Franziska an. Die hob sofort ab und polterte: „Wo zum Henker seid ihr? Ich hab mir schon Sorgen gemacht! Wo steht das Auto? Links von der Notaufnahme ... ein dunkelblauer 5er BMW ... okay wir kommen."

Bojko hob Penny vom Rücksitz und half ihr auf. Auf einem Bein stehend und auf die offene Autotür gelehnt wartete sie. Und dann musste sie grinsen. Franziska hatte doch tatsächlich einen weißen Ärztemantel und eine weiße Spitalshose an. In ihrem Schlepptau schob ein Krankenpfleger eine Transportliege. Wortlos kam die Pathologin auf Penny zu und umarmte sie innig. Dabei seufzte sie: „Mädchen, du kannst dir ja gar nicht vorstellen, welche Sorgen ich mir gemacht habe. Komm, ich helf dir auf die Liege. Dein Chauffeur und deine Freundin müssen hier warten."

Bojko und Ai Sung nickten artig. Als Penny auf der Liege lag und zu einem Nebeneingang geschoben wurde, fragte sie Franziska: „Arbeitest du nebenbei hier im Hanusch?"

„Quatsch. Die Verkleidung als Stationsärztin habe ich mir von daheim mitgenommen. Hatte ich noch von früher."

Und leise fügte sie hinzu: „Wir sollten hier so wenig wie möglich auffallen."

Im Haus fuhren sie einen langen Gang in etwa bis zur Mitte. Dort gab Dr. Beck dem Stationsgehilfen folgende Anweisung: „Dragan, Sie warten hier mit der Patientin. Ich werfe mal 'nen Blick ins Gipszimmer."

Der Pfleger nickte grinsend, und nachdem Franziska hinter einer Tür verschwunden war, schob er sich einen Kaugummi in den Mund und sagte zu Penny: „Alles okay. Kein Problem."

Penny nickte. Kurze Zeit später wurde eine andere Tür geöffnet und Penny hörte Franziska rufen: „Dragan, bringen Sie bitte die Patientin in den 2er Gipsraum."

„Mach ma, Frau Doktor!"

Penny wurde in einen Raum geschoben, in dem es intensiv nach Gips roch. Dragan half ihr beim Aufsetzen und beim Hinüberrutschen auf einen erhöht stehenden Sessel. Dann schob er eine Stütze unter ihr Gipsbein. Franziska kommandierte: „Schere!"

Der Gipser, ein noch recht junger Bursch, reichte sie ihr. Behutsam schnitt sie den Monstergips auf, der Pennys Bein umhüllte. Penny atmete auf, als das Ding schließlich zu Boden glitt. Vergnügt wackelte sie mit ihren nicht ganz sauberen Zehen. Franziska sah sich ihr Bein an und murmelte: „Ist gut verheilt. Aber ich hol schnell den Spezialisten ..."

Sie verschwand im Nebenraum, und kurze Zeit später erschien an ihrer Seite ein ebenso kugelrunder Mensch wie sie selbst. Es war ihr Bekannter, Oberarzt Dr. Walter Kainz. Er schüttelte Penny mit einem freundlichen Schmunzeln die Hand und untersuchte dann konzentriert ihr Bein. Schließlich stellte er zufrieden fest: „Na, das schaut ja schön aus. Jetzt stütz ma das Haxerl noch vier Wochen mit einem Gehgips und nachher ist es wieder wie neu."

„Werde ich wieder joggen können?"

„Aber selbstverständlich. Am Anfang wird's a bisserl wehtun, aber das gibt sich mit der Zeit. Prima! Ich muss wieder zurück in die Notaufnahme, da haben wir gerade einen Verkehrsunfall hereinbekommen. Ich wünsch Ihnen alles Gute!"

„Danke, Herr Doktor!"

„Keine Ursache, schönen Abend! Franziska, wir beide telefonieren. Baba!"

„Tschüss, Walter! Ich ruf dich an."

Und dann bekam Penny endlich den wesentlich leichteren und auch kürzeren Gips verpasst. Als er trocken war und sie von ihrem Podest heruntersteigen durfte, knickte sie fast ein. Doch der junge Gipser und Franziska fingen sie auf und bewahrten sie vor einem Sturz. Die Muskeln in ihrem Gipsfuß fühlten sich an wie Pudding. Franziska drückte ihre eine Krücke in die Hand und tadelte: „Nicht so stürmisch, Frau Inspektor."

*

Mr. Dong hatte Sorgen. Große Sorgen. Mit zerfurchtem Gesicht stieg er an diesem Morgen in seinen 600er Mercedes. Jeden Tag war ein neues Problem aufgetaucht, sein Qi konnte nicht mehr fließen und staute sich in der Leber, sodass sein Magen überhitzte und ihm Schmerzen bereitete. Was heißt Sorgen? Er hatte außer Problemen nur Probleme. Gewaltige Probleme: die Anklagen wegen Mitgliedschaft in einer kriminellen Vereinigung, wegen Schlepperei und Menschenschmuggel sowie wegen diverser Zoll- und Steuervergehen und wegen illegaler Importe. Das meiste davon hatte ihm diese verdammte kleine Fotze, die Revierinspektorin Lanz, eingebrockt. Als ihre Informantin fungierte Ai Sung, die sich irgendwo versteckt hielt. Liquidieren! Am liebsten würde er beide liquidieren lassen. Aber das ging nicht, denn beide waren untergetaucht. Nun breitete sich das Sodbrennen auch auf seinen Schlund aus. Es stieß ihm ununterbrochen sauer auf und er musste sich sehr beherrschen, um nicht in seinen Wagen zu kotzen. Er schloss die Augen und versuchte, tief und langsam durchzuatmen. Als das nichts half, befahl er dem Chauffeur mit erstickter Stimme, rechts ranzufahren und anzuhalten. Dong riss die Autotür auf und erbrach sein Frühstück in den schmalen Spalt zwischen Auto und Randstein. Als sein Chauffeur gewohnheitsmäßig in Richtung Firmenzentrale weiterfahren wollte, fauchte er ihn an: „Zum Flughafen!"

Kaum hatte er das ausgesprochen, krümmte sich sein Magen so heftig zusammen, dass er vor Schmerzen nach Luft schnappen musste. Es war zum Verzweifeln. Diese Fahrt zum Flughafen war wie die Fahrt zu einer Hinrichtung. Es war der Kotau vor seiner Frau und deren Familie. Und natürlich vor seinem ungeliebten Schwiegervater Wang Bo, dem Milliardär, dessen hässliche Tochter er geheiratet hatte, um in den Clan der Superreichen aufzusteigen. Statt aber eine tolle Stelle in Wang Bos weitverzweigtem Konzern zu bekommen, schickte ihn dieser nach Österreich, um hier eine Restaurantkette zu eröffnen. Lu Dong hatte viel Fleiß und Arbeit und noch mehr Härte und Brutalität eingesetzt, um diese Aufgabe zu meistern. Doch sein Schwiegervater war nie zufrieden gewesen und forderte immer mehr von ihm. Als Lu Dong sich dann vor drei Jahren in eine Jüngere verliebte, verließ ihn seine Frau und kehrte zu ihrer Familie nach China zurück. Von da an wurde es für Lu Dong besonders schwierig. Wang Bo setzte ihn finanziell ständig unter Druck. Jetzt mit den anlaufenden Gerichtsverfahren und der ungeheuren Geldsumme, die Lu Dong für seine Kaution aufstellen musste, reichte es Wang Bo. Er schickte seine Tochter als neue Statthalterin nach Österreich. Eine entsprechende E-Mail hatte Dong vor zwei Tagen erhalten. In dieser Mail stand auch, dass zum Schutz und zur Unterstützung seiner Tochter zwei Bodyguards sowie ein Buchhalter mitkämen. Letzterer würde Lu Dongs Bücher prüfen und ab sofort auch als Chief Controlling Officer die Firma mitleiten. Die Fahrt zum Flughafen war der finale Kotau vor Wang Bo und seiner Familie. Als Dong das durch den Kopf ging, befahl er dem Chauffeur neuerlich, rechts anzuhalten. Wieder beugte er sich raus und versuchte zu kotzen. Doch es kam nichts mehr. Er würgte und würgte, bis schließlich nur mehr grünliche Flüssigkeit in den Straßengraben sickerte.

*

„Wir chaben sie!"
  „Wo?"
  „Tuttän Düfel."
  „Wo zum Kuckuck?"
  „Tuttän toifel."
  „Scheiße. Schick mir eine SMS mit dem exakten Namen des Ortes."
  Auflegen, aufspringen, hin zum Waffenschrank: Eine Glock und die handliche Mini Uzi. Sein Handy piepste. Eine SMS, die aus einem Wort bestand: *Tuttendörfl*. Er grinste. Von den vier Mannschaften, die er für die Suche in die Dörfer rund um Wien ausgesandt hatte, hatte ausgerechnet das ukrainische Team den Unterschlupf Jimmy Lees gefunden. Hoffentlich waren dort nun auch die 500.000 Zigaretten, die dieser Verbrecher ihm im Zuge der Zusammenarbeit gestohlen hatte. Wahrscheinlich war auch, dass sich in diesem Versteck Schiwkow und diese Polizistin verkrochen hatten. Nun hatte er endlich die Chance, beide zu liquidieren. Er war fest entschlossen, diese Gelegenheit zu nutzen. Die Ukrainer! Das waren nicht nur unerschrockene Kämpfer, sie kämpften auch mit sämtlichen Sprachen. Er zog es vor, mit ihnen zumeist auf Deutsch zu kommunizieren, da ihr Englisch noch viel übler war als ihr Deutsch. Und Russisch hatte er sich vor langer Zeit geschworen, nie wieder in den Mund zu neh-

men. Er wählte die Nummer der Ukrainer und befahl: „Ihr wartet, bis ich da bin. Wir machen das Ganze quiet and easy. You understand? Quiet and easy."

„Okay, Boss. Jawohl. Wenn du da, dann erst Action."

„Ich brauche zwanzig Minuten."

„Okay, Boss. Warten auf dich. Quät 'nd isay."

Er griff neuerlich in den Waffenschrank und holte den Schalldämpfer für die Glock und dann den für die Mini Uzi. Im Tuttendörfl befand sich ein sehr beliebtes Lokal. In unmittelbarer Nachbarschaft dieses Restaurants durften sie auf keinen Fall Krach machen, sonst stand die Polizei vor der Tür. Der Job musste *quiet and easy* erledigt werden. Er schraubte die Schalldämpfer auf die Waffen, lud die Magazine, schlüpfte in eine Fischerweste, deren Seitentaschen er mit Ersatzmagazinen füllte. Dann Lederjacke, Motorradstiefel, Helm und ab die Post!

*

„Du bleibst hier. Verdammt noch einmal!"

Bojko zog den Kopf ein und starrte auf seine Zehen. So hatte Penny noch nie mit ihm geredet. Als sie merkte, dass sie zu weit gegangen war, legte sie freundschaftlich ihre Hand auf seinen breiten Bizeps und sagte sanft: „Bojko, was ich jetzt vorhabe, ist mein Beruf. Du bist kein Polizist. Mein Job ist es, diese Scheiße, in die wir alle drei hineingeraten sind, endgültig zu klären. Mit dem Gehgips bin ich auch so weit fit, dass ich das machen kann. Du hast eine andere Aufgabe: Du bleibst hier und beschützt Ai Sung. Ich möchte nicht, dass Dongs Männer sie in die Finger kriegen. Hast du mich verstanden? Du bist für sie verantwortlich."

Bojko nickte. Und als Penny ihn umarmte und ihm einen nicht unzärtlichen Kuss auf die Wange gab, wurde er knallrot. Penny umarmte auch Ai Sung. Dann ging sie.

Mit großer, innerer Anspannung und hochkonzentriert lenkte sie den BMW ihres Vaters. Der Gips irritierte sie beim Fahren. Genauso wie er sie beim Gehen behinderte. Sie fuhr die Donaubegleitautobahn in Richtung Hafen. Aber weder zum Freudenauer noch zum Alberner Hafen. Sie blieb am linken Donauufer und nahm die Abfahrt zum Ölhafen. Das war das eigentlich Sensationelle, womit Ai Sung herausgerückt war. Jimmy Lee hatte den Nachschub für seine illegalen Zigarettengeschäfte nicht aus dem Wiener Hafen auf der rechten Donauseite, sondern aus dem Ölhafen bezogen. Das war ein cleverer Schachzug der Schmuggler. Niemand würde ein Zigarettendepot im Ölhafen vermuten. Als Penny, nachdem sie die beliebten Ausflugslokale, die sich am Ufer der Neuen Donau befanden, hinter sich gelassen hatte und die letzten Kilometer der Straße zum Ölhafen mutterseelenallein entlangfuhr, schnappte sie ihr Handy. Sie schaltete es ein und sandte Helmuth und Carl folgende SMS: *Hauptdepot der Killer-Tschick befindet sich im Ölhafen. Bin auf dem Weg dorthin. In dunkelblauem 5er BMW.* Dann schaltete sie ihr Handy wieder ab. Entweder die Jungs kamen oder sie zog das Ding allein durch.

*

Ein Ukrainer lag tot am Boden. Rund um seinen zerschmetterten Kopf ein Sumpf von Blut vermischt mit weißer Hirnmasse. Bojko hatte ihn mit einer Vierkantlatte, die er in der Gerümpelkammer gefunden hatte, den Schädel eingeschlagen. Dann war er von einem Feuerstoß der Uzi umgemäht worden. Er lag nun ebenfalls in einer Blutlache, zu schwach um aufzustehen, geschweige denn sich zu bewegen. All das war nicht schlimm. Bojko hatte damit gerechnet, dass sie ihn irgendwann erwischen würden. Irgendwann war nun eingetreten. Schlimm war, dass sie Ai Sung in die Mangel nahmen. Zwei Ukrainer hielten ihren zarten, nackten Körper, während der dritte mit einem Kampfmesser rote Linien in ihre Haut ritzte. Ai Sung schrie wie verrückt, doch der Sadist agierte mit irrem Lächeln und ruhiger Hand. Sein Messer zog vertikale und horizontale Blutspuren über ihren Körper. Die Messerspitze drang nun ...

„Stopp!"

Das Messer hielt inne. Ai Sung schrie. Ihr schweißnasser Körper wand sich vor Schmerz.

„Schiwkow, ich frag dich zum letzten Mal: Wo ist die Dritte von euch? Die Polizistin?"

Bojko sah die Messerspitze. Dann sah er Ai Sungs irren Blick. Tränen liefen ihm herunter, er konnte nicht länger schweigen. Er hielt die Qual, bei der Folter weiter zusehen zu müssen, nicht mehr aus. Er bekam einen Heulkrampf, der seinen Oberkörper schüttelte. „Ihr perversen Schweine ...", stammelte er. Der Messermann ließ von Ai Sung ab. Langsam kam er auf Schiwkow zu. Ein Bündel schluchzendes Elend. Er packte ihn an den Haaren, zog ihn hoch und schlitzte mit dem Messer Schiwkows T-Shirt auf. Nun sah man die beiden Einschüsse in seinem Oberkörper. Beide bluteten stark. Plötzlich bohrte sich die Messerspitze in das obere Einschussloch. Wie Stromstöße wirkten die Bewegungen der Messerspitze in Schiwkows Wunde. Sein massiger Körper zappelte unkontrolliert. Er selbst brüllte wie ein Stier. Schließlich keuchte er: „Sie ist zum Ölhafen ... zum Hauptlager ..."

Der Anführer sprang auf und befahl: „Ihr transportiert das gesamte Zigarettenlager hier ab. Ihr werdet mehrmals fahren müssen. Die Ware bringt ihr ins neue Lager."

In der Tür drehte er sich um und sah, dass sich Sergej, der Typ mit dem Kampfmesser, wieder über Ai Sung gebeugt hatte. Er herrschte den Ukrainer an: „Ihr sollt Zigaretten verladen. Eure perversen Spiele könnt ihr später spielen!"

Sergej zuckte wie von einem Peitschenhieb getroffen zusammen.

„Es ist jetzt 20.15 Uhr. Spätestens um 22.15 Uhr brennt dieses Haus. Im neuen Lager findet ihr zwei Kanister Treibstoff. Schiwkow und die Kleine bleiben gefesselt liegen. Euer toter Kamerad bleibt ebenfalls hier. Alle drei werden verbrannt. Verstanden?"

„Jawohl, Boss. 22.15 Uhr brennt Haus hier. Mit Schiwkow, Mädchen und Vladimir."

„Wenn nicht, zieh ich euch zwanzig Prozent von eurer Gage ab."

*

Penny sah ein Hinweisschild: IMPEX OIL. Sie bremste und fuhr langsamer. Wo verdammt noch einmal hatte sie diesen Firmennamen schon gesehen? Sie erreichte den Ölhafen und sah die Anlegestationen von verschiedenen Firmen. Ai Sung sprach von einer mit zwei Hütten drauf, die sich rechts von der Zufahrt befand. Also fuhr Penny nach rechts die ganze Reihe ab, drehte um und rollte langsam zurück. Vor der Anlegestation, bei der zwei Pontons mit jeweils einer Hütte drauf nebeneinander im Wasser schwammen, blieb sie stehen. Eine kleine Tafel trug die Aufschrift IMPEX OIL. Der Zugang war nur mit einer rotweißroten Kette abgesperrt, unter der Penny durchschlüpfte. Über den schwankenden Steg humpelte sie hinüber zur Ölladestation, die auf Pontons schwamm. Es waren zwei mittelgroße Häuser, die natürlich versperrt waren. Penny zögerte. Sollte sie die Tür aufbrechen? Wenn ihr Verdacht sich nicht bestätigte, wenn Ai Sung sie falsch informiert hatte, war das Hausfriedensbruch. Nachdenklich starrte sie in das brackige Wasser, auf dem die Ölladestation schwamm. Schließlich gab sie sich einen Ruck, zog ihre Dienstpistole und feuerte auf das Schloss. Funken spritzten, der Quer-

schläger sowie Metallteile flogen ihr um die Ohren. Aber:
Das Schloss war geknackt. Penny verharrte gut eine Minu-
te wie erstarrt und wartete, ob der Nachhall des Schusses
irgendwen aufgeschreckt hatte. Doch kein einziges unge-
wöhnliches Geräusch störte die nächtliche Stille des Ölha-
fens und des umliegenden Augebiets. Nun machte sie sich
an der Tür zu schaffen. Mit einiger Mühe brachte Penny
sie auf und stolperte in einen dunklen Raum. Es roch nach
Schmierfett, Maschinenöl und Staub. Vorsichtig tastete sie
zuerst die rechte und dann die linke Wand ab. Endlich der
Lichtschalter. Im Licht der aufflackernden Neonröhren
sah sie, dass sie sich in einem schmalen Maschinenraum
befand. An der Längsseite des Raums war eine breite Tür.
Verschlossen. Penny überlegte. Wenn sich dahinter wirklich
das Lager mit den Killer-Tschick befand, dann war hier mit
hoher Wahrscheinlichkeit irgendwo ein Schlüssel versteckt.
Mit ihm konnten Eingeweihte jederzeit die Zigaretten ab-
holen beziehungsweise anliefern. Penny fuhr mit der Hand
oben über die Zarge. Fehlanzeige. Dort war nur Staub, der
ihre Finger dunkelgrau färbte. Grauslich. Bei der Tür gab es
eine Fußmatte. Mit spitzen Fingern hob sie das vor Schmutz
starrende Ding in die Höhe. Darunter befand sich jedoch
nichts. Suchend sah sie sich in dem kleinen Raum um. Okay,
da stand noch ein Schreibtisch aus Metall, auf den verschie-
dene Mess- und Steuerungsgeräte montiert waren. Penny
entdeckte auf der linken Seite eine schmale Lade. Sie öffnete sie und fand einen kaputten Kugelschreiber, mehrere
angekaute Bleistifte und ein schmuddeliges Heft, in dem
die Mengen Öl, die hier verladen wurden, mit Bleistift ein-
getragen waren. Penny wollte schon enttäuscht die Lade
wieder schließen, als sie einem Impuls folgend den Arm
in die Lade hineinsteckte und das hintere Ende abtastete.
Und bingo! Sie fand einen Schlüssel, der tatsächlich zur ver-
sperrten Tür passte. Penny schloss auf. Von draußen hörte
sie ein Motorradgeräusch, das sich rasch näherte. Sie warf

einen schnellen Blick in den Raum hinter der Tür und hielt den Atem an. Vor ihr befand sich ein riesiger Lagerraum, in dem hunderttausende Zigaretten aufgestapelt waren. Das Lager nahm die gesamte Fläche des zweiten Hauses ein. Das Motorrad blieb direkt vor der IMPEX OIL-Pumpstation stehen. Penny trat aus dem Haus hinaus. Mitten ins Maschinenpistolenfeuer. Sie warf sich zu Boden und rollte von der hell erleuchteten Tür weg. Auf allen vieren kroch sie zum dunklen hinteren Teil der Ölladestation. Das MP-Feuer wurde eingestellt. Sie hörte jemanden über den Landungssteg laufen. Mit zitternden Händen packte sie ihre Pistole, stand auf und feuerte. Der Typ schoss sofort zurück. Diesmal aus einer Pistole. Obwohl er lief, zielte er gut. Eine Kugel zerfetzte Pennys Lederjacke oberhalb der Schulter. Sie ließ sich fallen und zitterte. Ihre Hand tastete an die Schulter. Alles zerrissen, aber Gott sei Dank kein Blut. Ein Streifschuss. Die Schritte kamen bedrohlich näher, Penny kroch bis ans Ende des Stegs, der die Ölladestation umgab. Nun stand der Kerl vor der hell erleuchteten Tür. Penny riss ihre Dienstpistole hoch und schoss mehrmals, ihr Gegner duckte sich und feuerte mit der Uzi wie ein Verrückter. Vor lauter Schreck rutschte Penny aus und fiel Hals über Kopf ins Wasser. Sie hörte nicht mehr das Motorengeräusch von Carls Triumph, denn Penny tauchte unter.

„Mensch, Zoltán, bist du bescheuert? Lass sofort die Knarre fallen! Wir sind hier nicht im Krieg!"

Ein Feuerstoß aus der Uzi war die Antwort. Carl taumelte und fiel zu Boden. Mit quietschenden Reifen hatte Helmuths Opel unmittelbar neben Carl gehalten. Helmuth sprang mit gezückter Pistole aus dem Auto und feuerte ununterbrochen in Richtung Zoltán Ádám. Plötzlich ein Schrei und dann ein leiserer. Ádám wankte und fiel vornüber zu Boden. Helmuth lag am Bauch und wechselte das Magazin. Vorsichtig robbte er in Richtung

Landungssteg. Als sich der Angeschossene auf der Ölladestation nicht bewegte, stand er langsam auf. Immer
mit der Pistole auf Ádám zielend ging er über den Steg
auf ihn zu. Zoltán lag da und hielt sich die Brust. Oberkörper und Hände waren voller Blut. Nowak beförderte
die Uzi mit einem Tritt ins Wasser, ein weiterer Tritt ließ
die Glock ans andere Ende des Stegs schlittern. Von dort
hörte Helmuth plötzlich glucksende Geräusche und ein
zittriges „Hilfe ..."

„Penny?"

„Hilfe ... Der Gips zieht mich runter ..."

Helmuth sprintete vor und sah, wie sich Penny mit vor
Schreck geweiteten Augen an einen Ponton zu klammern
versuchte. Immer wieder rutschte sie von der glitschigen,
mit Algen überzogenen Oberfläche ab. Ohne auch nur
eine Sekunde nachzudenken, sprang der Oberstleutnant
ins Wasser. Mit ein paar kräftigen Schwimmzügen war er
bei Penny. Er nahm sie mit einem Arm am Oberkörper,
drehte sie auf den Rücken, legte sich selbst auf den Rücken und schwamm so rücklings, Penny hinter sich her-
ziehend, ans Ufer.

Carl, der mittlerweile wieder auf den Beinen war, blu-
tete am Kopf und an der Schulter. Er wankte auf den in
einer Blutlache liegenden Zoltán Ádám zu, blieb vor ihm
stehen und zischte: „Und ich dachte, du bist 'n Freund ..."

Zoltán schlug die Augen auf. Unter seinem gepflegten
Oberlippenbart verzogen sich die Lippen zu einem mit-
leidigen Lächeln.

„Freundschaft ist was für kleine Jungs. Wir großen
Jungs dürfen uns darum nicht kümmern. Wir müssen
uns ums Geld kümmern. Um viel Geld. Um Profit. Verstehst du?"

„Dreckschwein ..."

„Nein, Carl. Nicht ich war das Dreckschwein. Jimmy
Lee war es. Er hat mich um hunderttausende Zigaretten

betrogen. Um sehr viel Geld. Deshalb habe ich ihn gefoltert, ich wollte an sein Versteck ran. Aber leider ist mir diese Arschwarze unter den Fingern krepiert. Dann hab ich versucht, seinen besten Freund, diesen Schiwkow, zu erwischen. Aber der hat meine Männer immer zur Sau gemacht ..."

Zoltán lachte Carl nun voll an und fuhr fort: „Aber in spätestens einer Stunde wird er selbst gebraten, der Schiwkow. Gegrillt wie eine Sau ..."

Zoltán lachte nun laut. Blut sickerte aus seinem Mundwinkel.

„War ein schönes Spiel, Carl. Wir beide. Katz und Maus. Wie ich meinem Konkurrenten, dem Piefke Meyer, die Killer-Tschick untergeschoben habe ... das war schon komisch ...", er lachte und spuckte Blut, „... besonders gelungen war die Nummer mit den Faxen aus Till Meyers Büro. Der deutsche Volldepp hat seiner Chefsekretärin Jennifer blind vertraut. Dabei ist sie mit mir ins Bett gegangen. Ein steiler Zahn, Carl. Und ein willfähriges Werkzeug. Sie hat all die Faxe verschickt. Sie hat auch den Portier auf die Idee gebracht, mit Zigaretten zu handeln. Ich brauchte dann nur mehr einen meiner Verteiler vorbeischicken ... Jennifer, ein geiles, verschlagenes Miststück ... die hat erstklassig in mein Spiel gepasst. Und du auch, Carl. Ich hab dir immer kleine Tipps gegeben, und du hast dann ganze Arbeit geleistet. Du hast dafür gesorgt, dass Till Meyer verhaftet wird, und hast damit Meyer & Wagner praktisch ruiniert. Das war großartig ... da hast du mir einen Konkurrenten vom Hals geschafft."

Ribarski war vor Zorn kalkweiß geworden. Mit dünnen Lippen zog er nun seine Dienstpistole und zielte ganz langsam auf Zoltáns Unterleib. Als der das sah, flackerte plötzlich Panik in seinen Augen.

„Nein! Carl, nein! Schieß mir nicht die Eier weg. Ein Mann soll mit seinen Eiern sterben ..."

Er bäumte sich auf, saß kurz aufrecht und fiel dann um. Aus seinem Mund sickerte Blut. Ribarski steckte die Waffe weg und kniete mühsam neben ihm nieder. Er prüfte den Puls am Handgelenk. Dann an der Halsschlagader. Da war nichts mehr. Schließlich drückte er Zoltáns Augenlider zu.

*

„Otto, ich brauch a trockene Hos'n, trockene Schuhe und a trockenes Leiberl[70] ..."

Aus dem Handy quäkte Dirnbergers Stimme: „Helmuth? Bist du das?"

„Ja, i bin's, dein Oberstleutnant. Die Penny, der Carl und ich haben gerade das Hauptlager von den Killer-Tschick hochgenommen. Dabei sind die Penny und ich ins Wasser gefallen, und der Carl ist ang'schossen worden."

Dirnbergers Stimme überschlug sich: „Was? Die Kollegin Lanz ist wieder da? Und der Kollege Ribarski ist verwundet?"

„Reg dich net auf, Otto. Die Rettung ist eh schon unterwegs. Und der Leichenwagen auch. Es gab nämlich einen Toten. Wir fahren jetzt zu einem Nebenlager, in dem sich höchstwahrscheinlich zwei Geiseln befinden. Und a Sprengkörper oder a Brandbombe ... Die Adresse ist Tuttendörfl 8 ... Ja, da bei dem Donaurestaurant ... genau dort daneben ... es wäre schön, wenn du mit der Kavallerie anrücken würdest. Die Penny und ich sind schon unterwegs. Wie gesagt, trockene Hosen und Leiberln für uns beide wären auch leiwand ..."

Er legte auf und lenkte den Opel auf die Donaubegleitautobahn in Richtung Krems/Praha. Neben ihm saß Penny

---

[70] T-Shirt

und klapperte vor Kälte mit den Zähnen. Helmuth fummelte an der Heizung herum und stellte sie auf maximale Leistung. Dann drehte er das Gebläse auf die höchste Stufe. Ein lauwarmes Lüfterl strömte aus den Lüftungsschlitzen.

„Gleich wird's schön warm."

Penny sagte kein Wort. In eine Decke gehüllt bibberte sie vor sich hin. Tatsächlich strömte nun nach und nach warme und schließlich sogar heiße Luft aus den Lüftungsschlitzen. Penny beugte sich vor, so dass ihr klatschnasses Haar möglichst viel von der Warmluft abbekam. Helmuth grinste: „So hast du dir auch noch nie die Haare geföhnt ..."

„Wenn ich daheim so einen Föhn hätte, würd ich ihn wegschmeißen."

„Was willst du von einem Opel aus den 1970er Jahren?"

„Könntest dir endlich einmal ein g'scheites Auto kaufen ..."

„Hearst, ich häng an der Gurke. Weißt du, wie viel Geld ich da schon reingesteckt hab? Mein Opel Rekord ist in einem picobello Zustand. Besser geht's gar net."

„Männer ..."

Schweigend fuhren sie über die nächtliche Autobahn. Schließlich hörte Penny zu bibbern auf, Gesicht und Haare trockneten allmählich.

*

Der Brustkorb schmerzte. Höllisch. Und der rechte Oberarm auch. Außerdem hatte er rechts im Arm überhaupt kein Gefühl. Wie in Zeitlupe drehte er den Kopf nach rechts und sah, dass sein Arm neben ihm schlapp auf dem Boden lag. Die Muskeln konnte er nicht anspannen. Scheiße. Sein Arm war dunkel. Ganz dunkel. Dabei war er gar nicht im Solarium gewesen. Wann war er das letzte Mal überhaupt im Solarium gewesen? Das war verdammt lange her. Als er noch trainierte. Gewichtheben. Er liebte es, wenn seine Muskeln nicht fahl weiß, sondern knackig braun waren. Ja, damals, als er zur Elite der Gewichtheber gehört hatte, war er regelmäßig ins Solarium gegangen. Das stand nur den Spitzenathleten in Bulgarien zur Verfügung. Danach? War er danach einmal im Solarium gewesen? Nahe bei seiner Wohnung in der Engerthstraße befand sich ein Sonnenstudio. Aber wollte er dorthin gehen? War er einmal dort gewesen? Schön warm war es auf so einer Sonnenbank. Plötzlich überrieselte ihn ein Schauer und seine Zähne fingen leise zu klappern an. Schüttelfrost. Scheiße. Er hörte eine weibliche Stimme links neben sich: „Wenn dil kalt, Ai Sung dich wälmen. Kann mich auf dich legen."

Träge schüttelte er den Kopf. Diese merkwürdige Zeitlupenoptik wurde er nicht los.

„Nicht auf mich legen. Brustkorb so weh ..."

Er versuchte, eine kleine Bewegung mit dem Oberkörper zu machen und stöhnte auf vor Schmerz.

„Ai Sung übel Boden helkommen. Und an dich gelegt. Weil so kalt."

Er nickte und murmelte: „So kalt ... so kalt."

„Männel walen schon zweimal da. Sie jetzt dlittes Mal kommen, dann uns verblennen ..."

Sein Gehirn gaukelte ihm plötzlich ein gemütliches Lagerfeuer vor, das wunderbar wärmte.

„Brennen ist gut ... so warm ..."

„Ai Sung haben Angst. Wollen nicht stelben. Solche Angst ..."

Der kleine warme Körper links von ihm wurde plötzlich von einem Weinkrampf geschüttelt. Er spürte Tränenflüssigkeit auf seiner linken Hand. Das war gut. Alles, was warm war, war gut. So wie das Feuer, das ihn magisch anzog. Die Wärme entspannte, und er glitt in eine wohlige Dunkelheit. Doch dann hörte er wieder die verzagte Stimme neben sich: „Nicht stelben ... noch nicht ... nicht jetzt stelben ..."

Stelben? Stel … ben … sterben. Nein, natürlich wollte auch Bojko noch nicht sterben. Jetzt, wo er erstmals in Österreich einen ordentlichen Job hatte. Als Telefonist, mit geregelten Arbeitszeiten und fixem Einkommen. Er wollte leben. Leben wie die anderen auch. Täglich zur Arbeit gehen, abends müde heimkommen und am Wochenende Fahrrad fahren. Fahrräder? Nein, er wollte keine mehr stehlen. Da er jetzt einen richtigen Job hatte, war das nicht mehr nötig. Nun wollte er auch nicht sterben. Doch plötzlich explodierte das Lagerfeuer und kam als Feuerwalze auf ihn zu. Er versuchte zu schreien, aber mehr als ein lautes Stöhnen brachte er nicht zusammen. Er riss die Augen auf und nahm die zwei Benzinkanister wahr, die rechts von ihm standen. Und dann erinnerte er sich. Der Anführer der Ukrainer hatte gedroht, ihn zu verbrennen. Schweiß trat auf seine Stirn. Dann fingen seine Zähne wieder zu klappern an. Wann würden die Ukrainer zurückkommen? Wie lange hatte er noch zu leben? Genau in diesem Augenblick hörte er, wie draußen vor dem Haus ein Wagen hielt. Der Motor wurde abgestellt. Autotüren wurden zugeschlagen. Schritte näherten sich dem Haustor. Ai Sung hörte es ebenfalls und fing nun ganz laut zu schluchzen an. Hemmungslos und ansteckend. Er konnte nichts dagegen tun. Er begann, vor Angst wie ein kleines Kind zu heulen und zu zittern. Der Schlüssel wurde im Schloss umgedreht, Schritte erklangen im Hof, dann war das Knarren der Eingangstür ins Haus zu hören. Schritte. Stille. Betätigen des Lichtschalters. Grelles Licht.

Nachdem Helmuth in das dunkle Zimmer vorausgegangen und nichts passiert war, schaltete Penny das Licht ein. Sie zuckte zusammen. Gleich neben der Tür lag eine männliche Leiche mit zertrümmertem Schädel. Weiter hinten in dem großen Zimmer sah sie Blutspuren am Boden sowie einen blutverschmierten nackten Körper, dessen Hände hinter dem Rücken gefesselt waren. Helmuth hatte sich bereits niedergekniet und schnitt mit einem blutigen Kampfmesser, das auf einem der Sessel gelegen hatte, die Fesseln auf. Zuerst an den Händen, dann an den Füßen. Neuerlich erschrak Penny. Das nackte, blutverschmierte Wesen war Ai Sung, neben ihr auf dem Boden lag Bojko. Mit matten, fiebrigen Augen, aus denen Tränen quollen. Seine Brust und sein rechter Arm waren über und über blutig. Penny erkannte Einschusswunden. Und während Helmuth der noch immer zitternden Ai Sung auf die Beine half, zückte Penny ihr Handy, wählte Dirnbergers Nummer und brüllte hinein, als dieser abhob: „Chef, Schiwkow hat mehrere Schussverletzungen. Ai Sung wurde gefoltert. Wir brauchen zwei Krankenwagen und einen Notarzt. Was? Ja: Tuttendörfl 8.“

Sie legte auf und kniete sich neben Bojko. Der sah sie verwirrt an und stammelte: „Nicht sterben ... noch nicht ... nicht uns anzünden ...“

Dabei glitt sein Blick hinüber zu den beiden Benzinkanistern. Penny sah ihn ungläubig an, strich ihm übers blonde Haar und sagte sanft: „Bojko, ich bin's. Penny. Erkennst du mich?“

Sein Blick veränderte sich. Unendliche Erleichterung. Dann murmelte er: „Bitte Benzinkanister wegräumen ... hinaus in Hof. Die wollen sie uns drüberschütten und anzünden.“

„Wer sind die?“

„Ukrainer ... Söldner ... Bitte weg mit Kanistern ... bitte!“

Helmuth hatte die nackte Ai Sung inzwischen in eine Decke eingepackt und aufs Bett gesetzt. Da er mitgehört hatte, schnappte er ohne weiteren Kommentar die beiden Kanister und trug sie hinaus in den Hof. Kaum war er zurück, hörten sie ein Auto näher kommen. Penny sprang – so gut es mit dem Gipsfuß ging – auf und schaltete das Licht aus. Wenige Augenblicke später hielt ein schwarzer

SUV vor dem Haustor. Drei Typen stiegen aus und kamen herein. Als sie die Kanister im Hof stehen sahen, blieben sie verblüfft stehen. Penny riss die Haustür auf und schrie mit der Waffe im Anschlag: „Keine Bewegung! Polizei!"

Die drei zückten Pistolen. Penny schoss. Helmuth hatte inzwischen das Küchenfenster, das nach vorne hinaus aufging, geöffnet und feuerte ebenfalls. Der vorderste Typ wurde mehrmals getroffen, die beiden anderen schafften es zum Van. Einer ging hinter dem Van in Deckung und schoss zurück, der andere riss die Hecktür des SUVs auf, holte eine Bazooka heraus, entsicherte sie, trat einen Schritt neben den SUV und feuerte. Die Granate zischte durch das offene Küchenfenster und riss in die dahinterliegende Wand ein Riesenloch. Dann explodierte sie in einem Gebäude, das weiter hinten im Hof lag. Nowak hatte sich gerade noch rechtzeitig auf den Bauch geworfen, so dass die Granate über ihn hinwegfliegen konnte. Penny, die in der Haustür gestanden war, bekam voll den Staub und die Mauersplitter der neben ihr zerborstenen Hauswand ab. Sie hustete, spuckte und fluchte. Den Mund voller Ziegelstaub und das feuchte Gewand mit Ziegelstaub paniert wechselte sie wütend das Magazin. Dann humpelte sie, permanent feuernd, aus dem sperrangelweit offen stehenden Hoftor hinaus. Helmuth schoss neuerlich aus dem Fenster. Er traf den Panzerrohrschützen mehrmals. Plötzlich waren Folgetonhörner zu hören, die sich rasant näherten. Einer Gewitterwolke gleich, aus der Blaulichtblitze zuckten, rollte über die Brücke, die über die Autobahn führte, eine Armada von Einsatzfahrzeugen auf die Handvoll Häuser des Tuttendörfls zu. Der einzige unverletzt gebliebene Ukrainer warf seine Waffe zu Boden und kam mit hoch erhobenen Händen hinter dem Van hervor. Penny pochte vor Rage das Blut im Schädel. Ohne einen Augenblick zu zögern, trat sie dem Mann mit ihrem schweren, weil nassen Gipsfuß ins Gemächt. Der machte riesengroße, verblüffte Augen, verzog vor Schmerz das Gesicht und knickte ein. Sie dachte an Ai Sungs verunstalteten Körper und trat ihm ins Gesicht. Der Typ fiel um. Nun war Helmuth neben ihr und verhinderte, dass sie dem am Boden Liegenden auch noch in die Nieren trat.

„Hör sofort auf, Penny!"

„Hast du Ai Sung gesehen? Und Bojko?"

„Ich bitte dich, dreh net durch! Freilich hab ich die Sauerei gesehen. Aber wir sind Polizisten, Penny! Wir sind die Guten!"

Dirnbergers BMW hielt mit quietschenden Reifen neben den beiden. Ihr Chef sprang mit gezogener Dienstwaffe aus dem Auto und bellte: „Was war das vorher? Eine Explosion? Das hat man bis Korneuburg gehört!"

„Eine Panzerfaust, Otto."

Helmuth führte ihn um den Van herum, wo der Schütze wimmernd neben seinem Panzerabwehrrohr lag. Nowak stieß mit dem Fuß gegen die Waffe und knurrte: „Da!"

Im Zuge des Feuergefechts hatte er den Panzerfaustschützen mehrmals in die Beine getroffen. Außerdem hatte er ihm einen Bauchschuss verpasst. Penny interessierte das alles nicht. Zielstrebig humpelte sie zum Notarztwagen, nahm den verdatterten Mediziner bei der Hand und schleppte ihn ins Haus hinein. Während der Arzt neben Bojko seine Notfalltasche auspackte, streichelte sie liebevoll über das Gesicht des Bulgaren und beruhigte den Fiebernden mit sanfter Stimme: „Wir haben alles im Griff. Die Ukrainer sind außer Gefecht gesetzt. Die Kanister stehen sicher im Hof, und du kommst jetzt schleunigst ins Spital. Alles wird gut."

Plötzlich wurde Penny stürmisch von hinten umarmt. Ai Sung umklammerte sie und schrie dabei hysterisch: „Ich muss nicht stelben ... Penny ... ich muss nicht stelben ..."

*

Es war ein warmer Frühsommertag. Die Sonne hatte schon verdammt viel Kraft. Doch am Himmel türmten sich zwischen den blauen Feldern pechschwarze Wolkentürme, die ein heftiger Wind vor sich hertrieb. Diese labile, prickelnde Atmosphäre beflügelte ihn. Er saß in seinem Büro im sechsten Stock, beobachtete die vorbeifliegenden Wolkentürme und fühlte sich plötzlich wieder jung und agil. Er ahnte nicht, dass das nicht sein Tag werden würde. Zögerndes Klopfen. Die erst kürzlich eingestellte Sekretärin trat ein. Vertrauensvoll stellte sie sich neben ihn, beugte sich vor und reichte ihm eine Mappe mit verschiedenen Schriftstücken. Während sie ihm erklärte, was es damit auf sich hatte, schloss er genussvoll die Augen und atmete tief ihr Parfüm vermischt mit ihren Körperausdünstungen ein. Gleichzeitig legte er vorsichtig seine Hand auf ihren Hintern. Sie zuckte zusammen und wurde stocksteif. Danzenberger lächelte sie mit seinem allerliebsten Opa-Lächeln an, tätschelte dabei besagtes Hinterteil und gurrte: „Kinderl! Sei nicht so verschreckt. Ich mach dir doch nichts. Ich bin nur ein alter Mann, der noch einmal den Popo einer schönen Frau streicheln will. Schau, bald bin ich eh tot und dann kann i gar nix mehr streicheln ..."

Die Sekretärin wurde knallrot im Gesicht und blieb wie paralysiert neben Danzenberger stehen. Der nutzte die Gunst des Augenblicks und ließ seine Hand vom Hintern auf die Schenkel wandern und von dort unter ihrem Rock wieder aufwärts. Ein kurzer, schriller Gickser des Erschreckens war ihre Reaktion.

„So Kinderl, jetzt erklärst mir noch einmal, was du vorher gesagt hast. Ein alter Mann wie ich hat manchmal Gedächtnisaussetzer."

„Also ... Herr Kommerzialrat ... ich bräuchte da ..."

„Sag doch Hans zu mir ..."

„Also gut ... Hans, du musst bitte ..."

„Lieber Hans, wenn ich bitten darf. So viel Zeit muss sein."

„Lieber Hans, kannst du da ... und dann da ... unterschreiben."

Ohne Eile und mit großem Genuss ihr Höschen streichelnd kam er ihrer Aufforderung nach. Als sie die Mappe zuklappte, trat sie ruckartig einen Schritt zur Seite, so dass sie seine Hand loswurde. Ein Grinsen glitt über seine Lippen. Er griff in die Hosentasche und zog ein dickes Bündel Geldscheine heraus. Zuerst versuchte er einen 200er herauszufischen, nahm dann aber doch den außen liegenden 500-Euro-Schein. Tun wir die Kleine großzügig anfüttern, dachte er sich. Damit sie gierig wird. Die Geldrolle ließ er in der Hosentasche verschwinden, den Schein drückte er ihr in die vor Aufregung feuchte Hand. Sie sah ihn groß an. Er bedachte sie mit seinem schönsten Großvaterlächeln und sagte mit treuherzigem Blick: „Ich bin wirklich ein ganz ein Lieber. Wirst schon sehen, Kinderl ..."

Ihr Gesicht wurde bleich, die Lippen wurden schmal. Wütend zerknüllte sie den Geldschein, holte aus und gab ihm eine schallende Ohrfeige. Die fiel so heftig aus, dass ihm die Brille von der scheinheiligen Opa-Visage rutschte. Den zerknüllten Geldschein warf sie auf seinen Schreibtisch und wollte gerade „Ich kündige!" fauchen, als die Zimmertür aufgerissen wurde. Penny Lanz humpelte mit Gipsfuß herein und schnauzte den Kommerzialrat an: „Kriminalpolizei! Hans Danzenberger, Sie sind verhaftet!"

„Sind Sie verrückt geworden? Ohne anzuklopfen in mein Büro hereinzustürmen!"

Danzenberger waren die Zornadern angeschwollen. Mit seiner behaarten Pranke schlug er mehrmals erbost auf seinen Schreibtisch.

„Wo sind Sie denn aufgewachsen? Haben Sie überhaupt keine Manieren?"

Helmuth Nowak, der sich bisher im Hintergrund gehalten hatte, stoppte die Schreierei.

„Jetzt beruhigen wir uns alle wieder und verfahren folgendermaßen:

Hier ist ein richterlicher Durchsuchungsbefehl, der unseren Kollegen, die draußen im Vorzimmer warten, erlaubt, sämtliche Unterlagen der Firma Impex zu beschlagnahmen ..."

„Das ist ja ungeheuerlich! Ich ruf gleich einmal im Justizministerium an. Das werd ich zu verhindern wissen."

„Sie werden gar nix verhindern. Wenn S' jetzt net ohne weiteres Tamtam mit uns mitkommen, legt Ihnen die Kollegin Lanz Handschellen an. Also?"

„Herr Oberstleutnant, das werden Sie noch bereuen. Das wird Sie Ihren Job kosten!"

„Ja, ja ... Und Elvis lebt."

*

„Ich hab dich verraten ..."

„Geh bitte, was redest denn für einen Blödsinn?"

„Wie die Ukrainer Ai Sung gefoltert haben, ist Herz mir gebrochen."

Penny packte Bojkos Rechte, an der weiter oben ein Tropf angeschlossen war, und drückte sie ganz fest. Ai Sung, die neben Penny an Bojkos Krankenbett saß, wurde stocksteif.

„Wenn ich denk, was Ai Sung ausgehalten hat, fühl ich mich schlecht. Sie ist durch Hölle gegangen, hat aber kein Wort gesagt. Ich zuschauen, wie Ai Sung gefoltert wurde. Das hat mir Herz gebrochen. Zuschauen ist wahnsinnig brutal."

„Du hast ein weiches Herz, Bojko, deswegen hast du geredet. Ich hätt es an deiner Stelle auch getan."

„Fleunde vellät man nicht", zischte Ai Sung. Sie sprang auf, ging zur Tür und warf diese mit einem Knall hinter sich zu.

„Ai Sung hat Recht. Wenn ich Gosch'n gehalten hätt, wärst net in Gefahr gewesen ..."

„Dann wäre Ai Sung jetzt tot. Und ich hätte eine gute Freundin verloren. Außerdem hätten die Ukrainer aus dir sowieso alles herausbekommen."

„T'schuldige, Penny. I bin Weichei."

Penny lachte. Da lag dieser Riese von einem Mann vor ihr im Krankenbett, machte sich Vorwürfe und hatte Tränen in den Augen. Ja, sie mochte ihn, diesen Bären. Mittlerweile allerdings ein bisserl anders als vielleicht noch vor einigen Monaten. Damals im Prater hatte es zwischen ihnen erotisch geknistert. Nach alldem, was sie danach gemeinsam erlebt hatten, die Flucht aus dem Unfallkrankenhaus, das Untertauchen in Klosterneuburg und im Tuttendörfl, der Besuch im Hanusch-Krankenhaus, das Feuergefecht ... Ihre Gefühle für ihn hatten sich verändert. Sie sah in ihm nun eher den Kumpel als einen potenziellen Liebhaber. Schade eigentlich, dachte Penny. Die Tür des Krankenzimmers wurde geöffnet und Ai Sung sagte mit schneidender Stimme: „Kommst du jetzt, Penny?"

In ihren knallengen Jeans, mit offenem, langen Haar und High Heels sah sie enorm sexy aus. Und da machte Penny eine erstaunliche Beobachtung. Das gerade noch betrübte Gesicht Bojkos hellte sich auf. Er strahlte plötzlich wie ein in die Jahre gekommenes AKW. Grinsend verabschiedete sich Penny von ihm. Sie gab ihm einen schwesterlichen Kuss auf die Wange und hauchte ihm ins Ohr: „Sie schaut toll aus ..."

Schiwkow nickte grinsend und ließ sich mit einem Seufzer zurück in das Kissen fallen.

Als sie in Pennys Mini einstiegen, knurrte Ai Sung:

„Bojko ist kein Mann. Ein Mann hält Schmelzen aus. Außeldem hat el kein Ehlgefühl. Nie, nie, nie! Hätte ich dich vellaten. El abel schon. Gesungen hat el wie eine Opelndiva. Pfui Teufel!"

„Er ist ein guter Kerl. Er hat mir im Spital das Leben gerettet."

„El ist kein Mann. El ist feig wie ein Weib."

„Das ist unfair. Im Böhler-Unfallkrankenhaus war er mein Schutzengel. Weißt du, wie er entdeckt hat, dass ich auch da bin? Er war gerade am Gang, als man mich aus dem Operationssaal hinausbrachte. Er folgte dem Stationsgehilfen, der mein Krankenbett schob, zu dem Zimmer, in dem ich gelegen bin. Dort hat er sich zu mir gesetzt und ständig auf mich aufgepasst. Bis ich aufgewacht bin."

„Bojko wal velliebt in dich."

„Das ist vorbei. Jetzt steht er auf dich."

Ai Sungs Miene verfinsterte sich und sie murmelte: „Pech fül ihn."

*

„Grüß dich, Herr Doktor. Danzenberger spricht hier. Du die Kibe... die SOKO hat mich schon wieder verhaftet. Ich bräuchte dich dringend da beim Verhör. Komm bitte, so schnell wie du kannst! Danke. Servus."

Er ließ sein Handy sinken und starrte den ihm gegenübersitzenden Oberst Dirnberger an. Der versuchte, auf business as usual zu machen.

„Könn ma inzwischen weitertun?"

„Ich sag nix, bevor mein Anwalt da ist."

„Hörn S', die Sachlage ist doch ganz klar: In der Pumpstation der Impex Oil im Lobauer Hafen hat sich ein riesiges illegales Zigarettenlager befunden. Und die Impex

Oil ist eine Tochter Ihrer Firma Impex. Dieser Fund hätte normalerweise ein Zoll- und ein Finanzstrafverfahren nach sich gezogen. Dafür würden S' eine ordentliche Strafe zahlen und die Sache hätt sich gehabt. Aber: Diese Tschick, die Sie da vertrieben haben ..."

„Ich hab nie in meinem Leben, ich betone NIE, Zigaretten vertrieben!"

Und vor Empörung schnaubend fügte er hinzu: „Hörn S', ich bin ja keine Trafik!"

„Na gut: Diese Tschick, die Ihre Tochterfirma da vertrieben hat, sind Killer-Tschick."

„Was? Was ist denn das schon wieder für eine Unterstellung?"

„Hörn S' mir endlich einmal in Ruhe zu! Das ist keine Unterstellung, das ist a Tatsache. Der Tabak dieser Tschick ist hochgiftig. Rattengift und Arsen. Eine tödliche Mischung. Für junge, gesunde Leute nicht unbedingt, aber für alte, kranke Menschen auf alle Fälle. Wir haben inzwischen aufgrund unserer Ermittlungen zwölf Todesfälle eruiert, die aufgrund des Rauchens dieser Zigaretten eingetreten sind. Deshalb: Killer-Tschick."

Danzenberger war nun ganz weiß im Gesicht.

„Sie wollen mir doch nicht zwölf Morde anhängen?"

„Nein, das nicht. Für die Morde fehlt der Vorsatz. Aber fahrlässige Tötungen sind das allemal."

Danzenberger griff neuerlich zu seinem Handy und drückte die Wahlwiederhol-Taste. Diesmal hob Zweinetter ab.

„Ja servus! I bin's noch einmal. Du, die wollen mir da einen zwölffachen Mord anhängen ..."

„Fahrlässige Tötung!"

„... ich bitte dich, komm sofort her! Was? In zwanzig Minuten? Danke. Ja, danke. Servus."

Penny Lanz, die bisher mucksmäuschenstill neben Dirnberger gesessen hatte, griff zu einer anderen Akte, räusperte sich und sagte: „Da läuft ja noch eine weitere Anzeige gegen Sie, Herr Kommerzialrat. Wegen Körperverletzung, sexueller Nötigung und Vergewaltigung der Chinesin Ai Sung."

„Da haben Sie mich reintheatert[71]! Das ist Ihre Schuld!"

Penny sah Danzenberger fassungslos an, Oberst Dirnberger kam ihr zu Hilfe: „Jetzt machen S' aber einen Punkt! Das ist doch die allergrößte Frechheit! Sie misshandeln ein junges Mädel und dann machen Sie die Kollegin Lanz dafür verantwortlich. Sind Sie überg'schnappt?"

Danzenberger hatte sich nun wieder unter Kontrolle. Er machte eine abfällige Handbewegung.

„Diese Anzeige ist sowieso ein Schas. Die schaff ma so aus der Welt."

„Wollen S' der Ai Sung Geld geben, damit sie nicht gegen Sie aussagt?"

„Das ist der übliche Weg, um solche Pimperl-Anzeigen loszuwerden."

„Sie glauben wohl, dass man mit Geld alles richten kann?"

Danzenberger lehnte sich in seinem Sessel zurück, strich sich über den fetten Bauch und replizierte: „Glauben S' mir, Herr Oberst: Jeder Mensch hat seinen Preis."

*

„Dass wir zwei alte Hasen diesem ungarischen Oasch auf seinen bachenen[72] Schmäh reinfallen ... ich versteh's net."

„Mensch, Zoltán war ein Motorrad-Freak."

„Na und? Davon gibt's zehntausende in Wien."

„Aber nicht so einen. Der in 'ne Retro-Maschine tausende von Euros steckt und mit ihr dann wie ein Wilder

---

[71] hineingeritten
[72] lauwarmen

durch die Gegend fährt. Die meisten Freaks haben solche Teile in beheizten Garagen stehen. Sonntag nachmittags rücken sie dann mit dem Rauledertuch an und polieren die Chromteile."

„Irgendwie war er ein eigenwilliger Typ, dieser Zoltán. Aber nicht unsympathisch ..."

„Er hatte dieselbe Macke wie du. Steckst ja auch 'nen Haufen Kohle in deinen vergammelten Opel rein."

„So hab ich das noch gar nicht betrachtet ..."

Ribarski antwortete nicht und sah stattdessen beim Fenster hinaus. Stöhnend suchte er sich eine andere Liegeposition im Krankenbett.

„Tut's sehr weh?"

„Geht so ..."

Nun sahen beide beim Fenster hinaus. Sie beobachteten, wie die letzten Sonnenstrahlen des Frühlingstages auf die Mauern und Dächer der Nachbarhäuser ein warmes, heimeliges Licht zauberten.

„Mir geht das Scheißkrankenhaus tierisch auf den Senkel. Möchte möglichst bald raus hier ..."

„Versteh ich. Musst dich aber noch ein bisserl gedulden."

„Wer sagt das?"

„Der Oberarzt. Hab vorher mit ihm gesprochen."

„Und?"

„Eine Woche noch ..."

„Shit!"

Die Sonne war mittlerweile hinter den Dächern der umliegenden Häuser verschwunden. Im Zimmer wurde es dunkel. Der zweite Patient, der in diesem Krankenzimmer lag, drehte das Leselicht auf und las den Wälzer weiter, in den er sich schon zuvor vertieft hatte. Carl und Helmuth blieben im Dunkeln sitzen. In die Dunkelheit hinein murmelte Ribarski schließlich: „Trotzdem hätte ich nicht auf die Biker-Freundschaftsmasche von diesem Sackgesicht hereinfallen dürfen ..."

Fünf Monate später

Till Meyer war enthaftet worden, nachdem Carl Ribarski vor dem Untersuchungsrichter ausgesagt hatte. Meyers Sekretärin, Jennifer Kwista, leugnete vorerst jeglichen Kontakt zu Zoltán Ádám sowie jegliche Verstrickung in die Killer-Tschick-Affäre. Sie änderte ihre Verteidigungsstrategie erst, als mit der Auswertung der Telefonprotokolle der Handys eindeutig bewiesen wurde, dass sie und Ádám ständig miteinander telefoniert hatten. Ein Schriftsachverständiger bestätigte schließlich Till Meyers Unschuld. Die Unterschriften auf den angeblich von ihm verfassten Faxen waren Fälschungen. Ein Vergleich mit Schriftproben von Jennifer Kwista erhärtete den Verdacht, dass sie die Faxe nicht nur verschickt, sondern auch die Unterschrift ihres Chefs gefälscht hatte. Nach seiner Entlassung aus der Untersuchungshaft versuchte Till Meyer seine in geschäftliche Schieflage geratene Spedition Meyer & Wagner zu retten, doch ein gewisser Kommerzialrat Danzenberger, der inzwischen Zoltán Ádáms Orient Spedition aufgekauft hatte, machte ihm fast alle Kunden abspenstig. Völlig desillusioniert und frustriert von der Art, wie man in Österreich Geschäfte macht, verkaufte er schließlich das Betriebsgelände, die Fahrzeugflotte sowie die Firmenhülle um einen Bruchteil des tatsächlichen Wertes an Danzenberger. Legendär war mittlerweile sein bitterböser Ausspruch, den er nach Unterzeichnung des Kaufvertrags in die Welt gesetzt hatte und den die anwesenden Anwälte Zweinetter und Buchenseder in Folge oft und gerne kolportierten: „Ihr Ösis habt nicht umsonst ein großes A auf euren Autos drauf!"

*

Mit einem Ächzen hievte Schiwkow seinen mächtigen Körper aus der BMW Limousine. Die mittlerweile vernarbten Wunden am Oberkörper schmerzten noch immer.

Er rückte seinen schwarzen Armani-Anzug zurecht und musterte die Handvoll Kids, die frierend in der Kälte der Herbstnacht vor dem Club warteten.

„Hallo Boss!"

„Hallo Imre, wie läuft's?"

„Alles super."

Bevor Schiwkow in die Schallwelt des Clubs eintauchte, gab er Imre eine leise Anweisung: „Lass die Kids rein, die frieren sich ja den Arsch ab ..."

Imre nickte grinsend und öffnete die Eingangstür zum Club. Der Ungar, der früher ebenfalls Gewichtheber gewesen war, erwies sich als ein guter Griff. Zufällig war er Schiwkow in Wien über den Weg gelaufen, und der hatte ihm den Job als Türsteher gegeben. Als Manager der beiden Clubs, die der verstorbene Zwertnik besessen hatte, gehörte dies zu seinen Aufgaben. Jobs vergeben! Vor einem halben Jahr hätte er sich das nicht träumen lassen. Damals, als er auf der Flucht war. Mittlerweile war er eine Größe in Wiens Nachtleben. Manager zweier Clubs und eines Laufhauses. Shahinaz, die Sekretärin und Langzeitgeliebte Zwertniks, hatte das so entschieden. Sie war dessen Universalerbin, und da sie in dem Monat, als Schiwkow bei ihr im Büro als Telefonist arbeitete, Vertrauen zu ihm gewonnen hatte, bot sie ihm nach seinem Spitalsaufenthalt diese Stelle an.

Die Mörder Zwertniks konnten dank der exakten Spurensicherung Franz Wohlfahrts überführt werden. Es waren die vier Ukrainer, die auch im Tuttendörfl dabei gewesen waren. Sie hatten auf Zoltán Ádáms Anweisung Zwertnik zu Tode gefoltert. Durch die Trittspuren im Blut, mittels DNA-Analysen der gefundenen Zigarettenstummel und dank zahlreicher sichergestellter Fingerabdrücke – zum Beispiel am FI-Schutzschalter des Sicherungskastens – konnte deren Täterschaft eindeutig belegt werden. Die zwei überlebenden Ukrainer schwiegen in den Verhören zwar eisern, aber die Last der Beweismittel war erdrückend. Beide erwartete ein Prozess wegen mehrfachen Mordes, schwerer Körperverletzung, Nötigung sowie Mitgliedschaft in einer kriminellen Vereinigung.

Schiwkow besuchte regelmäßig Zwertniks Grab am Zentralfriedhof. Oft dachte er, was wohl geworden wäre, wenn er Zwertnik nicht getroffen hätte. Er hätte als abgesandelter Fahrraddieb sein Leben gefristet. Alles, was er erreicht hatte, verdankte er Zwertnik. Na ja ... und Penny und Helmuth. Sie hatten sich in den gegen ihn laufenden Ermittlungen sehr für ihn eingesetzt. Sie überzeugten den Staatsanwalt, dass er immer nur in Notwehr gehandelt hatte. Und die Sache mit dem zerstörten Mercedes wurde überhaupt unter den Tisch gekehrt. Im Krankenhaus freundete sich Bojko mit dem ebenfalls schwer verwundeten Carl Ribarski an. Nach ihrer Genesung begannen die beiden, gemeinsam im Fitnesscenter des Polizeisportvereins zu trainieren. Ja, seine Muskeln waren nach dem langen Liegen im Krankenbett ganz schön geschrumpft. Und Carl ging es ähnlich. Aber Muskeln konnte man ja wieder aufbauen.

*

Ai Sung blieb vorläufig bei Penny wohnen. Penny liebte es, wenn sie abends heimkam und Ai Sung eine chinesische Köstlichkeit auftischte. Nach wie vor verstand sie sich mit Ai Sung fabelhaft, und die Mädelsabende mit der Gerichtsmedizinerin Franziska Beck waren zu dritt noch viel lustiger.

Ai Sung machte jeden Morgen Qigong-Übungen in Pennys Garten. Wann immer sie konnte, machte Penny mit. Dabei erklärte ihr Ai Sung die einzelnen Figuren, was sie bedeuteten und was sie im Körper bewirkten. Penny bewunderte Ai Sungs enormes Wissen, das ihr vor vielen Jahren ihr Großvater in China vermittelt hatte, und verschaffte ihr eine Teilzeitstelle als Qigong-Trainerin in ihrem Fitnessstudio. Auch dort waren die Leute begeistert von Ai Sungs Wissen um diese tausende Jahre alte Meditations-, Konzentrations- und Bewegungsform. Binnen kürzester Zeit hatte Ai Sung zwei Kurse aufgebaut, deren Teilnehmerinnen und Teilnehmer regelmäßig zum Training erschienen und die sie beinahe vergötterten. Davon sowie von einer hohen fünfstelligen Eurosumme, die ihr Danzenberger in einer außergerichtlichen Einigung gezahlt hatte, als sie die Anschuldigungen gegen ihn zurückzog und die Anklage wegen Körperverletzung, sexueller Nötigung und Vergewaltigung fallengelassen wurde, konnte Ai Sung recht angenehm leben. Außerdem arbeitete sie fallweise auch für Zwertniks Cateringfirma, die nun Shahinaz persönlich leitete. Sie entwickelte mit den dort angestellten Köchinnen und Köchen faszinierende asiatische Speisen, die dann in die Menüs des Cateringunternehmens einflossen. Jedes Monat einmal wurde sie außerdem von Bojko engagiert, um für dessen Freunde Penny, Carl und Helmuth groß aufzukochen. Schwikow liebte – ohne die klitzekleinste Aussicht auf Erwiderung – nicht nur Ai Sung, sondern auch ihre Küche. Helmuth kam diesen Einladungen immer mit folgendem, vor sich hin gebrummtem Satz nach: „Na servus ... Jetzt lass ich mich schon wieder von einem balkanesischen Kleinkriminellen zum Abendessen einladen. Weit hab ich's 'bracht."

Wobei Carl, Penny und alle anderen wussten, dass sich Helmuth Nowak für die Entlastung Bojkos den Arsch aufgerissen hatte. Legendär war sein Wutausbruch gegenüber Staatsanwalt Dr. Adler. Auf dessen Vorhaltungen, dass die Ermittlungen bisher nichts Greifbares gegen Schiwkow zu

Tage gebracht hatten, hatte ihn Nowak angebrüllt: „Und es wird auch in Zukunft nix Greifbares geben! Weil er nix verbrochen hat. Wo nix ist, ist nix. Wann geht das endlich in Ihr Hirnkastl eine, Herr Doktor?"

Eines nämlich wird der Oberstleutnant dem Bulgaren sein Leben lang hoch anrechnen: Wenn der nicht im entscheidenden Moment in Pennys Krankenzimmer reingekommen wäre und die beiden Attentäter in die Flucht geschlagen hätte, wäre seine Kollegin jetzt tot.

*

Ein Schatten, der lange genug über Ai Sungs Leben gehangen hatte, war unlängst verschwunden. Lu Dong war tot. Kurz vor der Prozesseröffnung hatte er sich in seinem 600er Mercedes mit den Abgasen des laufenden Motors, die er über einen Schlauch ins Wageninnere geleitet hatte, das Leben genommen. Um Lu Dongs Ahnen würde sich jetzt keiner mehr kümmern, aber die hatte er ohnehin schon lang vernachlässigt. Selbst zu Qingming hatte er keine Gräber geputzt. Der Prozess wurde eingestellt, und Lu Dongs Frau restrukturierte das Restaurant-Imperium. Sie schloss einige Lokale und arbeitete in den verbliebenen mit legalen Arbeitskräften. Zu neuer Größe und Bedeutung stieg die Großmutter auf. Sie managte nun den gesamten Haushalt in dem Dong'schen Domizil in Mauer. Ihr vertraute Lu Dongs Frau blind. Das hatte seinen Grund: Schließlich war die Alte ihre und nicht Dongs Großmutter. Und da die Alte Dong zutiefst verachtete, unter anderem wegen all der Dinge, die er ihrer geliebten Enkeltochter angetan hatte, war sie bei den polizeilichen Ermittlungen äußerst kooperativ gewesen. Es hatte ihr eine teuflische Freude bereitet, Dong in immer neue Kalamitäten zu stürzen.

*

Kommerzialrat Danzenberger verließ als freier Mann den Gerichtssaal. An der Seite seines Anwalts Dr. Gabriel Zweinetter drängte er sich durch die wartenden Journalisten, grinste freundlich und gab knappe Kommentare ab. Völlig belangloses Zeug, das er sich spontan zusammenreimte. Futter für die Journaille. Schließlich war er stolz auf sein gemütliches Opa-Image, das ihm die Boulevardpresse angedichtet hatte. Also bewahrte er Nerven. Gab einem Journalisten ein kurzes Statement und lächelte, die Finger seiner Rechten zu einem Victory-Zeichen formend, in die Kameras der Fotoreporter. Einer jungen Journalistin tätschelte er väterlich die Wange, und einem besonders frechen Journalistenjungspund spendete er ein paar kecke Bemerkungen. Ja, Danzenberger genoss den Freispruch. Das war der Auftakt für sein Comeback auf dem Wiener Society-Parkett. Auch Zweinetter sonnte sich im Blitzlichtgewitter. Er versorgte die Journalisten mit ein paar Infohäppchen, und schließlich ließ die Meute von ihnen ab und sie spazierten in den freundlichen Herbsttag hinein. Was für ein Gefühl! Freigesprochen! Nichts konnten sie ihm nachweisen. Die Impex Oil gehörte zwar Danzenberger, aber Zweinetter konnte das Gericht überzeugen, dass Zoltán Ádám als alleiniger Geschäftsführer der Impex Oil für den Zigaretten-Schmuggel verantwortlich gewesen war. Und dass Danzenberger als umtriebiger Geschäftsmann, Entrepreneur sagte man heutzutage dazu, auch an der Orient Spedition beteiligt war, daraus hatte ihm der Staatsanwalt keinen Strick drehen können. Der Kommerzialrat fummelte im Sakko seines dunkelblauen Maßanzugs herum. Seine dicken Finger holten eine Marlboro-Packung heraus.

„Mein lieber Herr Doktor, darf ich dir jetzt nach geschlagener Schlacht ein Zigaretterl anbieten?"

„Ich dank recht schön, aber ich rauch lieber meine eigenen. Deine sind mir zu stark ..."

„Hast Angst vor meinen Killer-Tschick?"

„Ich brauch weder Arsen noch Rattengift in meinen Zigaretten. Das Rauchen ist eh schon schädlich genug ..."

„Geh! Scheiß dich nicht an! Aber zu deiner Beruhigung: Ich kauf meine Marlboro in der Trafik. Den Luxus gönn ich mir."

Danzenberger zückte sein goldenes Dupont und gab sich und dem Anwalt Feuer. Die Tschick, die ich vertreib, sind ein bisserl mit Giftstoffen belastet, dachte er. Aber Killer-Tschick ist eine Frechheit. Das bisserl Arsen und Rattengift, das da drin ist, ist doch harmlos. Er inhalierte tief und grinste, als er an die zwanzig Tonnen Tabak dachte, die er erst vor wenigen Tagen in China gekauft hatte. Zwanzig Tonnen! Sie waren in der Hafenstadt Tianjin gelagert gewesen und durch den dort vorgefallenen Chemieunfall verunreinigt. Deshalb waren sie sensationell günstig. Ein Schnäppchen. Eine Okkasion. So billig hatte er noch nie Tabak gekauft. Das würde Millionen supergünstige, nachgemachte Marlboro ergeben! Nun, da die ungarische Fabrik, die zum Firmengeflecht von Zoltán Ádám gehört hatte, aufgeflogen war, war er in Verhandlung mit einer serbischen Zigarettenfabrik. Die Packungshersteller in Rumänien hatte er ja noch an der Hand. Einen neuen Spediteur und Verteiler musste er sich auch wieder suchen. Aber das war kein wirkliches Problem. Alles in allem sah er geschäftlich goldenen Zeiten entgegen. Sein Handy läutete.

„Ja bitte? Danzenberger hier, Kommerzialrat Danzenberger. Ja, ich warte ... Ich begrüße Sie, Herr Magister. Sie haben gerade von meinem Freispruch in diesem lächerlichen Prozess gehört? Nicht schuldig! Ja. Danke ... danke. War ja nicht anders zu erwarten, nicht wahr? Ah, und der Herr Minister sieht nun keinen Hinderungsgrund mehr? Na, das freut mich. Danke für die Benachrichtigung. Wünsche noch einen schönen Tag."

„Darf ich fragen, wer das war?"

„Selbstverständlich, mein Lieber! Das war der Magister Netroschek, weißt eh, der Kabinettschef vom Herrn Minister. Der hat mich eben unterrichtet, dass nach dem Freispruch der Verleihung des Großen Goldenen Ehrenzeichens für Verdienste um die Republik Österreich nichts mehr im Wege stehe."

„Da gratuliere ich!"

Zufrieden grinsend inhalierte Danzenberger tief. Es rasselte in seinen Bronchien. Er musste husten und ausspucken. Zweinetter meinte besorgt: „Du solltest aufhören zu rauchen. Oder auf leichtere umsteigen."

„Leichte sind ein Blödsinn! Die sind ja nur warme Luft. Die schmecken nach nix", grummelte Danzenberger. Er machte einen abschließenden Zug und trat den Stummel aus. Dabei überkam ihn eine Vision. Während er mit der Fußspitze den Stummel malträtierte, stellte er sich vor, wie schön es wäre, diese Polizistin, diese verdammte Penny Lanz, auszulöschen. Abtöten und austreten – wie einen weggeworfenen Tschick.

Glossar der Wiener Ausdrücke

ausg'fressen haben	verbrochen haben
bachen	lauwarm
Beisl	Kneipe
Bemmerl	Kleinigkeit/
	kleines Fäkalienstück
Blader/blad	Dicker/dick
Blashütt'n	Animierbar
Bratzen	Hände
Buckl	(End-)Stück Brot/Rücken
einnähen	verhaften
Eitrige	Bratwurst mit Käsestücken
fäul'n	stinken
falscher Fuffz'ger	falscher Mensch
fladern	stehlen
Fleischlaberl	Frikadelle
Funsn	Schimpfwort für weibliches
	Wesen/kleines Licht
Gfrast	Gauner, Halunke
G'impfte (es geht einem das G'impfte auf)	Beherrschung verlieren
Goder	Doppelkinn
Goschen anhängen	jemanden anschnauzen,
	frech sein
G'schamsterer	Kumpane
g'stopft/G'stopfte	reich/Reiche
häkerln	verkackeiern
Hack'n/hackeln	Arbeit, Job/arbeiten
He	Polizei
Hendlhaxen	Hähnchenschenkel
Hieb	Bezirk
Köch	Stress, Ärger
Krügerl	großes Glas Bier (0,5)
Leberkäs	Fleischkäse

Lercherlschas	Klacks
leiwand	toll, super
Marie	Geld
Mensch	Mädchen (abwertend)
Mordsbahö	Mordskrawall
mützeln	schlafen
Pick haben	einen Groll hegen
(Plastik)Sackerl	Tüte
owe	hinunter
pofeln	rauchen
pflanzen	verarschen
Pülcher	Verbrecher
Putschetti	Oberarmmuskel
reintheatern	jemanden reinreiten
Schastrommel	alte Frau, die von Darm-windem geplagt wird
schlapfen	schlurfen
Semmel	Brötchen
Scherzerl	Endstück eines Brotweckens
Seiterl/Seitl	kleines Glas Bier (0,3)
Spe	Zigarette
Spompanadln	Mätzchen
stirln	wühlen
Trafik	Tabakverschleißstelle
Trankl	Getränk
Tanz	Mätzchen
Tschick	Zigarette
Tschusch	abfällige Bezeichnung für einen Menschen vom Balkan
Türlschnapper	Türsteher
Untergatte	Unterhose
verdrahen	verkaufen
Zuag'raster	Fremder, Zugereister
Zwickl	ungefiltertes Bier

Edith Kneifl
Taxi für eine Leiche
Ein Wien-Krimi
224 Seiten, € 9.95
HAYMON taschenbuch 190
ISBN 978-3-7099-7814-6

Krimispannung mit original Wiener Schmäh: In einem schäbigen
Vorstadtkino wird die Leiche eines alten Mannes gefunden. Schon
der dritte Tote in einem Monat. Weil die Polizei nicht weiterkommt,
geht die Kinobesitzerin Hermine K. selbst auf Mörderjagd. Immer
tiefer wird sie in Intrigen verwickelt, die mindestens so düster und
grotesk sind wie die Filme, die sie in ihrem Kino zeigt.

Vergnügt verbindet Edith Kneifl erstklassige Krimispannung mit
viel schwarzem Humor. Das Buch zum Kultfilm von Wolfgang
Murnberger ist abgründig und eigentümlich wie die Wiener Seele
selbst!

www.haymonverlag.at